Merchandising
& PROMOÇÃO DE VENDAS

O GEN | Grupo Editorial Nacional – maior plataforma editorial brasileira no segmento científico, técnico e profissional – publica conteúdos nas áreas de ciências sociais aplicadas, exatas, humanas, jurídicas e da saúde, além de prover serviços direcionados à educação continuada e à preparação para concursos.

As editoras que integram o GEN, das mais respeitadas no mercado editorial, construíram catálogos inigualáveis, com obras decisivas para a formação acadêmica e o aperfeiçoamento de várias gerações de profissionais e estudantes, tendo se tornado sinônimo de qualidade e seriedade.

A missão do GEN e dos núcleos de conteúdo que o compõem é prover a melhor informação científica e distribuí-la de maneira flexível e conveniente, a preços justos, gerando benefícios e servindo a autores, docentes, livreiros, funcionários, colaboradores e acionistas.

Nosso comportamento ético incondicional e nossa responsabilidade social e ambiental são reforçados pela natureza educacional de nossa atividade e dão sustentabilidade ao crescimento contínuo e à rentabilidade do grupo.

WAGNER **LADEIRA**
FERNANDO **SANTINI**

Merchandising
& PROMOÇÃO
DE VENDAS

COMO OS CONCEITOS
MODERNOS ESTÃO SENDO
APLICADOS NO VAREJO FÍSICO
E NA INTERNET

Os autores e a editora empenharam-se para citar adequadamente e dar o devido crédito a todos os detentores dos direitos autorais de qualquer material utilizado neste livro, dispondo-se a possíveis acertos caso, inadvertidamente, a identificação de algum deles tenha sido omitida.

Não é responsabilidade da editora nem dos autores a ocorrência de eventuais perdas ou danos a pessoas ou bens que tenham origem no uso desta publicação.

Apesar dos melhores esforços dos autores, do editor e dos revisores, é inevitável que surjam erros no texto. Assim, são bem-vindas as comunicações de usuários sobre correções ou sugestões referentes ao conteúdo ou ao nível pedagógico que auxiliem o aprimoramento de edições futuras. Os comentários dos leitores podem ser encaminhados à **Editora Atlas Ltda.** pelo e-mail faleconosco@grupogen.com.br.

Direitos exclusivos para a língua portuguesa
Copyright © 2018 by
Editora Atlas Ltda.
Uma editora integrante do GEN | Grupo Editorial Nacional

Reservados todos os direitos. É proibida a duplicação ou reprodução deste volume, no todo ou em parte, sob quaisquer formas ou por quaisquer meios (eletrônico, mecânico, gravação, fotocópia, distribuição na internet ou outros), sem permissão expressa da editora.

Rua Conselheiro Nébias, 1384
Campos Elíseos, São Paulo, SP – CEP 01203-904
Tels.: 21-3543-0770/11-5080-0770
faleconosco@grupogen.com.br
www.grupogen.com.br

Capa: MSDE | Manu Santos Design

Imagens da Capa: ipopba; Luerat Satichob | iStockphoto

CIP-BRASIL. CATALOGAÇÃO NA PUBLICAÇÃO
SINDICATO NACIONAL DOS EDITORES DE LIVROS, RJ

Merchandising e promoção de vendas: como os conceitos modernos estão sendo aplicados no varejo físico e na internet / Wagner Ladeira, Fernando Santini. – São Paulo: Atlas, 2018.

Bibliografia
ISBN 978-85-97-01547-8

1. Marketing. 2. Venda. I. Santini, Fernando. II. Título.

18-46963 CDU: 658.8

Leandra Felix da Cruz – Bibliotecária – CRB-7/6135

Material Suplementar

Este livro conta com os seguintes materiais suplementares:
- Respostas comentadas dos exercícios para fixação (para professores);
- *Slides* para apresentação (restrito a docentes).

O acesso aos materiais suplementares é gratuito. Basta que o leitor se cadastre em nosso *site* (www.grupogen.com.br), faça seu *login* e clique em Ambiente de Aprendizagem, no menu superior do lado direito.

É rápido e fácil. Caso haja dificuldade de acesso, entre em contato conosco (gendigital@grupogen.com.br).

GEN-IO (GEN | Informação Online) é o repositório de materiais suplementares e de serviços relacionados com livros publicados pelo GEN | Grupo Editorial Nacional, maior conglomerado brasileiro de editoras do ramo científico-técnico-profissional, composto por Guanabara Koogan, Santos, Roca, AC Farmacêutica, Forense, Método, Atlas, LTC, E.P.U. e Forense Universitária. Os materiais suplementares ficam disponíveis para acesso durante a vigência das edições atuais dos livros a que eles correspondem.

APRESENTAÇÃO

O livro Merchandising e promoção de vendas: *Como os conceitos modernos estão sendo aplicados no varejo físico e na internet* é uma obra para quem quer ficar atualizado com as últimas tendências do varejo. Com uma linguagem interativa e simples, o livro aborda conceitos modernos que estão sendo empregados no varejo em diversas partes do Brasil e do mundo.

Esta obra é endereçada a acadêmicos e profissionais de mercado que pretendem se atualizar e serem competitivos no mercado de trabalho. O livro foi concebido a partir de duas propostas centrais: apresentar os conceitos de merchandising e promoção de vendas aplicados ao varejo físico e verificar como estes conceitos estão sendo aplicados na internet e nas redes sociais.

A estrutura deste livro, como pode ser vista na figura A1, apresenta-se segmentada em dois módulos específicos: orientações de longo-prazo no varejo, denominadas aqui de estratégia de merchandising (abrangendo os capítulos 2, 3, 4 e 5) e orientações de curto-prazo no varejo, denominadas aqui de ações de promoção de vendas (abrangendo os capítulos 8, 9, 10 e 11).

Acreditamos que uma estratégia de varejo eficiente, que tem como objetivo criar uma experiência única para os clientes na atmosfera de vendas, deva utilizar integradamente as ferramentas de merchandising e as ações de promoções de venda.

Além de trazer um debate interessante no varejo físico a respeito desses temas, este livro entra no mundo digital discutindo especificamente a internet e as redes sociais com base na utilização de ferramentas de merchandising (capítulos 6 e 7) e de promoção de venda (capítulos 12 e 13).

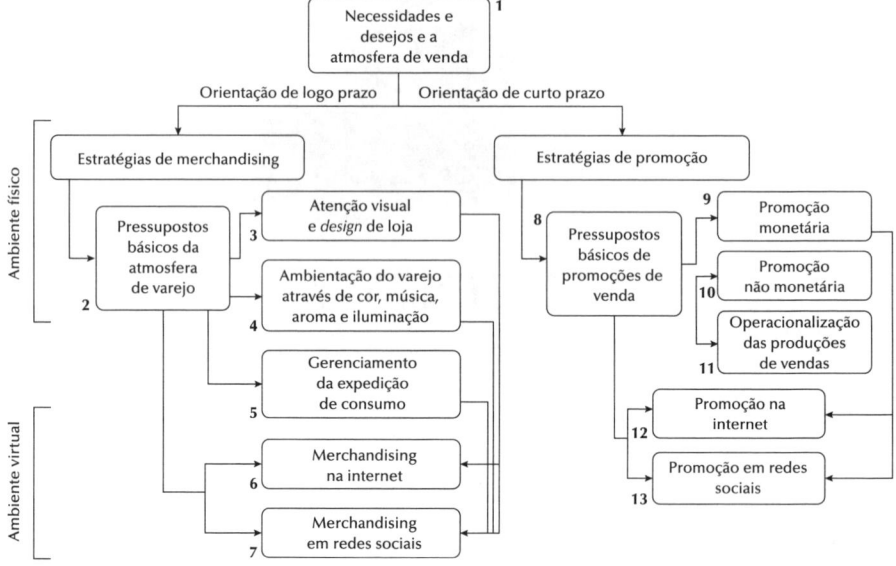

Figura A1 – Estrutura do livro.

Com base na estrutura desta obra e nos exemplos práticos discutidos, esperamos auxiliar o desenvolvimento do varejo brasileiro, transformando-o em um mercado mais competitivo e, assim, entregando maior valor aos clientes. Sem querer parafrasear nosso livro esperamos *"criar experiências únicas"* para o leitor a cada página. Boa leitura!!!

Os autores

SUMÁRIO

1	**A Criação de Experiências Únicas**	1
1.1	A integração entre merchandising e promoção de vendas	3
	1.1.1 Como o merchandising cria as sensações	5
	1.1.2 Como a promoção de vendas pode mudar as sensações	7
	1.1.3 Possíveis inibidores das sensações	8
1.2	Tudo isso também acontece no ambiente virtual...............................	9
2	**Pressupostos Básicos da Atmosfera de Varejo**	11
2.1	A influência da atmosfera de varejo...	12
	2.1.1 Variáveis externas: o cartão de visita do estabelecimento........	13
	2.1.2 Variáveis de interior: a necessidade de se sentir bem...............	15
	2.1.3 *Layout* e *design*: entre o sútil e o imperceptível.......................	15
	2.1.4 Exibição e decoração: o foco no posicionamento.....................	16
	2.1.5 Variáveis humanas: a interação social..	17
	2.1.6 Respostas imediatas nos vendedores e consumidores..............	17
2.2	Visual merchandising como ferramenta da atmosfera de varejo.................	18
	2.2.1 Benefícios do uso do merchandising...	18
3	**Atenção Visual e o *Design* de Loja**	21
3.1	Como enxergamos o *design* de loja	22
3.2	Importância de se ter um ambiente de loja atrativo	23
3.3	Identificação e mapeamento da circulação no ambiente de loja	24
3.4	Mapas mentais e a criação de pontos de referências.........................	25

3.5	A circulação no ambiente de varejo e as rotas padronizadas	27
3.6	Decisões importantes com relação à circulação no varejo	28
	3.6.1 O valor da atratividade da entrada	28
	3.6.2 A zona de transição e percepção das rotas de compra	28
	3.6.3 A presença ou ausência de corredores?	29
	3.6.4 A combinação de *layouts* e os mapas mentais	29
	3.6.5 Estimular o fluxo horário ou anti-horário?	31
	3.6.6 O campo visual das prateleiras verticais *versus* horizontais	31
	3.6.7 Caminho de trajeto obrigatório e venda sugestiva	33
	3.6.8 Pontos de acréscimo de venda	34
	3.6.9 Pontos de decréscimo de venda	34
	3.6.10 O valor da atratividade da saída	35

4	**Ambientação do Varejo por meio da Cor, da Música, do Aroma e da Iluminação**	**37**
4.1	As cores e suas utilizações no marketing	38
	4.1.1 Aprendizagem associativa das cores no comportamento dos consumidores	39
	4.1.2 O contexto cultural e os tipos de produtos	40
4.2	A música e suas utilizações no marketing	42
	4.2.1 A influência do *design* musical	42
	4.2.2 O que podemos dizer a respeito da música no ambiente de varejo	44
4.3	Aromas e suas utilizações no marketing	46
	4.3.1 Aromaterapia e as respostas emocionais	46
4.4	Iluminação e suas utilizações no marketing	48
	4.4.1 Projeto luminotécnico: a arte de sentir, mas não perceber	49

5	**O Gerenciamento da Experiência de Consumo no Varejo**	**51**
5.1	O que é uma experiência de consumo no varejo?	52
5.2	Determinantes da experiência de consumo no varejo	52
	5.2.1 A experiência de consumo e a tomada de decisão	53
5.3	Ambientes tangíveis e intangíveis e a experiência de consumo	55
5.4	*Design* externo e a experiência de consumo	57
	5.4.1 A importância da atratividade uma vitrine	58

SUMÁRIO

5.5	*Design* interno e a experiência de consumo	59
5.6	A percepção de *crowding* e a experiência de consumo	61
6	**Merchandising na Internet**	**63**
6.1	Informações relevantes para o ambiente digital	65
6.2	Atmosfera da loja digital	68
	6.2.1 Dicas para construir uma atmosfera de loja digital	71
7	**Merchandising nas Redes Sociais**	**73**
7.1	A metáfora do Pinball	74
7.2	Ações de marketing nas redes sociais	76
7.3	Formas de monitoramento nas redes sociais	77
7.4	O merchandising nas redes sociais	78
8	**Pressupostos Básicos de uma Promoção de Vendas**	**83**
8.1	O que é uma promoção de vendas?	85
8.2	Promoção de vendas: técnica, ferramenta, projeto ou estratégia?	88
8.3	Os 14 objetivos operacionais e estratégicos	89
8.4	Classificações mais comuns acerca das promoções	93
	8.4.1 Natureza das promoção de venda	93
	8.4.2 Efeitos perceptuais da promoção de vendas	94
	8.4.3 Propósitos e público-alvo das promoções de venda	95
	8.4.4 Efeitos de tempo uma promoção nas vendas	95
	8.4.5 Tipos de compra que são estimulados pela promoção	95
8.5	Vantagens e desvantagens do uso de técnicas de vendas	96
9	**Promoções de Vendas Monetárias**	**99**
9.1	Pontos positivos e negativos da promoção monetária	100
	9.1.1 Percepção econômica	100
	9.1.2 Percepção informacional	103
	9.1.3 Percepção psicológica	105
9.2	Técnicas de promoções monetárias	108
	9.2.1 Cupons de descontos	108
	9.2.2 Descontos diretos	109

9.2.3	Pague 1, leve mais!	110
9.3	Decisões importantes com relação às promoções monetárias	111

10 Promoções de Venda Não Monetárias ... 115

10.1	Pontos positivos e negativos da promoção não monetária		116
	10.1.1	Percepção econômica	116
	10.1.2	Percepção informacional	119
	10.1.3	Percepção psicológica	120
10.2	Técnicas de promoções não monetárias		122
	10.2.1	Brindes	122
	10.2.2	Sorteio ou concurso de prêmios	123
		10.2.2.1 Concurso e assemelhados	124
		10.2.2.2 Sorteio e assemelhados	125
		10.2.2.3 Vale-brinde e assemelhados	127
		10.2.2.4 Outras informações	128
	10.2.3	Experimentação	129
10.3	Decisões importantes com relação às promoções não monetárias		130

11 Operacionalização de uma Promoção de Venda ... 135

11.1	Etapas para realização de uma promoção de vendas		135
	11.1.1	Por que realizar uma promoção de vendas?	136
		11.1.1.1 A promoção de vendas para aumentar o consumo...	136
		11.1.1.2 A promoção de vendas no lançamento de novos produtos	137
		11.1.1.3 A promoção de vendas ganhando espaço no ponto de venda	137
	11.1.2	Para quem fazer uma promoção de vendas?	137
		11.1.2.1 Segmentação de mercado	138
		11.1.2.2 Posicionamento de mercado	138
	11.1.3	Com que objetivo irei implementar uma promoção de vendas?..	138
		11.1.3.1 Efeitos de curto prazo	139
		11.1.3.2 Efeitos de longo prazo	139
	11.1.4	Como fazer uma promoção de vendas?	139
		11.1.4.1 Promoção de vendas monetária	139
		11.1.4.2 Promoção de vendas não monetária	140

	11.1.5 Como avaliar a efetividade de uma promoção de vendas?	140
11.2	Amplitude de atuação de uma técnica de promoção de vendas	141
11.3	Chaves para o sucesso de uma promoção no Brasil	145
11.4	O perfil do profissional da promoção de vendas	147

12 Promoções de Vendas na Internet ... 151

12.1	O comércio eletrônico e as promoções de vendas	152
12.2	Os "caçadores de ofertas" e as ações promocionais	153
12.3	Será que vai dar? A pressão do tempo nas promoções *on-line*	154
12.4	Plataformas promocionais e a coleta de dados estratégica	155
12.5	Plataformas para viabilização de promoções de venda	156

13 Promoções de Vendas nas Redes Sociais ... 161

13.1	Divulgação de promoção de vendas nas redes sociais	164
13.2	Realização de promoção de vendas nas redes sociais	166
13.3	Cuidados ao fazer promoções de vendas nas redes sociais	168

Glossário ... 173

Referências ... 183

A CRIAÇÃO DE EXPERIÊNCIAS ÚNICAS

O QUE VEREMOS NESTE CAPÍTULO

- Apresentar meios para obtenção de experiências únicas do consumidor a partir de duas ferramentas extremamente importante no campo de marketing: merchandising e promoção de vendas.
- Refletir sobre a integração dessas duas ferramentas sob a perspectiva das estratégias empresariais de longo e curto prazo.
- Apresentar mecanismos para estimular sensações tendo como base o merchandising e a promoção de vendas e, ainda, possíveis inibidores destas sensações e aplicações iniciais para o ambiente virtual.

O marketing, dentro de sua acepção mais ampla, tem como objetivo entender as necessidades e os desejos dos clientes para que, com isso, possa desenvolver melhor os produtos e serviços, entregando algo que agregue valor ao cliente. A agregação de valor, no caso do varejo, pode estar na construção de uma atmosfera que cria experiências de compras únicas nos clientes.

A criação de experiências únicas por meio do mapeamento das necessidades e dos desejos não é algo simples, como pode ser visto na Figura 1.1. Em um primeiro momento, o Sistema de Inteligência de Marketing (conhecido também pela sigla SIM) tem como função identificar quais as principais necessidades e desejos dos consumidores. Para isso, o SIM pode utilizar três elementos: pesquisa de marketing, inteligência de marketing ou aparatos tecnológicos (Customer Relationship Management – CRM, Big data, Business Intelligence – BI, entre outros).

Logo depois de coletar os dados, os gestores de marketing definem com base nas informações coletadas os segmentos de mercado que vão atuar. Depois de definir os consumidores-alvos, a empresa irá posicionar seus produtos por meio do *mix* de marketing para atender as necessidades dos clientes. É nesse momento que se propõe a construção de uma atmosfera de venda pelas integrações de estratégias de merchandising e ações de promoções de venda no intuito de criar experiências únicas para os clientes.

Nesse modelo (ver Figura 1.1), as estratégias de merchandising são orientadas para o longo prazo, pois tem como objetivo o fortalecimento e o posicionamento da marca na mente do consumidor. Já as ações de promoção de venda são orientadas para o curto-prazo, pois aumentam o fluxo de pessoas e o comportamento de compra a curto prazo.

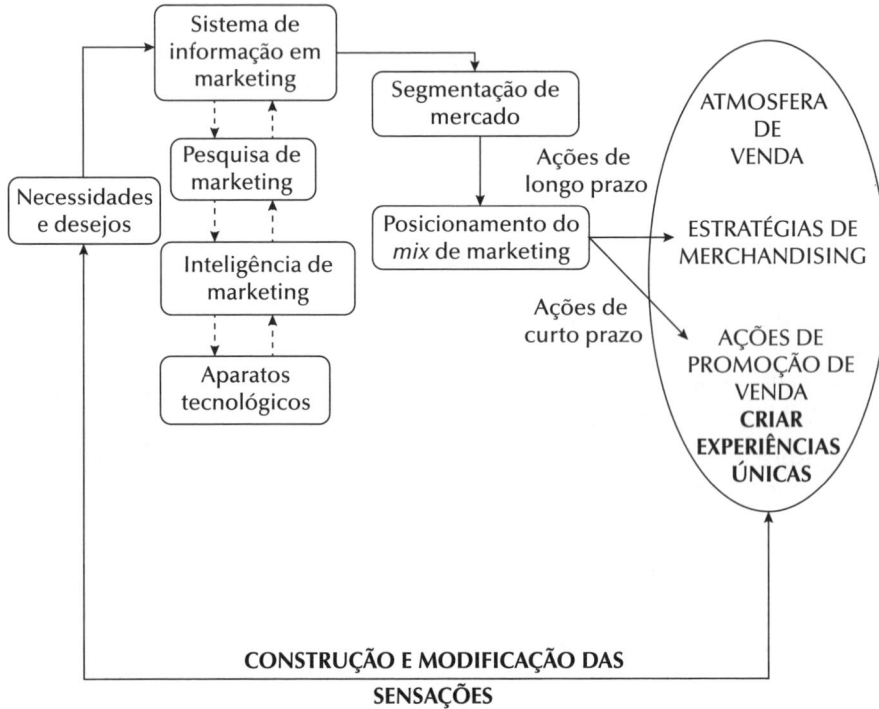

Figura 1.1 – Necessidades e desejos e atmosfera de venda.

Aparentemente, uma das grandes preocupações dos gestores de marketing na atualidade é como criar experiências únicas nos consumidores[1]. Basicamente, os clientes de hoje querem ser encantados e querem ter sensações agradáveis ao entrar em uma loja[2]. A verdade é que os clientes, atualmente, não compram apenas para adquirir produtos. Eles compram porque querem se divertir no momento do consumo[3].

Nesse sentido, várias lojas têm investido na criação de estímulos emocionais por meio de uma arquitetura de exposição de produtos mais criativa, de iluminações que dão mais vida ao ambiente e de músicas mais agradáveis que estimulam os consumidores a ficarem mais tempo no ambiente[4]. Aliado a isso, os varejistas realizam promoções que procuram chamar a atenção dos consumidores. Essas promoções vão desde descontos atrativos até o sorteio de prêmios que estimulam o interesse dos consumidores.

O varejo parece que descobriu a fórmula mágica para trazer o cliente para dentro da loja: *"excitação, divertimento e prazer"*. Isso é criar experiências únicas, o que fará que o cliente se encante pelo ambiente, retorne mais vezes e, por meio do boca a boca, estimule outros clientes a frequentarem o local[5]. Mas como conseguiremos chamar a atenção do cliente e fazer com que este se encante e dissemine as experiências vividas para vários outros consumidores?

Os próximos capítulos deste livro apresentarão o passo a passo de como encantar o cliente unindo duas ferramentas de marketing extremamente importantes no varejo: a promoção de vendas e as estratégias de merchandising. Antes, porém, precisamos demonstrar como fazer a integração destas duas ferramentas para gerar maior atratividade no ambiente de vendas.

1.1 A INTEGRAÇÃO ENTRE MERCHANDISING E PROMOÇÃO DE VENDAS

Uma estratégia de marketing no varejo deve ter como foco a integração entre as ferramentas de merchandising e a promoção de vendas. No ambiente de varejo, as estratégias de merchandising dizem respeito às ações de longo prazo, que têm como objetivo estabelecer uma identidade entre a marca do estabelecimento e os consumidores. Essas estratégias tendem a posicionar conscientemente ou inconscientemente a marca na mente no consumidor por meio das experiências que este teve no ambiente de venda. Essas experiências podem ser provocadas de diversas maneiras, seja pela sonorização, pelo *layout* dos produtos, iluminação, cores, odores, disposição espacial das pessoas, entre tantas outras. Por exemplo, quando um cliente vai a um restaurante e ele ouve uma música suave ao fundo, com pessoas que são cordiais no atendimento e o local possui uma decoração singela, esse mesmo cliente vai se sentir muito bem, e irá dizer para outras pessoas que aquele restaurante é acolhedor e calmo, bem propício para uma refeição em um dia especial.

 COMO CONSTRUIR UMA ESTRATÉGIA EFICIENTE

Pesquisas indicam que o som produzido por alto-falantes interfere nas ações de venda. Porém, devemos ter cuidado, pois o estado de humor pode ser alterado pelo volume da música[6]. Desse modo, não podemos apenas colocar um funcionário para falar o tempo todo no microfone: é preciso planejar o que vai dizer e como será dito, sem se esquecer, claro, do volume do som.

Nós costumamos dizer que as estratégias de merchandising criam o fortalecimento a longo prazo da marca. No entanto, também não podemos nos esquecer de dizer que elas geram efeitos de curto prazo de incentivo a compras momentâneas no consumidor. Os clientes podem se sentir estimulados pelo ambiente a comprarem algo, pelo clima agradável que encontraram ou pela organização estratégica dos produtos dentro do ambiente de vendas.

Esses estímulos de curto prazo das estratégias de merchandising podem ser potencializados pelo uso de promoções[7]. As promoções de vendas agem em um período de curto prazo, estimulando os clientes a consumirem imediatamente. As promoções de vendas sinalizam aos consumidores dentro do ambiente das estratégias de merchandising que algo pode ser consumido rapidamente tendo uma vantagem no ato da compra. Essa vantagem pode ser de diferentes tipos, dependendo do tipo de promoção. Pode ser um desconto de 50% (metade do valor do produto). Pode ser a aquisição de cupom para concorrer a um carro no final da promoção. Pode ser um brinde, um agrado que o varejista consegue pela compra de um produto. Nesses casos, observamos que podem existir diferentes maneiras de incentivar o consumo de curto prazo no ambiente de vendas.

Na Figura 1.2, demonstramos como devem ser integradas a promoção de venda e as estratégias de merchandising dentro do ambiente de varejo. As ferramentas de merchandising podem criar quatro sensações nos consumidores: ódio, indiferença, aprovação e encantamento. Já ações de promoção de vendas podem modificar o estado dessas sensações.

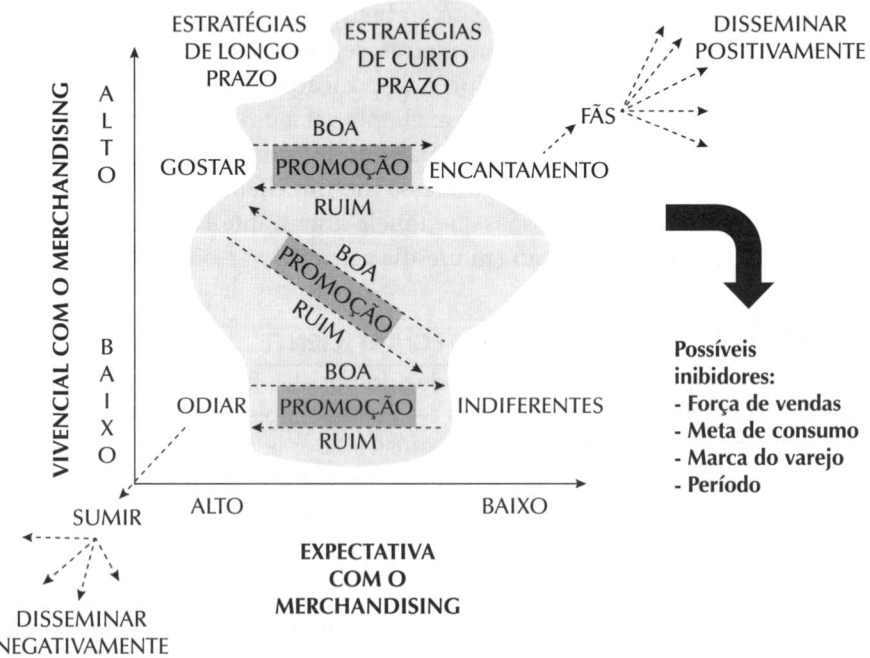

Figura 1.2 – A integração entre merchandising e promoção de vendas.

1.1.1 COMO O MERCHANDISING CRIA AS SENSAÇÕES

O entendimento da percepção das estratégias de merchandising e as sensações que os consumidores têm passam pelas expectativas e a experiência que o cliente tem no ambiente de venda. Costumamos dizer que a satisfação de um consumidor está relacionada diretamente às expectativas que ele nutre a respeito de algo e a consolidação (vivencial) dessa expectativa. Se, por acaso, as expectativas forem maior que o vivencial, o cliente tenderá a ficar insatisfeito. Se, por outro lado, o cliente tiver uma expectativa baixa e um vivencial alto, tenderá a ficar satisfeito. Desse modo, a satisfação é entendida por meio de uma fórmula que envolve diretamente expectativa e vivencial[8].

As pessoas podem ter a sensação de gostar do ambiente quando a expectativa for alta e o vivencial também for alto. No entanto, se a expectativa for alta e o vivencial for baixo, os consumidores podem odiar a experiência de compra. Se, por acaso, a expectativa for baixa e o vivencial também for baixo, as pessoas tenderão a se sentir indiferentes com relação ao ambiente de varejo. Por fim, se a expectativa for baixa e o vivencial for alto, os consumidores tenderão a se encantar pelo local.

> **COMO CONSTRUIR UMA ESTRATÉGIA EFICIENTE**
>
> Evite a tentação de economizar energia reduzindo as luzes de sua vitrine. A redução de custos com a luz deve ser feita em outros ambientes da loja. As vitrines devem ter foco de luz constante, mantendo a atenção do consumidor nos produtos expostos.

Para entender a influência das estratégias de merchandising nas sensações dos consumidores, imagine a seguinte situação. Existe um consumidor que criou uma expectativa muito baixa a respeito de uma loja, pois seus colegas de trabalho comentaram coisas terríveis a respeito desse lugar. No entanto, este consumidor precisa ir nessa loja comprar um produto qualquer. Ao entrar na loja, ele escuta uma música lenta muito agradável, sente um aroma igualmente agradável de baunilha, o que o deixa entusiasmado, e, quando olha para o produto que veio comprar, percebe que está em uma vitrine com uma iluminação especial de LED. Este consumidor tenderá a ficar encantado com a loja, pois seu cérebro vai reagir aos estímulos inconscientes (som, olfato e iluminação) que foram projetados naquele local. Na verdade, a sensação de encantamento foi gerada por uma baixa expectativa e um alto vivencial auxiliado por uma estratégia bem-sucedida de ambiência.

Agora imagine a situação contrária: você vai comprar um produto em uma loja que nunca tinha passado perto, ou seja, você desconhece essa loja. Ao abrir um *blog* na internet, lê uma matéria de uma colunista detalhando essa loja. A leitura deixa-o surpreendido com os elogios que são feitos a essa loja. Desse modo, com a expectativa lá nas nuvens, você resolver ir à loja para comprar o produto desejado. Ao chegar à loja você sente o cheiro de um perfume não muito agradável. Na verdade, o dono do estabelecimento misturou várias essências e borrifou no local. A combinação gerou um cheiro estranho. Além disso, a música ambiente estava um pouco alta e você foi perguntar algo para o vendedor e ele não escutou. Você teve que perguntar duas vezes para ele entender. Além disso, as mercadorias estavam expostas na passagem dos clientes para tentar chamar a atenção. Só que a maneira como foram expostas davam uma sensação de obstrução do caminho. Esses três aspectos inconscientemente o deixaram confuso e irritado, e o fizeram ter uma sensação muito negativa, a ponto de odiar a sua presença na loja naquele momento.

COMO CONSTRUIR UMA ESTRATÉGIA EFICIENTE

A primeira impressão é a que fica! Seguir essa expressão popular é algo importante no varejo. A aparência física estimula uma apreciação espontânea favorável ou não favorável. Embora essa avaliação seja cognitiva, ela promove análises positivas e negativas[9].

TEORIA E PRÁTICA

Pequenos detalhes que no coletivo fazem a diferença

zhudifeng | iStockphoto

Ter uma fachada externa encantadora. Ter uma porta de acesso grande e acessível. Ter espaço para caminhar. Ter uma luminosidade atrativa. Ter produtos bem organizados na vitrine. Tudo isso são atributos que podem auxiliar na captação da atenção do consumidor e, por consequência, na geração de sensações boas para os consumidores. São esses pequenos detalhes que no coletivo fazem a diferença de uma loja. A imagem mostra uma loja de roupas masculinas que se utiliza desses atributos para chamar a atenção dos clientes que estão passando pelo corredor do shopping. Passar por uma loja e ser atraído pelo seu interior é uma das estratégias mais complicadas de se alcançar.

Com esses exemplos podemos ver que as estratégias de merchandising são essenciais para que o cliente tenha um vivencial que ultrapasse as expectativas no ambiente. Por isso, os gerentes de merchandising devem ter em mente que o sucesso é construído por detalhes na atmosfera. Por exemplo, imagine o aroma de talco de bebê e qual a sensação que pode causar nos consumidores. Ou uma estratégia de *sound branding* (conjunto de ações que objetiva reforçar a marca por meio de músicas e avisos sonoros na atmosfera) que reduz a poluição sonora dentro do ambiente de varejo (que às vezes é extremamente tumultuado)[10]. Ou uma estratégia bem-sucedida de iluminação de vitrine que usa truque de luzes (piscando ou girando) para dar vida à vitrine e chamar atenção dos consumidores.

1.1.2 Como a promoção de vendas pode mudar as sensações

Se o merchandising faz a relação direta entre expectativa e vivencial gerando sensações com a experiência de compra, a promoção de vendas tem o poder de gerar consumo imediato modificando as sensações dentro do ambiente de vendas. Imagine um cliente que está em um supermercado com uma sensação de indiferença a respeito do local de compra, ou seja, sua expectativa é baixa e seu vivencial também está baixo. Só que, ao passar por uma prateleira, ele vê que a sua marca de cerveja predileta está em promoção. Na compra de duas latas de cerveja, ele leva a terceira de graça. Naquele exato momento ele resolve rapidamente comprar a cerveja. A promoção o fez transitar do sentimento de indiferença para o de gostar daquele ambiente.

A promoção tem esse poder: deixar as sensações melhores, se, claro, ela for executada de forma correta. Caso a promoção seja feita de maneira equivocada, enganando o cliente, isso pode fazer com que este saia de uma sensação boa e tenha sensações negativas. Imagine um consumidor que está para comprar um carro em uma concessionária. Naquele exato momento, ele está com uma expectativa alta, pois vai trocar de carro. Ao entrar na concessionária, ele se sente muito bem, pois encontra o carro que estava procurando e as pessoas estão atendendo-o de uma maneira bem amável, educadas. Nesse momento, o consumidor está com uma sensação de encantamento. Para incentivar a compra, o vendedor diz que a concessionária está fazendo uma promoção. Na compra do carro, o cliente ganhará uma viagem para conhecer um destino turístico com a família. O cliente não pensa duas vezes: compra o carro. Só que, no entanto, duas semanas depois, quando está prestes a fazer a viagem que ganhou na promoção, descobre que ela não cobria as estadias na cidade e terá que pagar com o seu dinheiro o hotel. Ao comunicar a promoção, o vendedor não avisou que eram somente as passagens aéreas que o cliente ganhava. Neste exato momento, o cliente se sentiu enganado pela promoção e a sensação de encantamento deu lugar a uma raiva muito grande por ter se sentido enganado.

Nesses dois exemplos, vimos que uma ação de promoção de vendas pode mudar as sensações dos clientes. Por isso, devemos ter um cuidado especial, pois, além disso, a promoção de venda tem o potencial de disseminar para outros clientes o que está acontecendo na atmosfera de varejo. É comum as pessoas contarem as experiências positivas e negativas a respeito de promoções de que participaram. Se as promoções forem bem-feitas, a disseminação será positiva, podendo fazer com que a loja tenha muitos fãs que multiplicaram as suas experiências com outras pessoas. Se as promoções forem malfeitas, a disseminação será negativa, podendo fazer com que a loja perca os clientes ou que eles sumam do lugar, multiplicando as suas experiências ruins para outras pessoas.

1.1.3 Possíveis inibidores das sensações

A estratégia de merchandising alinhada a uma eficiente promoção de vendas tem como intenção criar sensações nos consumidores que projetem experiências memoráveis e cativantes. Em contrapartida, esse alinhamento visa a eliminar expectativas inadequadas. Porém, também sabemos que existem inibidores que podem atenuar, inflar ou até mesmo eliminar as sensações que são criadas na atmosfera de varejo por meio das ferramentas de merchandising e ações de promoções de venda. Nesse caso, enumero quatro possibilidades de inibidores: força de vendas, metas de consumo, marca do varejo e período.

A força de venda pode fazer os clientes se sentirem bem ou mal dentro da atmosfera de varejo. Por mais que preparemos uma atmosfera atrativa com promoções vantajosas, se o vendedor não souber tratar o cliente, este não terá sensações boas na loja. Por isso, devemos capacitar, treinar, orientar e remunerar bem os vendedores para que estes sejam um suporte à atratividade da atmosfera de varejo.

Um outro ponto inibidor diz respeito às metas de consumo. Os clientes têm objetivos de consumo, para isso se programam e fazem esforços para alcançá-los. Se um cliente já tem ao certo o que quer comprar, se investiu muito tempo e, basicamente, antes de entrar na loja, já sabe o que quer, dificilmente uma estratégia bem organizada de merchandising e promoção de venda fará com que ele mude de ideia.

A marca de varejo é um fator preponderante para alguns consumidores e pode afetar diretamente as sensações dentro da atmosfera de varejo. Existem clientes que são extremamente engajados com algumas marcas, que praticamente não suportam ouvir falar em marcas concorrentes. Costumamos dizer que esses clientes estão fidelizados e que provavelmente não vão se sentir muito influenciados pelas estratégias de merchandising e promoção de venda de outras lojas.

Por fim, o período ou a estação podem ser influenciadores das sensações bem maiores do que as estratégias de merchandising e promoção de vendas. Dependendo da estação ou época do ano, o cliente terá um clima propício, impactando, assim, suas sensações. Por isso, é comum o varejo se unir a esses períodos, incorporando suas sensações. Por exemplo, o varejo se utiliza de decorações sazonais para despertar o interesse dos clientes, induzindo essas sensações e gerando motivação de consumo. O Natal é repleto de cores e perfumes, que as estratégias de merchandising e as promoções de vendas tanto usam. O Dia das Mães reflete uma data amorosa, invocando sentimentos associados à sutileza, à proteção e à dedicação. O Dia dos Namorados reflete sentimentos de amor e paixão incondicional. Todas as simbologias e rituais atrelados a esses momentos são usados na atmosfera de venda do varejo.

1.2 TUDO ISSO TAMBÉM ACONTECE NO AMBIENTE VIRTUAL

Engana-se quem acha que as sensações geradas na relação entre expectativa e vivencial do merchandising e modificadas pelas promoções de venda é domínio exclusivo do varejo virtual. Todas essas sensações (ódio, indiferença, gostar, encantar) fazem parte do mundo virtual. Elas estão presentes nesse mundo e acontecem quando as pessoas pegam um computador, um celular ou *tablet* para visitar lojas virtuais.

A estimulação durante a compra acontece tanto na loja física quanto na virtual. Óbvio que a variedade de estímulos excitantes é diferente. As sensações, porém, são as mesmas. No caso específico do mundo virtual, essas sensações tendem a ficar mais afloradas e transitarem mais rápidas entre os consumidores, podendo estimular o surgimento de fãs ou afugentando os consumidores da atmosfera virtual de compra. Isso porque o boca a boca se dissemina a uma velocidade muito grande por meio das redes sociais nesse ambiente. Por isso, que quando criamos uma experiência para consumidores em um ambiente *on-line*, temos de cuidar com o desempenho em tempo real do que estamos alcançando. Devido à importância desse ambiente *on-line* para estratégia de merchandising e para as ações de promoções de venda, futuros capítulos deste livro trarão com exclusividade discussões a respeito dessa temática.

 EXERCÍCIOS PARA FIXAÇÃO

1. Por que podemos considerar a aplicação do merchandising e de promoção de vendas como estratégias de longo e curto prazo, respectivamente?

2. Identifique uma ação de merchandising de uma loja e justifique sua utilização como estratégia de longo prazo. Por exemplo, quais elementos que compõem o merchandising destacam reforço da marca?

3. Identifique uma ação de promoção de vendas de uma loja e justifique sua utilização como estratégia de curto prazo. Por exemplo, quais elementos que compõem a promoção de vendas estimulam a compra?

4. Identifique uma loja que esteja realizando uma promoção de vendas. A seguir, busque os elementos que compõem as estratégias de merchandising e que reforçam a campanha promocional que está sendo realizada. Na sua opinião, essas duas ferramentas (merchandising e promoção de vendas) estão bem alinhadas? Você mudaria algo?

5. De que forma as estratégias de merchandising podem fomentar boas sensações no consumidor? Responda e exemplifique com alguma experiência passada.

6. De que forma as estratégias de promoção de vendas podem fomentar boas sensações no consumidor? Responda e exemplifique com alguma experiência passada.

7. Quais os elementos que compõem uma atmosfera de loja podem ser inibidores de sensações? Dentre eles, quais você já vivenciou?

8. Identifique, no ambiente virtual, experiências positivas e negativas de consumidores com produtos. Avalie se essas experiências foram decorrentes de ações de merchandising e promoção de vendas.

PRESSUPOSTOS BÁSICOS DA ATMOSFERA DE VAREJO

O QUE VEREMOS NESTE CAPÍTULO
- Demonstrar os pressupostos básicos da atmosfera de varejo que se resumem em cinco dimensões (variáveis externas, variáveis de interior, *layout* e *design*, exibição e decoração do ponto de venda e variáveis humanas) e que impactam na percepção dos clientes e vendedores.
- Debater o conceito merchandising como ferramenta de melhoria da atmosfera de varejo.
- Indicar os principais benefícios de seu uso.

O ambiente de compras é um local importante para os consumidores tomarem suas decisões de consumo, seja uma loja física, seja uma loja virtual. Sabemos que cada consumidor tem suas necessidades e desejos específicos. Nesse sentido, o ambiente de vendas pode proporcionar situações em que o consumidor encontra a satisfação dos seus desejos e necessidades.

Devido a esse fato, os gestores de marketing devem se preocupar com o ambiente e as suas possíveis influências no consumo. Os estudiosos e praticantes do marketing tendem a utilizar a teoria da psicologia ambiental para ofertar produtos de uma maneira mais eficiente no varejo. A teoria da psicologia ambiental demonstra que o ambiente (neste caso, uma loja, *site* ou rede social) tem capacidade de facilitar os objetivos das pessoas[1].

O planejamento atmosférico pode fazer a diferença entre um sucesso comercial ou um fracasso[2]. Para muitos consumidores, o objetivo é a conveniência, que inclui entrar e sair de um ambiente de varejo rapidamente e encontrar facilmente a mercadoria que eles procuram. Desse modo, os gestores podem utilizar o *layout* para o consumidor ter um movimento eficiente dentro da loja e assim superar suas expectativas[3]. Para outros consumidores, o importante é poder contar com uma grande quantidade produtos para comparar os melhores preços. Desse modo, o varejo virtual pode ser um canal de comunicação eficiente para o cliente, pois ele pode comparar os produtos que necessita com facilidade e rapidez.

Além de facilitar a satisfação das necessidades e desejos dos clientes, o planejamento atmosférico pode ajudar a imagem da loja, que geralmente é definida na mente do comprador em parte pelas qualidades funcionais, em parte pelos atributos psicológicos. Assim, a imagem da loja está associada à atitude em relação a ela para descrever a impressão geral que o cliente possui de seu ambiente[4].

2.1 A INFLUÊNCIA DA ATMOSFERA DE VAREJO

Os gerentes de marketing procuram um equilíbrio entre a aquisição de novos clientes e a manutenção dos consumidores existentes. Podemos dizer que o sucesso de uma loja depende da sua capacidade de proteger os clientes existentes e, ao mesmo tempo, atrair mais consumidores externos[5].

A busca desse equilíbrio talvez seja o grande desafio atualmente, pois está se tornando cada vez mais difícil para os varejistas criar uma vantagem diferencial empregando vias de marketing tradicionais de produtos, preços e atividades promocionais. Consequentemente, os atributos da loja (por exemplo, atratividade física e psicológica) proporcionam uma oportunidade de diferenciação[6].

Por essa razão, é interessante entendermos: *como o ambiente varejista pode impactar as percepções dos clientes sobre o valor de uma loja? Em um sentido mais amplo, de que forma o ambiente de varejo influencia a decisão do cliente de comprar em uma determinada loja?*[7] Para responder essas perguntas, devemos entender as influências da atmosfera de varejo no consumidor (ver Figura 2.1)[8].

Figura 2.1 – As influências da atmosfera de varejo.

Inicialmente, a influência da atmosfera de varejo no consumidor começa por cinco dimensões ambientais da loja que estimulam a percepção dos consumidores quanto aos critérios de escolha da loja: (1) variáveis externas, (2) variáveis de interior, (3) *layout* e *design*, (4) exibição e decoração do ponto de venda e (5) variáveis humanas. Estes estímulos podem afetar diretamente respostas imediatas tanto nos consumidores quanto nos próprios vendedores da empresa.

2.1.1 Variáveis externas: o cartão de visita do estabelecimento

A variáveis externas correspondem a todos os elementos que podem ser observados de fora da loja. Por isso, devemos ter cuidado ao planejar as variáveis externas, pois elas vão ser o cartão de visita de um estabelecimento. Neste caso, podemos enumerar como variáveis externas: as portas de entrada, as janelas, as vitrines, os manequins, a arquitetura de construção da loja, a área de circulação, o estacionamento, entre outros.

Essas variáveis externas demonstram para os consumidores qual é o perfil da loja. Se esta loja é econômica, se tem produtos de luxo, se os produtos têm qualidade, entre outros tipos de lojas. A construção da identidade da loja na mente do consumidor inicia-se pela entrada em seu ambiente. Por isso, devemos projetar um ambiente que "venda" a imagem planejada pelos gestores.

Se as variáveis externas não forem bem gerenciadas, o resto da atmosfera pode não importar para os clientes. Esses elementos devem ser receptivos, agradáveis e encorajar a entrada dos consumidores para que estes possam conhecer o ambiente interno[9].

Não é simples manter uma harmonia na apresentação das variáveis externas de um ambiente de varejo. É complicado gerenciar as variáveis externas, porque dificilmente podemos interferir na sua rotina diária. No varejo é comum encontrar lojas em diferentes locais: grandes centros comerciais, lojas de bairro, lojas em centros de grandes cidades, entre outros.

 COMO CONSTRUIR UMA ESTRATÉGIA EFICIENTE

Um bom gestor deve se preocupar com a exposição dos manequins na vitrine. Deixar os manequins sem roupa, nunca! Pode dar a impressão de desorganização e falta de identidade para o cliente. Devemos sempre mudar as peças dos manequins mantendo um padrão de acordo com os objetivos temporários. Se a ideia é promover a coleção de verão, a vitrine e os manequins devem vender o verão.

Imagine quão difícil é controlar todas as variáveis externas que estão, por exemplo, na arquitetura pública de um bairro ou do centro de uma grande cidade. Por isso, devemos ter cuidado para escolher um local que expresse melhor a harmonia entre o ambiente externo e os conceitos de lojas que se quer aplicar. Infelizmente, em boa parte dos casos, as escolhas do local das lojas estão em função do custo do aluguel, deixando para segundo plano a adequação das variáveis externas à vizinhança.

O mesmo acontece nos grandes *shoppings*. É sabido que os grandes *shoppings* do Brasil têm um posicionamento de mercado definido. Devemos ter cuidado ao escolher um espaço, pois a estrutura desse *shopping* (iluminação, segurança, estacionamento, entre outros) fará parte do ambiente externo da loja.

Seja em uma loja de *shopping* ou em uma loja de rua, as variáveis externas devem buscar harmonia com a vizinhança. A ideia é que, ao passar na porta de sua loja, as pessoas tenham vontade de entrar para conhecer o ambiente. Por isso, podemos promover diversas ações nesse ambiente, como ajuste de portas e janelas, exposição de manequins, iluminação atrativa nas vitrines, cartazes de promoções na porta, entre tantas outras.

 TEORIA E PRÁTICA

As variáveis de interiores gerando o conceito de loja

fiphoto | iStockphoto

As variáveis de interiores de loja devem aproximar o consumidor do conceito de loja. Essas variáveis devem fazer com que as pessoas que estejam no local sintam-se encantadas e valorizem a marca. Nessa imagem, podemos observar que existe um grande espaço de circulação com o mobiliário projetado para se ter uma ampla visão dos produtos. Observe que, em qualquer lugar que o consumidor ficar no interior da loja, ele conseguirá ver os restantes dos produtos, tendo, assim, sempre a percepção do conceito da loja em seu campo visual.

2.1.2 Variáveis de interior: a necessidade de se sentir bem

O interior do ambiente de varejo é o local ideal para o varejista fazer sua estrategia de identificação de marca, pois ali ele pode fazer as alterações de acordo com o seu planejamento sem nenhum empecilho. Dizemos isso porque nas variáveis de ambiente externo existem situações que o gestor não pode modificar como trafego, poluição, ruídos indesejáveis, entre outros.

Desse modo, é no ambiente interno que se pode realizar a construção de um cenário que traga a essência da loja. Essas variáveis são compostas do piso, carpetes, aromas, sons, iluminação, paredes, cores, temperatura e limpeza.

As variáveis de interior podem influenciar diretamente no tempo de permanência do consumidor no local e, por consequência, no montante final de venda do local[10]. Por isso, devemos agir estrategicamente para criar uma harmonia dentro do ambiente interno do varejo.

O ambiente interno deve trazer na sua atmosfera a missão e a visão da empresa. Se, por acaso, a empresa tiver como objetivo atender clientes de alta renda que buscam *status*, as variáveis de interior devem expressar exclusividade por meio de músicas, aromas e iluminação. Caso a estratégia da empresa almeje alcançar clientes com baixo poder aquisitivo, aconselha-se aqui elaborar um ambiente interior que seja funcional, que demonstre a importância dos produtos utilitários. Com isso, estes clientes terão uma percepção mais racional e, por consequência, verão no ambiente a possibilidade de encontrar produtos e serviços com baixos preços.

Observamos em muitos casos que, quando uma pessoa adquire ou aluga um imóvel para vender os seus produtos, existe uma adaptação deste local para o que o gerente pensa ser necessário para desenvolver a identidade do seu estabelecimento. Neste caso, pode existir uma coluna que atrapalha a circulação das pessoas ou um piso que não combina com o estilo da loja.

O gerente deve ser criativo nesses casos para fazer com que esses detalhes sejam imperceptíveis para o cliente ou procurar um outro imóvel que consiga transmitir em seu ambiente interno a filosofia da empresa. Esse problema é comum em franquias que já vêm com um plano de variáveis interiores concebido. É complicado achar um imóvel que consiga reproduzir na íntegra os itens exigidos pela filial de uma franquia.

2.1.3 *Layout e design*: entre o sútil e o imperceptível

Semelhante às variáveis de interior, o *layout* e *design* têm a facilidade de serem adaptados segundo a vontade dos gestores para se desenhar o melhor perfil de loja. O *layout* e o *design* são considerados uma forma sutil e, em alguns momentos, imperceptível de demonstrar para o cliente as características do ambiente.

Esta dimensão costuma se responsabilizar pelo agrupamento de produtos (quantidade e volume), dimensionamento do fluxo interno, alocação de espaços, entre outros. O *layout* e *design* têm influência direta na resposta dos clientes, sendo responsável pela identidade da empresa e por ativar compras não planejadas.

A organização do ambiente por meio de prateleiras e display é importante para que o consumidor tenha uma boa percepção do espaço interno. Além disso, é importante para que o cliente possa observar claramente os produtos que estão expostos dentro da loja.

A organização das prateleiras e displays pode induzir caminhos de locomoção dentro do ambiente, privilegiando a exposição de produtos de alto valor agregado. Nestas áreas, é comum investir em cartazes e propagandas que estejam alinhados com a estratégia de oferta de produtos da empresa.

2.1.4 Exibição e decoração: o foco no posicionamento

A exibição e decoração do ponto de venda são estratégicos para qualquer estabelecimento. É com a exibição e decoração que reforçamos os produtos e serviços que estamos ofertando no local. Faz parte da exibição e decoração do ponto de venda posicionar da melhor maneira os produtos, os cartazes, os displays, as mensagens de divulgação e as paredes.

A decoração gera efeitos diretos na quantidade de espaço atribuída a um produto, na localização da prateleira e na eficácia da exibição de um produto. Por essa razão, não resta dúvida de que a decoração influencia significativamente as vendas.

Os produtos devem ser colocados nas prateleiras de uma maneira atraente, que faça os consumidores sentirem interesse a manuseá-los e, ao mesmo tempo, motivados a adquiri-los. Além disso, deve existir um monitoramento constante para que não faltem os produtos nas prateleiras, nem que os produtos fiquem desorganizados. No varejo, o responsável por manter as prateleiras sempre em ordem e sem a ausência de produtos chama-se repositor.

Nos supermercados acontece uma cena bem comum. Consumidores colocam produtos no carrinho e, depois de pensarem um tempo, optam por não levar os produtos. Estes consumidores acabam deixando os produtos em outras prateleiras. Isso pode gerar uma sensação de desorganização em outros consumidores dentro do supermercado. O mesmo ocorre quando dentro de lojas de roupas as pessoas experimentam os produtos e não colocam no lugar. Nesses casos, é necessário que os funcionários coloquem as mercadorias no seu devido lugar em tempo hábil para que outros clientes não percebam.

2.1.5 Variáveis humanas: a interação social

O fator humano é imprescindível em qualquer ambiente. É ele que dá vida por meio das interações sociais. Esta dimensão inclui a densidade do número de pessoas no ambiente, a sensação de privacidade, as características pessoais dos consumidores e dos vendedores e os uniformes dos empregados.

Podemos dizer que esta dimensão é parcialmente controlada pelos gestores, pois ela pode ser subdividida em dois públicos: a influência de outros compradores e a influência dos profissionais de varejo no comportamento de compras. Para um bom gestor, é necessário influenciar no posicionamento de seus vendedores. Isso pode ser difícil, mas com esforço pode ser realizado. Já no caso de controlar a influência dos outros consumidores no ponto de venda, é quase impossível. Costumamos dizer que é uma tarefa com pouquíssimas interferências de sucesso.

2.1.6 Respostas imediatas nos vendedores e consumidores

Estas cinco dimensões que vimos nas últimas seções são capazes de influenciar claramente os consumidores e vendedores que se encontram dentro de um ambiente. Com relação aos vendedores, estas dimensões podem afetar diretamente no humor, esforço, compromisso, atitude, conhecimento e, até mesmo, nas suas habilidades. Com relação aos consumidores, pode influenciar diretamente no prazer, no tempo permanecido dentro loja, nos itens examinados, nas informações adquiridas, nas compras e na satisfação.

 COMO CONSTRUIR UMA ESTRATÉGIA EFICIENTE

Atualmente, um número crescente de formatos de varejo, como supermercados e postos de gasolinas, está localizando pequenas lojas dentro de suas instalações. Eles estão aproveitando e criando uma atmosfera de venda dentro uma outra atmosfera de venda maior, tendo assim uma fonte de receita adicional[11].

Os gestores devem tentar fazer com que os vendedores e consumidores reforcem a imagem destas cinco dimensões. No caso dos vendedores, devemos ficar atentos com os objetivos de carreira, treinamento, situação pessoal e a classe social. No caso dos consumidores, devemos ficar atentos com as orientações de compra, estilo de vida, atitudes e opiniões.

Não resta dúvida de que o fator humano é extremamente importante, por isso devemos conscientizar os nossos vendedores para que estes possam ser educados e gentis dentro do ambiente de venda. Não adianta termos uma estrutura de vendas que esteja incompatível com os investimentos feitos em atmosfera. Imagine uma loja com clima calmo e ameno, onde a iluminação é bem suave. Agora imagine neste ambiente um vendedor que não para de falar e que não sabe tratar bem os clientes. É absolutamente incompatível e inadmissível. Nesse caso, todo o investimento feito na atmosfera de venda (iluminação e aclimatação) vai por água baixo.

Nós também não podemos nos esquecer de monitorar o comportamento dos outros consumidores dentro do ambiente de varejo. Por meio de suas ações, eles podem contaminar o restante dos consumidores. Por isso, devemos orientar os vendedores a tratarem bem nossos clientes, pois devem ser considerados a extensão de nosso ambiente. Se os clientes se sentirem felizes, a felicidade irá contagiar outros clientes que estão chegando à loja.

2.2 VISUAL MERCHANDISING COMO FERRAMENTA DA ATMOSFERA DE VAREJO

O visual merchandising é uma ferramenta que tem como objetivo primordial melhorar a imagem e a atratividade da atmosfera de varejo. Podemos dizer que essa ferramenta almeja modificar um ambiente comum e transformá-lo em algo atraente para um determinado grupo de consumidores. Por isso, entendemos que o merchandising visual é o resultado de uma abordagem conceitual para *design* de loja e exibição de mercadorias[12].

Assim, o visual merchandising pode ser considerado como uma maneira em que o lojista comunica ao seu cliente os seus princípios e valores expressos diretamente nas vendas de seus produtos.

Nós acreditamos que uma boa estratégia de merchandising faz os produtos se tornarem mais atrativos, pois a comunicação com os clientes se torna mais direta. Aproximadamente, uma estratégia de merchandising pode gerar aumento de vendas semelhante a quando reduzimos o preço dos produtos. Em ambos os casos, os clientes tendem a procurar mais os produtos, seja pela redução de preço, seja pelo aumento da atratividade do produto[13].

O visual merchandising a curto prazo tende a aumentar as vendas, pois nele os produtos são vendidos praticamente sozinhos. Isso porque as estratégias de visual merchandising provoca compras não planejadas. A longo prazo, as estratégias de merchandising tendem a consolidar a marca no mercado, gerando um posicionamento na mente dos consumidores.

2.2.1 Benefícios do uso do merchandising

A tarefa dos profissionais de marketing de varejo resume-se diretamente a um esforço coordenado para integrar aspectos do *mix* de marketing, incluindo estratégia de segmentação e posicionamento, tentando uma melhor exposição de mercadorias na loja. Além disso, esses profissionais tendem a gerar um tipo de comunicação para o cliente com essa exposição.

Nesse sentido, podemos demonstrar a importância do merchandising, pois ele tem a função de deixar visíveis os elementos na atmosfera de varejo que configuram o posicionamento da empresa. Para isso, o visual merchandising envolve diretamente ferramentas de *design* que exploram o piso, o interior da loja, sinalizações, promoção e exposição do *mix* de produtos[14].

O efeito do uso do merchandising como ferramenta de atmosfera pode acarretar vários benefícios, e os mais comuns são: (1) maior eficiência na exposição de produtos, (2) aumento de compra, (3) maior reconhecimento da marca, (4) geração de respostas afetivas e utilitárias, (5) diferenciação da oferta em face dos concorrentes, (6) aumento da atenção do consumidor e (7) aumento da adesão em programas de fidelidade.

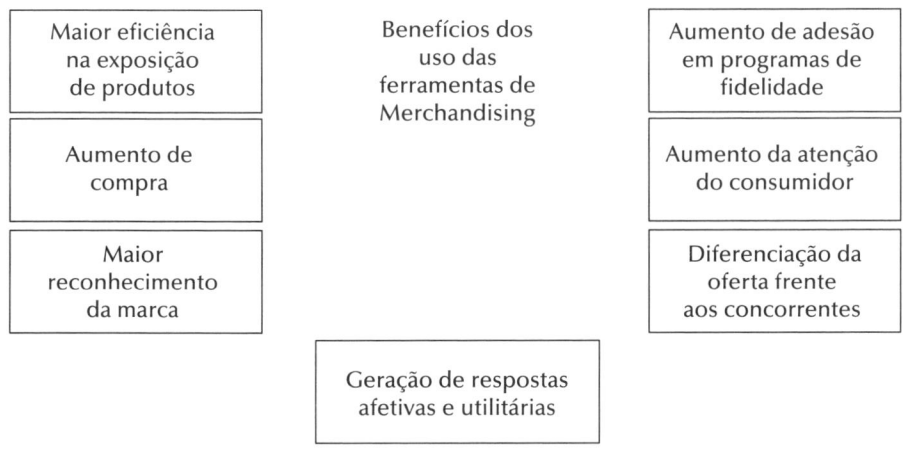

Figura 2.2 – Benefícios do uso das ferramentas de merchandising.

No geral, os varejistas estão preocupados com o processo de venda dos produtos. Por isso, o merchandising tem sido usado como uma ferramenta eficiente de exposição de produtos[15]. O merchandising influencia o comportamento de compra e reconhecimento da marca. Nos capítulos futuros deste livro, vamos discutir que a cor, o estilo de apresentação e a iluminação podem gerar maiores intenções de compra e, por consequência, melhor reconhecimento da marca. Pode-se se supor que essas estratégias aplicadas em conjunto podem aumentar as vendas em até quatro vezes[16].

Existem dois pontos de vista a respeito das técnicas de visual merchandising. O visual merchandising gera respostas afetivas e utilitárias nos clientes. As necessidades afetivas estão associadas aos valores hedônicos de consumo. Já as respostas utilitárias estão associadas às necessidades básicas dos consumidores, que podem vir, por exemplo, nas mudanças sazonais de estações, no caso do varejo de roupas[17].

Os benefícios da utilização do visual merchandising também estão na conexão entre a comunicação da marca e o esforço promocional, gerando, assim, maior diferenciação da oferta diante dos concorrentes[18]. Por fim, quando se utiliza uma estratégia bem organizada de merchandising, gera-se um aumento da atenção visual no ambiente de compra[19], crescendo, dessa maneira, a possibilidade de adesão dos clientes aos programas de fidelização[20].

EXERCÍCIOS PARA FIXAÇÃO

1. O que podemos entender por variáveis externas em uma atmosfera de varejo? Escolha uma loja e descreva as variáveis externas. Você mudaria algo nela?

2. O que podemos entender por variáveis de interior em uma atmosfera de varejo? Escolha uma loja e descreva as suas variáveis de interior. Você mudaria algo nela?

3. O que podemos entender por *layout* e *design* em uma atmosfera de varejo? Escolha uma loja e descreva o seu *layout* e *design*. Você mudaria algo neles?

4. O que podemos entender por exibição e decoração do ponto de venda em uma atmosfera de varejo? Escolha uma loja e descreva a sua exibição e decoração do ponto de venda. Você mudaria algo nela?

5. O que podemos entender por variáveis humanas em uma atmosfera de varejo? Escolha uma loja e descreva as suas variáveis humanas. Você mudaria algo nela?

6. O que vem a ser uma estratégia de atmosfera de vendas? Em que sentido essa estratégia pode posicionar a imagem de uma empresa?

7. Quais são os principais benefícios do uso do merchandising em uma atmosfera de venda?

ATENÇÃO VISUAL E O *DESIGN* DE LOJA

> **O QUE VEREMOS NESTE CAPÍTULO**
> - Estudar a relação existente entre atenção visual e *design* de loja.
> - Verificar como funciona a visão humana dentro de um ambiente de varejo.
> - Discutir as abordagens cognitivas e afetivas de acordo com a psicologia ambiental.
> - Debater as rotas padronizadas e as zonas de transição existentes dentro de um ambiente de varejo.
> - Posicionar os produtos nas prateleiras, como criar entradas, corredores, fluxos e saídas mais eficientes e atrativas para um estabelecimento.

O varejo tem se mostrado um ambiente extremamente competitivo. Nesse ambiente, os lojistas têm se reinventado para tentar encantar os clientes, oferecendo produtos e serviços com mais valor agregado. Uma das maneiras utilizadas para agregar valor ao cliente é o visual merchandising e o *design* de loja.

O visual *merchandising* e o *design* de loja têm como objetivos chamar a atenção dos consumidores no ponto de venda para os produtos ofertados. Para isso, os profissionais de marketing utilizam estudos da psicologia do consumidor por meio de abordagens afetivas e cognitivas para deixar o ambiente da loja mais atrativo. Essas abordagens envolvem estratégias que fazem os consumidores perceberem os produtos ofertados pelos cinco sentidos: visão, audição, paladar, tato e olfato.

A ideia central é que se crie experiências inesquecíveis no ambiente para o consumidor. Essas experiências podem estar associadas a cores, aromas, música, imagens, entre outros fatores ambientais. No fundo, essas experiências prendem a atenção do consumidor, despertando, assim, a vontade de passar mais tempo no ambiente de consumo.

Quando o consumidor passa mais tempo dentro do ambiente de loja, tenderá a realizar compras. Nós sabemos que muitos clientes entram em uma loja sabendo o que vão comprar. Porém, existem muitos consumidores que estão indecisos ao entrar em uma loja. Isso acontece, pois há consumidores que têm apenas uma vaga ideia do que vão comprar ou, ainda, não escolheram a marca. Ao entrar em uma loja, esses clientes poderão obter mais informações sobre os produtos, pois boa parte das decisões pode ser influenciada pelo ambiente de loja.

3.1 COMO ENXERGAMOS O *DESIGN* DE LOJA

Ao enxergar o *design* de uma loja, os olhos fazem movimentos oculares seguidos, formando um traçado dinâmico em que é desenhada a atenção da pessoa em um campo visual. Para entender melhor, a atenção visual pode ser comparada a um holofote que ajuda a entender as cenas e reduz o processamento de eventos. Quando estamos expostos às características do ambiente de varejo, a atenção visual se dá por movimentos motores dos olhos e da cabeça, que garantem o foco pela iluminação da região desejada no espaço observado.

O foco da atenção visual é efeito de um *scanpath* (Caminho de digitalização) sobre o estímulo, consistindo em fixações e sacadas. Essas fixações e sacadas buscam a interpretação da cena fazendo vários pequenos movimentos oculares corretivos[1].

As fixações correspondem aos pontos em que o olho humano está relativamente em inércia, ou seja, os pontos nos quais o olho está parado concentrado diretamente em um objeto. A essência da informação que coletamos está associada à visão periférica, que é construída por meio do movimento ocular que é feito durante a fixação inicial. A visão periférica, também conhecida como visão tangencial, está associada ao fato de o indivíduo enxergar pontos à sua frente e ao redor do seu campo de visão.

COMO CONSTRUIR UMA ESTRATÉGIA EFICIENTE

Gestores na área de marketing têm utilizado de tecnologias de rastreamento ocular para entender a atenção visual dos consumidores com relação à procura de produtos em um ambiente de vendas. Além disso, esses aparelhos têm sido utilizados para desenvolver embalagens, propagandas e marcas mais atrativas.

As sacadas descrevem os movimentos rápidos que olho humano faz entre as fixações. A sacada é o movimento mais rápido no corpo humano. Só para ter uma ideia, os seres humanos fazem cerca de 170 mil sacadas por dia. A visão é, em grande parte, suprimida durante as sacadas. A sacadas podem auxiliar a entender a visão. Porém, ela pode gerar confusões ou problemas de compreensão. Juntamente, as medidas de atenção visual (fixações e sacadas) ajudam a enviar informações para o cérebro a respeito das estratégias de varejo[2].

3.2 IMPORTÂNCIA DE SE TER UM AMBIENTE DE LOJA ATRATIVO

Convencer os gerentes de marketing de que as estratégias de visual merchandising e *design* de loja são importantes para o incremento de vendas não é uma tarefa difícil. Historicamente, temos exemplos bem-sucedidos de estabelecimentos do varejo que são reconhecidos pela sua capacidade de atrair o cliente para o seu ambiente de loja.

Esses estabelecimentos acreditam que o ambiente de loja pode despertar o interesse dos consumidores em comprar. Isso porque existem vantagens claras para se ter um ambiente de loja atrativo:

- Uma estratégia bem organizada de ambiente de loja pode promover experiências memoráveis nos consumidores, fazendo com que estes fiquem encantados e voltem mais vezes. É a sensação de estar vivendo algo prazeroso e excitante. É como se os consumidores estivessem em transe em um mundo diferente, pois a todo tempo eles estarão sendo estimulados.
- As decisões de compra não são apenas conscientes; elas podem ter contornos inconscientes e, muitas vezes, não explicados pela razão. Por isso, um ambiente de loja que projete estímulos inconscientes pela iluminação, música e cheiro pode afetar as escolhas dos clientes.
- Os consumidores podem ter decisões afetivas em um ambiente de loja. Engana-se quem acha que os consumidores procuram apenas benefícios utilitários ao se comprar um produto. Os consumidores gostam de ser encantados na compra de produtos. Por isso, o visual merchandising é uma ferramenta eficiente, pois desperta os sentidos no momento de compra.
- Um ambiente de loja bem organizado facilita a circulação e a identificação dos produtos. O consumidor atual quer velocidade no seu processo de compra. A exposição organizada de produtos pode funcionar como um autosserviço, no qual o consumidor se sente com a liberdade de escolher os seus produtos.
- Um outro lado positivo é que com o ambiente organizado, que estimule a compra, e o cliente sabendo onde está o produto, reduz-se a necessidade de termos uma força de vendas especializada. Isso pode ser importante, pois reduz o custo de funcionamento da loja.

- A organização do ambiente de loja pode trazer peculiaridades que ajudam a posicionar a marca na mente do consumidor. Neste caso, a estratégia de um visual merchandising pode fortalecer a marca e fazer com que a loja se diferencie dos concorrentes, tendo um posicionamento diferente na mente do consumidor. Sabemos que existem vários segmentos diferentes entre os consumidores. Ter uma estratégia de merchandising faz com que a empresa posicione claramente os produtos para o segmento-alvo.
- Programas de fidelidade estão utilizando estratégias compartilhadas com o visual merchandising. Isso acontece, pois os gerentes de marketing acreditam que o visual merchandising pode aumentar a fidelidade dos clientes. Costumamos dizer que quando as estratégias de ambiente de loja estão bem organizadas, os clientes começam a se sentir familiarizados com o ambiente. Nesse momento, o cliente começar a ter os primeiros indícios de fidelização daquela marca.

3.3 IDENTIFICAÇÃO E MAPEAMENTO DA CIRCULAÇÃO NO AMBIENTE DE LOJA

É muito ruim para uma loja um consumidor passar um tempo grande procurando uma mercadoria ou pedir constantemente ajuda aos vendedores. A circulação dentro da loja deve propiciar aos clientes encontrar os produtos de forma fácil e rápida. Não podemos deixar um cliente perdido dentro de um ambiente. Por isso, os produtos devem estar acessíveis. Costuma-se dizer que o "*invisível não é vendido*"[3]. Por isso, é importante investir no processo de orientação do cliente no ambiente de varejo.

Os clientes são capazes de recriar ambientes espaciais de lojas dentro de sua mente por meio da recuperação de imagens da sua memória. Por isso, os varejistas devem ter conhecimentos de como o consumidor orienta-se, pois existem algumas regras e regularidades que parecem influenciar a orientação dos consumidores em um ambiente[4].

Essas regras e regularidades devem servir para organizar o *layout* das lojas e facilitar aos consumidores encontrar os produtos desejados e se orientarem no ambiente de vendas. Para conhecer melhor essas regras e regularidades, os gestores de varejo devem aprofundar seus conhecimentos na psicologia ambiental.

A psicologia ambiental é uma área de pesquisa que auxilia os varejistas a entenderem o comportamento de orientação do cliente dentro de um ambiente espacial. Essa área analisa como diversos ambientes (salas, paisagens e edifícios) podem gerar informações e influenciar o comportamento dos consumidores. A psicologia ambiental se resume em duas abordagens de pesquisas no varejo: afetiva e cognitiva.

A abordagem afetiva expressa as reações emotivas dos consumidores originadas das informações contidas na circulação de ambientes do varejo. A taxa de informação nesta abordagem é determinada pela sensação de inesperado, surpreendente ou desconhecido que o ambiente pode gerar. Por exemplo, um ambiente de loja que projeta reações de prazer e excitação pode fazer com que o consumidor aumente a sua estadia na loja, recomende a marca para alguém e até gaste mais do que o planejado nas compras[5].

A abordagem cognitiva fundamenta-se na construção de mapas mentais do ambiente e procura descrever os caminhos geográficos que os consumidores armazenam na memória. Os mapas mentais são representações internas construídas a partir do movimento no espaço e da percepção das realidades geográficas externas, contendo nela as dimensões e características espaciais do ambiente.

3.4 MAPAS MENTAIS E A CRIAÇÃO DE PONTOS DE REFERÊNCIAS

A criação de mapas mentais é algo complicado de se fazer, pois eles são feitos internamente no cérebro dos consumidores. Os varejistas podem facilitar essa criação dando "pistas" de localização dentro de um ambiente, como se fossem pontos de referências de localização espacial. Mapas mentais bem claros na mente dos consumidores refletem na percepção de conveniência na experiência de compra. Isso implica dizer que os varejistas devem investir em estratégias que promovam o conhecimento da localização dos produtos e prateleira, sortimento de produtos, *layout* dos móveis e enfeites, entre outros. Por exemplo, gerentes de supermercado devem saber posicionar os caixas, as prateleiras, os carrinhos de compras e o balcão de informação[6].

Quanto mais o consumidor conhecer o ambiente, melhor para a criação dos mapas mentais. A familiaridade com o ambiente aumenta consideravelmente a formação dos mapas mentais, reduzindo os custos de procura do produto. Se o ambiente é familiar para o consumidor, ele achará mais rápido o que procura, sobrando mais tempo para avaliar os atributos e benefícios dos produtos que está pretendendo comprar[7].

Assim, podemos observar que a existência de mapas mentais pode reduzir o custo da pesquisa mental. A procura por produtos em um ambiente de loja gera um custo de tempo para o consumidor e, dependendo da situação, pode levar à desistência da compra. Os mapas mentais além de reduzir esse custo podem gerar conveniência para os consumidores, pois eles vão achar mais rapidamente os produtos.

> **COMO CONSTRUIR UMA ESTRATÉGIA EFICIENTE**
>
> Os mapas mentais demonstram os possíveis caminhos que levam um consumidor a tomar uma decisão. A interpretação desses mapas pode fazer com que os gestores posicionem os produtos nos locais mais assertivos de seu estabelecimento.

Uma maneira de reduzir o custo de pesquisa mental e gerar conveniência é criar pontos de referência para ajudar os clientes se localizarem no ambiente. Esta estratégia é muito comum em *shoppings*. Como as dimensões do ambiente são grandes possibilitando que o cliente se perca, é comum posicionar pontos de referência mais tradicionais como escadas rolantes, praça de alimentação e lojas âncoras; e mais diferenciais como chafariz, estátuas e obras de artes. Em restaurantes, também existem vários pontos de referência que podem ser construídos, como mesa de sobremesas, balcão de pagamento, banheiros, espaço *kids*, entre outros.

Por meio desses exemplos, podemos entender que os varejistas devem prestar muita atenção à maneira como eles constroem os pontos de referência ou como eles comunicam informações verbais e não verbais aos consumidores. Os pontos de referência devem ser elementos visualmente atraentes e claramente separados para que os consumidores possam utilizá-los para se localizarem melhor, impactando, assim, em uma maior percepção de conveniência[8].

TEORIA E PRÁTICA

A criação de pontos de referência e mapas mentais

ninever | iStockphoto

A imagem demonstra a presença de uma escada rolante em um *shopping*. A primeira vista é apenas um meio de locomoção. No entanto, essa escada rolante pode ser utilizada como um ponto de referência para criação de mapas mentais de consumo. Os pontos de referências através de ancoragem de informações espaciais reduzem o custo de pesquisa mental, estabelecendo rotas padronizadas dentro do *shopping*. Esta criação de pontos de referências é útil para definir estratégias de merchandising eficientes

Os pontos de referência dentro do varejo devem funcionar como pontos de ancoragem de informação espacial. Imagine que você está dentro de um *shopping*. Aí um amigo liga para seu celular. Coincidentemente, ele está no mesmo *shopping*. Vocês resolvem se encontrar para tomar um café. Esse amigo então resolve vir a seu encontro e você diz: "*Estarei sentado em um banco no segundo andar ao lado da escada rolante*". Quando você diz que estará ao "*lado da escada rolante*", você está indicando para seu amigo um ponto de ancoragem de informação espacial.

Nós acreditamos que a ancoragem de informação espacial é um fator essencial no sucesso do ambiente de varejo. Quanto mais informações ancoradas no mapa mental, mais acessível o local e maior a probabilidade de o cliente se sentir à vontade para comprar.

3.5   A CIRCULAÇÃO NO AMBIENTE DE VAREJO E AS ROTAS PADRONIZADAS

Os consumidores se orientam de diferentes formas procurando produtos e gôndolas que estão dispersos dentro do espaço do varejo. Essa circulação é feita por rotas padronizadas que muitas vezes são seguidas igualmente por muitos clientes. No entanto, nós sabemos que os padrões de circulação dentro de um ambiente não são uniformes e constantes. Cada consumidor tende a seguir uma rota que o permite orientar-se dentro do espaço. Porém, existem padrões típicos de movimentos que são seguidos por muitos consumidores.

Essas rotas padronizadas realizadas pelos consumidores podem ser determinadas pelo *layout* existente. Nesse *layout*, o consumidor é guiado por corredores buscando encontrar os produtos para aquisição. Sabemos que, em boa parte das vezes, o cliente entra em um ambiente de varejo sabendo o que comprar. No entanto, o *layout* dos corredores pode servir como obstáculo para chegar a determinado local, como, por exemplo, a seção de frios em um supermercado. Ao decidir por uma rota, os consumidores são confrontados com outros produtos e promoções. Não podemos esquecer que as rotas escolhidas servem como estímulos.

Dentro de uma nova rota, os consumidores começam a receber estímulos (iluminação, cor, som, cartazes, entre outros). Esses fatores que estão dentro do *layout* das rotas podem estimular novas aquisições ou, até mesmo, mudanças de comportamento a respeito de decisões já pré-estabelecidas inicialmente. É como se você pudesse imaginar tal cenário: você está em um *shopping* para comprar meias de uma loja de esportes. No caminho para a loja de esportes, você passa por uma vitrine, na qual você está incidentalmente exposto a imagens de prestígio e luxo. Se você tivesse passado por um outro caminho, estaria exposto a imagens de uma loja que diz o seguinte "preços baixos todos os dias". Ao chegar à loja de esportes, o vendedor diz: "Temos duas marcas de meias, uma mais cara e de prestígio (por exemplo, Nike) e uma outra por um valor menor e mais econômica (provavelmente de um fabricante local)". A questão é a seguinte: a exposição indireta às imagens das rotas diferentes poderia orientar você de forma inconsciente para uma escolha de meias de prestígio ou orientar para a economia de dinheiro?[9] Nós achamos que sim, pois a exposição incidental dentro de diferentes rotas podem ativar diferentes objetivos de compras e, por sua vez, influenciar as decisões subsequentes em tarefas de escolha não relacionadas de forma inconsciente.

3.6 DECISÕES IMPORTANTES COM RELAÇÃO À CIRCULAÇÃO NO VAREJO

Sabendo que as rotas de circulação podem influenciar nas escolhas, é interessante que os gerentes de marketing construam caminhos atrativos. O problema é que os percursos variam de loja para loja, e que cada consumidor tende a ter um comportamento. Isso, na verdade, não nos traz um grande problema. O que devemos fazer é adotar alguns padrões e regularidades sabendo que estes não vão ser adotados por 100% dos clientes. Aqui no nosso livro, vamos fornecer 10 dicas que podem auxiliar nas decisões de planejamento de melhores caminhos de circulação no varejo.

3.6.1 O valor da atratividade da entrada

Todo estabelecimento de varejo deve desenvolver estratégias atrativas para atrair os clientes. Na visão do cliente, esta atratividade pode iniciar na entrada da loja. A entrada da loja deve ser vista como o seu cartão de visita. Nela, deve conter o estilo da loja e a imagem que o varejista quer passar para o seu consumidor. Neste caso, devemos posicionar a fachada e a entrada para atrair os consumidores. Vitrines bem organizadas e produtos atrativos podem chamar a atenção de consumidores que estão somente de passagem. Por isso, este local deve dar uma primeira boa impressão aos clientes. É comum lojas e supermercados colocarem nesse local as melhores promoções (com os produtos e preços bem visíveis), pois sabem que é uma maneira de atrair os clientes.

3.6.2 A zona de transição e percepção das rotas de compra

A zona de transição é um espaço do varejo que tem por finalidade o processamento de informações iniciais dos clientes. A zona de transição é o lugar em que inconscientemente ou conscientemente o consumidor reflete sobre o que veio comprar e qual o melhor caminho a ser percorrido. É comum o consumidor não se apegar muito aos detalhes dessa área, pois ele estará projetando informações de como chegar ao local. Por isso, não se aconselha fazer propagandas de produtos nesse local, pois o cliente não dará muita atenção.

Nos supermercados, essa zona de transição é caracterizada pelo local onde estão situados os carrinhos de compra. Geralmente, quando o consumidor está pegando o carrinho de compra, na sua mente ele está processando informações de percurso e tempo de compra.

3.6.3 A presença ou ausência de corredores?

O *layout* de corredores é também conhecido *layout* em grades devido ao seu padrão retangular de prateleiras e gôndolas, sendo muito utilizado em supermercados e farmácias. Esse tipo de *layout* é de fácil localização, permitindo que os clientes escolham com eficiência e rapidamente os produtos. Outro ponto positivo desse *layout* é que ele gera uma rápida reposição de mercadoria favorecendo o controle de estoque.

O *layout* com muitos corredores serve para expor os clientes a um número grande de produtos, estimulando os consumidores a comprar algo que não pretendiam comprar. No entanto, a concentração de corredores através de prateleiras pode reduzir a percepção de espaço pelos clientes, reduzindo o campo de visão dos estímulos visuais para compra. Além disso, esse tipo de *layout* não é esteticamente agradável e atraente para o consumidor, provocando muitas vezes a sensação de falta de orientação. Neste caso, aconselha-se o uso de sinalizações e placas nos corredores. A ausência de corredores estimula uma livre circulação, dando a sensação de liberdade de experimentação de produtos. Além disso, valoriza o ambiente de loja, gerando mais experiências de consumo. A ausência de corredores acontece em muitas lojas de informática, onde os varejistas estimulam a interação do cliente com o produto para auxiliar o processo de compra. Nestes ambientes, não existem prateleiras, mas sim mesas em que os clientes podem usar livremente os produtos.

3.6.4 A combinação de *layouts* e os mapas mentais

A combinação de *layouts* é uma estratégia interessante para atrair diferentes tipos de consumidores. No entanto, essa estratégia deve ser bem estudada antes de ser implementada, pois não podemos dificultar a criação de mapas mentais dos consumidores. Nossa sugestão aqui é relacionar *layouts* e exposição de produtos de uma maneira que facilite a criação de mapas mentais. Um bom exemplo disso é o posicionamento de produtos de referência perto das paredes. Sabe-se que as pessoas procuram a orientação das prateleiras perto das paredes como ponto de segurança. Na busca de uma localização geográfica, as paredes refletem segurança. Um estudo foi feito com posicionamento de calças em prateleiras dentro de uma loja no varejo. Os consumidores deveriam encontrar as calças em diferentes prateleiras. Neste caso, foi constatado que os consumidores achavam mais rápido as calças em corredores periféricos (perto das paredes) do que nos corredores centrais[10]. O formato de *layout* que é contrário a essa influência das paredes é chamado de arena.

O *layout* de arena tem nas extremidades (perto da porta da entrada e das paredes) um nível de piso mais elevado. O centro do ambiente está em um nível de piso mais baixo, propiciando aos clientes um panorama geral da loja de diversos locais. Outro exemplo de formato atrativo de *layout* que pode ser usado para ajudar o consumidor a construir mapas mentais são denominados de boutique.

O *layout* de boutique é conhecido como uma loja dentro de uma outra loja. Com esse tipo de *layout*, conseguimos separar claramente os produtos dentro de um ambiente maior, instigando a curiosidade do consumidor. No Brasil, os *layouts* de boutique são conhecidos como ilhas ou setores. Nessas ilhas ou setores, os produtos são expostos de forma individual e destacada, como nos setores de frios, alimentos orgânicos, hortifrúti, comidas pets, entre outros.

TEORIA E PRÁTICA

As boutiques alcançam públicos mais heterogêneos

Ljupco | iStockphoto

A imagem retrata o interior de um supermercado. Observe que nesse supermercado existem diferentes formatos de ilhas; nesse caso, de boutiques. As boutiques são espaços dentro de espaços maiores que visam fornecer produtos para públicos mais específicos: alimentos orgânicos, produtos para pets, produtos *do-it yourself* (faça você mesmo), vinhos, entre tantos outros. Utilizar boutiques é uma ótima ferramenta de diversificação de público-alvo no varejo.

3.6.5 Estimular o fluxo horário ou anti-horário?

O *layout* da loja tem como função guiar o consumidor dentro do ambiente. Nesse caso, o consumidor pode seguir duas direções: horário ou anti-horário. Grande parte das lojas de varejo guia seus consumidores através de *layout* no sentido anti-horário. A justificativa para essa estratégia de *layout* é que a maioria das pessoas é destra, notando os produtos à direita. Outro fator seria que as pessoas dirigem os carros em sentido anti-horário, virando-se sempre para a direita para aumentar o grau de atenção.

Desenvolver um *layout* orientado para o lado direito do ambiente de compra. Isso significa que os consumidores terão um fluxo de circulação anti-horário. Nesse caso, os consumidores tenderão a olhar para o interior da loja. Atualmente, os supermercados usam uma estratégia de orientação que faz com que o consumidor seja forçado a se dirigir em primeiro lugar até o fundo da loja pelo lado direito. Quando chegam ao fundo do supermercado, os consumidores tendem a virar à esquerda em vez da direita. Com relação ao sentido horário, há estudos que demonstram que os consumidores analisam mais as informações que estão no ambiente – se comparado ao sentido anti-horário. A Figura 3.2 demonstra as possibilidades de circulação anti-horário e horário e direção da atenção dos consumidores.

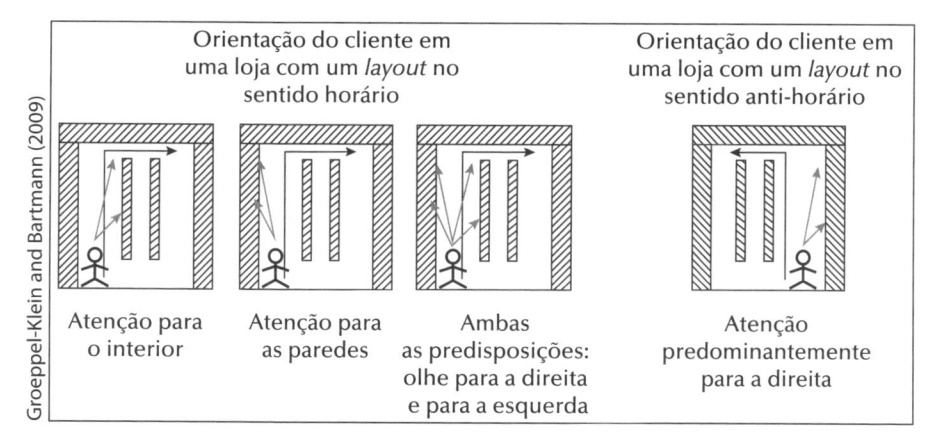

Figura 3.2 – Orientação do cliente pelo *layout*.

3.6.6 O campo visual das prateleiras verticais *versus* horizontais

O campo visual de uma prateleira dentro de um corredor pode ser influenciado pela exposição de produtos na horizontal e na vertical[11]. A busca por mercadoria em prateleiras gera uma varredura visual que em boa parte das vezes respeita uma regra. Em um primeiro momento, os consumidores procuram por um tipo específico de produto em meio a diversos produtos nas prateleiras, fazendo movimentos horizontais. Logo após, eles fazem uma varredura com os olhos no sentido vertical, procurando no conjunto de produtos encontrados uma marca específica. Desse modo, principalmente os supermercados e farmácias, tendem a colocar diretamente produtos iguais na vertical e não na horizontal. Isso facilita o sistema de varredura dos clientes. A exposição de produtos na vertical pode assumir quatro estratos: posição de agachamento (abaixo de 0,80m), alcance das mãos (entre 0,80m e 1,20m), campo de visão do olho (entre 1,20m e 1,70m) e posições elevadas (acima de 1,70m).

TEORIA E PRÁTICA

O ponto ideal para vender o produto é na altura dos olhos

A atenção visual é maior na altura dos olhos. Olhar para cima ou para baixo é um movimento que o corpo humano não faz com muita constância. Sabendo disso, os varejistas sabem que a possibilidade maior de compra de um produto está na altura dos olhos. Por isso, esses locais sempre são usados por produtos *premium*, que têm maiores margem de lucro e rotatividade de estoque.

A posição de agachamento é a menos privilegiada no campo visual. Esta área é recomendada para exposição de produtos ofertados para crianças[12]. Nesse estrato, não se aconselha a exposição para consumidores mais idosos, devido à dificuldade de agachar para pegar os produtos. Em média, os produtos expostos nessa área são mais pesados e os consumidores tendem a classificá-los como de baixa familiaridade e qualidade.

A posição de alcance de mãos é aquela em que o consumidor consegue tocar os produtos. Nesta posição, os consumidores tendem a usar mais o tato para avaliar os produtos do que em outras áreas. Esta é a segunda posição horizontal mais privilegiada, por isso recomenda-se expor produtos com grandes margens de receitas.

A posição do campo de visão do olho é a que tem a maior percepção visual do consumidor. Por isso, é a área mais concorrida de uma prateleira. Esta área recebe 35% mais de atenção do que as outras áreas.

A posição mais elevada recebe pouco grau de atenção. Na maioria dos casos, os consumidores não gostam de olhar para cima para procurar produtos. Olhar para cima faz o consumidor perder o ponto de referência. Um outro cuidado que devemos ter é não colocar produtos pesados neste estrato para evitar acidentes. Com relação à exposição na horizontal, os produtos localizados na área central recebem mais carga de atenção do que os produtos periféricos. Isso porque a visão periférica estende-se de 30 a 40 graus em relação ao ponto central de visão. Por isso, não é interessante os varejistas usarem prateleiras ou gôndolas muito longas[13].

3.6.7 Caminho de trajeto obrigatório e venda sugestiva

Os clientes não gostam de ser controlados. Porém, um auxílio com relação à orientação de circulação de forma sutil não faz mal a ninguém. Essa orientação pode ter um caminho obrigatório ou um caminho em que o consumidor possa escolher por várias opções de rotas. Caso adote o caminho do trajeto obrigatório, o varejista poderá planejar o *layout* visando despertar o interesse de compra por meio das experiências vividas pelos consumidores.

Nesse tipo de estratégia, uma vez no caminho, o consumidor vai segui-lo até o fim. Essa estratégia é aplicada em lojas grandes, onde o cliente tem dificuldade de localização. Em lojas de esporte, os varejistas têm o hábito de colocar no chão um desenho de uma pista de corrida para ajudar o cliente a se localizar no ambiente. Em supermercados, os caminhos são definidos por placas e números colocados no alto, ou seja, se o consumidor quiser se localizar é só levantar a cabeça um pouco que enxergará as placas de orientações.

Esse tipo de caminho é muito utilizado nas entradas e saídas (próximo aos caixas) do local. Essa estratégia potencializa as compras não planejadas, devendo ser utilizados produtos atrativos para os clientes. No entanto, o varejista deve ter cuidado, pois a orientação deve ser imperceptível e o consumidor deve percebê--lo como uma ajuda. É como no caso de um cliente que chega a um *fast food*, pede um hambúrguer e uma Coca-Cola média e o vendedor responde se ele quer uma batata frita para acompanhar. Esta sugestão, em muitos casos, não é vista de forma agressiva pelo consumidor.

Podemos considerar essa ação como uma venda sugestiva. Em mercados competitivos, os comerciantes utilizam a venda sugestiva para tentar aumentar as vendas entre seus clientes, incentivando-os a comprar mais, a comprar mais vezes ou a comprar itens adicionais. A eficácia da venda sugestiva usando instruções verbais no varejo potencializa as compras entre 16% e 18% em restaurantes *fast food*. Do ponto de vista mercadológico, as instruções verbais e visuais podem ser uma ferramenta promissora e econômica. No entanto, não deve ser esquecido que o alerta poderia levar à resistência dos clientes[14].

3.6.8 Pontos de acréscimo de venda

Os pontos de acréscimo de venda são utilizados para aumentar a impulsividade dos consumidores. Na saída, muitos gestores costumam colocar *displays* junto às filas de pagamentos. Nesses displays, mercadorias são exibidas tentando promover compras por impulsos. Os produtos mais comuns encontrados nesses displays são: batata fritas, chocolates, revistas, refrigerantes, entre outros. Esta estratégia é interessante para divulgação desses produtos, pois, em muitos casos, os consumidores evitam passar pelos setores de chocolates, salgadinhos e refrigerantes.

Nesses displays próximos ao caixa, não há como desviar desses produtos. Além disso, os varejistas podem investir em zonas de alto nível de vendas. Um exemplo de alto nível de vendas é o setor de hortifrúti ou de carnes. Vários consumidores que vão ao supermercado costumam circular pelo hortifrúti. Devido a isso, é estratégico colocar perto desses locais *displays* de outros produtos, como salgadinhos, sucos e refrigerantes. No setor de carnes é comum colocarmos produtos complementares para um churrasco, como bebidas, carvão e temperos. Essa zona de alto nível de vendas também pode ser planejada em áreas de pausas do consumidor, como, por exemplo, no cruzamento de corredores (onde o consumidor para e pensa para qual caminho vai), nas escadas rolantes e elevadores.

3.6.9 Pontos de decréscimo de venda

Os pontos de decréscimo de venda são aqueles locais onde os clientes tendem a comprarem menos, ou seja, são os locais em que se tem o menor consumo. Em *shoppings*, é sabido que o volume de vendas está concentrado em lojas que estão próximas às entradas/saídas, lojas ancoras e praça de alimentação. Por isto, esses locais costumam ter os aluguéis mais caros.

O profissional de marketing deve tomar cuidado e tentar manter todos os locais atrativos para vendas. Nos *shoppings* e supermercados, os andares inferiores e superiores são, em média, os que têm o menor volume de vendas. Isso porque os clientes podem ficar com preguiça de subirem escadas ou estarem sem vontade ou tempo para irem a esses locais. Outro motivo que reduz o número de vendas é o tamanho dos corredores. Corredores com espaço pequeno fazem com que os clientes tenham o campo de visão e, consequentemente, a visão periférica reduzida. Além disso, corredores pequenos podem fazer os clientes se sentirem apertados com a presença de outros clientes no local. No varejo dizemos que esta sensação é chamada de percepção de *crowding* (ou aglomeração).

O *crowding* está associado à percepção de densidade social ou espacial em certos ambientes. Essa percepção pode ativar sentimentos decorrentes da percepção sensorial, porque o aglomerado é um estado psicológico ativado quando o indivíduo percebe o meio como apertado ou reduzido. Essa condição cria desconforto em razão da falta de espaço devido a multidões de pessoas ou de objetos como displays ou gôndolas[15].

3.6.10 O valor da atratividade da saída

A saída de um estabelecimento é algo importante de ser analisado. Por mais que os clientes já tenham tomado sua decisão de compra e estejam se preocupando apenas em pagar as mercadorias é neste local que podemos agregar valor ou até mesmo incentivar mais alguma compra. Não podemos esquecer que é na saída que nossos vendedores podem conversar com os clientes sem que este ache que está induzindo ou sugerindo uma compra. Aqui podemos perguntar se o cliente foi bem atendido, se achou todos os produtos de que necessitava, se está contente com as escolhas. Ou seja, é um local para se aproximar do cliente. Perto dessa área, é comum os gestores colocarem balcões de atendimento. Esses balcões são contrários à proposta de autosserviço.

No entanto, se formos avaliar a cultura brasileira, vamos observar que o consumidor gosta de pedir ajuda a um atendente ou vendedor para escolher um produto. Por isso, existem balcões de informações em vários locais públicos, como aeroportos, rodoviárias, pontos turísticos, entre outros. Nos supermercados, existem balcões na área da padaria, de pesagem das frutas e verduras e no açougue. Essa estratégia de balcão também é utilizada em farmácia (para entrega de medicamentos), lojas de roupas e sapatos (para fazer pagamentos), e lojas de joias e eletrônicos (para evitar roubos). O problema do uso de balcões é que o seu *layout* pode reduzir as compras por impulso.

EXERCÍCIOS PARA FIXAÇÃO

1. Qual a diferença entre sacadas e fixações na atenção visual?

2. Diferencie abordagem cognitiva e afetiva de acordo com a psicologia ambiental.

3. O que seriam rotas padronizadas em supermercado? Se for possível, indique exemplos.

4. O que seria uma zona de transição e quais as suas relações com as rotas dentro do ambiente de varejo?

5. Descreva como deve ser o posicionamento de produtos em uma prateleira de acordo com a altura dos olhos. Existem problemas em haver produtos abaixo e acima da altura dos olhos? Por quê?

6. Pegue como exemplo uma loja que você conhece. Descreva a entrada dessa loja? Você mudaria algo nessa entrada?

7. Dê exemplos de lojas que tenham a presença de corredores. Agora dê exemplos de lojas em que há ausência de corredores. Na sua opinião, qual é o melhor formato?

8. Descreva algumas lojas que tenham o fluxo anti-horário. Como é este fluxo? Na sua opinião, ele é planejado?

9. O que seria uma venda sugestiva através de caminhos obrigatórios.

10. Pegue como exemplo um supermercado que você conhece. Descreva a saída desse supermercado? Você mudaria algo nesta saída?

Assista ao **vídeo**

AMBIENTAÇÃO DO VAREJO POR MEIO DA COR, DA MÚSICA, DO AROMA E DA ILUMINAÇÃO

O QUE VEREMOS NESTE CAPÍTULO
- Demonstrar as várias estratégias de organização da atmosfera de venda que podem influenciar os consumidores sem que eles tenham a plena consciência.
- Descrever os impactos das cores no ambiente de venda.
- Descrever os efeitos da música dentro da atmosfera de vendas.
- Discutir a presença de aromas no ambiente e como este deve ser usado.
- Analisar o uso de projetos luminotécnicos nas estratégias de atmosfera de varejo.

Imagine que você está passando em frente a uma pizzaria e o cheiro de pizza invade o seu nariz, promovendo rapidamente uma vontade de comer. Ou imagine você passando na porta de uma loja de roupas de surf e escuta ao fundo o som suave de *Upside Down*, de Jack Johnson, e começa imaginar uma vida menos agitada. Você até sentiu vontade de comprar uma bermuda na loja e ir morar na beira da praia. Ou imagine que você passou perto de um setor de limpeza em supermercado e seu olfato percebe o cheiro de alecrim e menta. Nesse momento, tem vontade de comprar os produtos de limpeza ali expostos, pois os aromas lhe dão a sensação de limpeza e refrescância. Essas sensações não acontecem ao acaso. Os profissionais de varejo desenvolvem estratégias de venda que envolvem os cinco sentidos (paladar, visão, olfato, tato e audição) na tentativa de cativar e conquistar os seus clientes. Esses sentidos são utilizados para alterar a atmosfera de varejo visando ativar sensações inconscientes nos consumidores que promovam o acréscimo de compras no ambiente.

Essa ambientação promovida pelos profissionais de varejo podem afetar as pessoas alterando suas ações comportamentais. A ambientação age como uma estimulação no consumidor, ativando comportamentos por meio de informações. Desse modo, podemos perceber que a ambientação pode alterar as emoções e o humor dos consumidores. Vamos estudar, neste capítulo, quatro fatores ambientais utilizados com frequência no varejo: cor, música, aroma e iluminação.

TEORIA E PRÁTICA

Cores e informações para os *experts*

gilaxia | iStockphoto

As cores têm um impacto direto na atenção visual. Por isso, as cores são um atrativo que devem ser explorados nos *displays* e podem gerar compra por impulso. No entanto, consumidores *experts* em um produto não se deixam influenciar somente pelas cores. Esses consumidores são sedentos por informações. É o caso de alguns consumidores de vinho. Para esse público, os *displays* e produtos devem ser bem informativos.

4.1 AS CORES E SUAS UTILIZAÇÕES NO MARKETING

A cor, sem dúvida, é algo que pode influenciar o comportamento e as escolhas dos clientes. Por isso, os profissionais de varejos procuram consultores em cores para auxiliar suas estratégias de exposição de produtos. O uso das cores no contexto de marketing pode ser se dar em diversas áreas, entre elas as mais comuns: desenvolvimento de produtos, embalagens, rotulagens, marcas, logotipos, propaganda, *displays* e atmosferas de lojas.

Os exemplos da influência das cores na vida das pessoas podem ser mostrados na sociedade e nas estratégias de marketing. Médicos e dentistas têm o hábito de pintar as paredes de seus consultórios de azul claro para aliviar a sensação de medo dos seus pacientes. Nos presídios, a cor rosa claro tem sido utilizada para reduzir a raiva e acalmar os presos. Os fabricantes de automóveis costumam mudar 30% das cores em um ano e utilizam de consultores para indicar quais são as tendências futuras. Nos cassinos, a cor vermelha é utilizada para excitar e estimular as pessoas a jogarem mais. O azul e o verde têm sido utilizados em lojas de artigos esportivos, pois dão a sensação de vivacidade e estimula a prática de esportes[1].

Se analisarmos as marcas, veremos que algumas estão bem associadas, tendo até um significado intrínseco, com as cores. Isso é importante, pois contribui com a comunicação e a identificação da marca. Dizemos, em alguns casos, que a associação entre marca e cor é tão forte que, quando a empresa tenta uma mudança suave na cor, os consumidores logo reconhecem e começam a reclamar[2]. É o caso do vermelho da Coca-Cola, ou do azul da Pepsi, ou do verde da Heineken, ou do amarelo do Banco do Brasil.

No varejo, as cores são importantíssimas, pois podem ajudar os consumidores a encontrarem rapidamente as marcas na gôndola. Um outro ponto interessante é a influência das cores na percepção de passagem de tempo. O vermelho, por exemplo, deixa o ambiente mais pesado, fazendo com que se tenha a percepção de que o tempo demora a passar. Por isso, nem pense em pintar as paredes de um banco de vermelho, senão as pessoas ficarão mais nervosas do que o comum ao esperarem na fila[3].

4.1.1 Aprendizagem associativa das cores no comportamento dos consumidores

As preferências e escolhas podem ser feitas por meio de aprendizagem associativa dos sentidos. Isso pode ser explicado pela tradicional abordagem teórica do condicionamento clássico de Pavlov. Esta abordagem demonstra a alteração de um comportamento com base em estímulo-resposta. Em seu estudo, Pavlov demonstrou que um cão condicionado a um estímulo neutro "som de campainha" juntamente com um estímulo incondicionado "comida" poderia ter um reflexo condicionado "salivar". Depois de repetir várias vezes o experimento com o cachorro, Pavlov descobriu que o cão aprendeu a salivar na presença da campainha, mesmo sem a presença da campainha. Isso implica dizer que nossas respostas fisiológicas podem estar associadas à aprendizagem associativa dos sentidos.

Desse modo, podemos dizer que os clientes aprendem preferências para produtos específicos com base em associações que formularam por meio de sua experiência. Julgamos que uma experiência favorável com uma cor ou com uma música pode acarretar a preferência por um produto. Em um estudo feito emparelhando canetas azuis com uma música agradável e canetas bege com música desagradável, foi demonstrado que, logo após, esses consumidores escolhiam canetas com base em músicas mais agradáveis[4]. Em outro estudo, foi comprovado que uma marca de creme dental com cenas de água desenvolveu atitudes mais favoráveis em relação a outras marcas[5].

Esses exemplos nos demonstram que a aprendizagem associativa das cores pode estimular e excitar, produzindo respostas fisiológicas aumentando a frequência cardíaca e a atividade cerebral. Neste caso, os efeitos das cores podem gerar efeitos na atenção, memória e emoção.

Os efeitos da cor na atenção têm sido usados em anúncios de publicidades e de *displays*. As cores quentes, como o vermelho, têm sido utilizadas para atrair a atenção dos consumidores. Apesar de o vermelho a longo prazo causar irritação, no curto prazo provoca a atenção imediata do consumidor. Os efeitos da cor na memória têm sido estudados, mas com poucos resultados claros até o momento. Esses resultados indicam influência das cores quando comparadas diferenças de tonalidades e brilhos existentes. Os efeitos da cor na emoção demonstram como diferentes tipos e misturas de cores podem provocar respostas emocionais distintas. Vários estudos têm demonstrado que as propriedades da cor afetam as três dimensões da emoção (prazer, excitação e dominância)[6].

4.1.2 O contexto cultural e os tipos de produtos

O significado das cores pode mudar substancialmente dependendo diretamente da cultura em que o consumidor está inserido. Isso acontece porque, como vimos no último tópico, as preferências e os significados de cores são aprendidos e podem ser alterados. Em cada cultura, as associações são aprendidas pelas pessoas com base nas conexões que fazem entre cores, contextos e seus significados. Por exemplo, em uma perspectiva ocidental, o verde está associado à esperança, o branco à pureza, o preto à tristeza e luto e o vermelho ao amor. Já em uma perspectiva oriental, o branco está associado à justiça, o amarelo à confiabilidade, o preto à estupidez e o vermelho sugere ambição e desejo[7]. A Tabela 4.1 traz algumas características que as cores podem representar.

Tabela 4.1 – Cores e suas representações[8]

Cores	Representações
Branco	Sinceridade, pureza, limpeza, simplicidade, higiene, clareza, paz, pureza, refinamento, frieza e felicidade.
Amarelo	Alegria, sinceridade, otimismo, extroversão, amizade, frescor, vitalidade, caloroso e confortável.
Rosa	Sinceridade, nutritivo, quente e macio.

Vermelho	Excitação, emocionante, força, estímulo, amor, paixão, vitalidade, atividade, novidade, agressividade e força.
Laranja	Excitação, animado, enérgico, poder, informalidade, disponibilidade, extrovertido e sociável.
Azul	Calma, graciosidade, segurança, harmonia, amizade, esperança, conforto, autoridade, competência, inteligência, comunicação, confiança, eficiência, dever, seguro e lógico.
Marrom	Seriedade, confiabilidade e suporte.
Preto	Sofisticação, poder, estabilidade, *status*, elegância, riqueza, luto, infelicidade, alta qualidade, maestria e dignidade.
Roxo	Luxo, autenticidade e qualidade.
Verde	Segurança, saúde, natureza, esperança, calma, relaxamento, frescor e liberdade.
Dourado	Elegância, exclusividade, poder, riqueza.
Prata	Feminilidade, frieza, simplicidade e distância.

Além do contexto cultural, o tipo de produto pode influenciar diretamente as preferências por determinados tipos de cores. Consumidores chineses, coreanos, japoneses e norte-americanos selecionam o verde como uma cor apropriada para enlatados de vegetais e doces. Outro exemplo indica que a cor vermelha para os norte-americanos está associada diretamente aos refrigerantes. Já na Coreia e no Japão o amarelo é a cor mais frequente associada aos refrigerantes[9].

Devido às preferências de cores associadas à cultura e aos tipos de produtos, os gestores de marketing devem tomar cuidado ao desenvolver suas estratégias. Uma empresa de vitaminas colocou em suas embalagens a cor preta com letras brancas. Logo após, fez entrevistas com consumidores que alegaram confundir este produto com veneno, porque o preto é frequentemente associado ao veneno na cultura ocidental. Para outras categorias de produtos, essas cores podem ser altamente apropriadas. Em perfumes, embalagens pretas com letras brancas indicam força e masculinidade. Em uma pesquisa feita com consumidores de produtos de limpeza, o azul foi associado à limpeza, o amarelo à sujeira e o vermelho à sensação de manchar as roupas[10].

Em restaurantes, as cores podem influenciar o consumo de produtos. A cor vermelha estimula o apetite em razão de seu efeito no nosso metabolismo. O amarelo ativa a atenção, podendo aumentar o apetite. Por isso, essas duas cores são muito usadas em *fast foods*. Ao contrário, restaurantes mais tradicionais usam a cor azul para acalmar e relaxar seus clientes. Espera-se que essa combinação aumente a probabilidade de os clientes ficarem mais tempo no ambiente. Embora o azul esteja ligado a um estado de calma, seu uso excessivo pode ser um inibidor de apetite[11].

4.2 A MÚSICA E SUAS UTILIZAÇÕES NO MARKETING

A música pode exercer uma grande influência no cliente dentro de um ambiente de varejo. No entanto, ela deve ser usada com moderação, pois pode gerar encantamento e, até mesmo, aborrecimento aos consumidores dentro do ponto de venda.

Os gerentes de varejo procuram investir em música no seu *design* de loja como algo que sempre influencia positivamente o cliente[12]. No entanto, deve-se ter cautela, pois o varejo tem características diferentes, sendo que para cada uma dessas características devemos pensar em uma estratégia. É só imaginar uma loja de artigos de *skate* e um restaurante. A trilha sonora que está em cada uma dessas lojas deve ser diferente devido às características existentes nesses locais.

O que podemos dizer de início é que a música pode influenciar alguns fatores que são expressos diretamente por algumas medidas. Esses fatores podem ser explicados em cinco grandes grupos: (1) afetivos, (2) comportamentais, (3) atitudinais/perceptuais, (4) efeitos temporais e (5) retorno financeiro. A Tabela 4.2 demonstra esses fatores e os comportamentos e medidas existentes.

Tabela 4.2 – Fatores que recebem influência da música[13]

Fatores	Comportamentos e medidas
Afetivos	Humor, excitação, prazer, emoção e nostalgia.
Comportamental	Frequência de retorno, escolha da loja, afiliação, itens examinados, tráfego na loja, comportamento de impulso, recomendação dos serviços e número de clientes que saíram antes de serem atendidos.
Atitudinais/perceptivos	Lealdade à marca, avaliação de produtos, percepções de qualidade, satisfação, percepção de estímulos visuais, percepções de qualidade de serviço, sensibilidade de preços, expectativas, intenções, identificação social e percepções de *status*.
Efeitos temporais	Duração percebida *versus* real, tempo de serviço, tempo não planejado, tempo de atendimento aos clientes, tempo de tomada de decisão, tempo de consumir e duração de tempo escutando a música.
Retornos financeiros	Valor das vendas, compra repetidas, itens comprados, taxa de gasto, quantidade comprada e margem bruta.

4.2.1 A influência do *design* musical

O *design* de música de um ambiente de varejo envolve características como: (1) se a música é lenta ou agitada, (2) se o tempo de exposição da música é curto ou longo, (3) se o volume está baixo ou alto, (4) se existe familiaridade ou não com a música, entre outros.

Não existe uma resposta clara de qual *design* musical desencadeia efeitos positivos e qual *design* musical tem um impacto negativo nas respostas dos clientes. O que sabemos é que o *design* de música pode gerar efeitos diferentes dependendo do tipo de ambiente de varejo. Como, por exemplo, um volume alto de música tocada pode afetar os clientes de supermercados de forma diferente dos clientes em um bar.

A Figura 4.1 demonstra como podem ser entendidas as variáveis que influenciam o *design* de música de uma loja. Em um primeiro momento, quando se opta pela presença de música no ambiente do varejo, temos de tomar cuidados especiais com o *design* da música. O *design da música* pode interferir nas decisões de compra e está associada a três elementos: dimensão física, dimensão preferencial e gênero.

```
┌─────────────────┐  Ausência
│  Presença de    │─────────────────────────┐
│ música no varejo│                         │
└─────────────────┘                         ▼
        │                         ┌──────────────────────┐      ┌──────────────────┐
        │                         │                      │      │    Respostas     │
     Presença                     │                      │      │   geradas no     │
        │                         │                      │      │     cliente      │
        │                         │     Possíveis        │      └──────────────────┘
        │                         │    moderadores       │      Afetivas
        │                         │                      │      • Emoção
        │                         │  • Idade             │      • Percepção do tempo
        │                         │  • Gênero            │      • Avaliação de satisfação
        │                         │  • Hora do dia       │        da loja ou serviço
        │                         │  • Configuração da   │
        │                         │    prestação do serviço│            │
        │                         └──────────────────────┘            ▼
        ▼                                                    ┌──────────────────────┐
┌─────────────────────┐                                      │   Comportamentais    │
│ *Design* musical da loja │────────────────────────────────▶│ • Tempo gasto na loja│
│ • Dimensão física   │                                      │ • Intenção de compra │
│ • Dimensão preferencial │                                  │ • Volume de vendas   │
│ • Gênero            │                                      │ • Comportamento de   │
└─────────────────────┘                                      │   retornar ao local  │
                                                             └──────────────────────┘
```

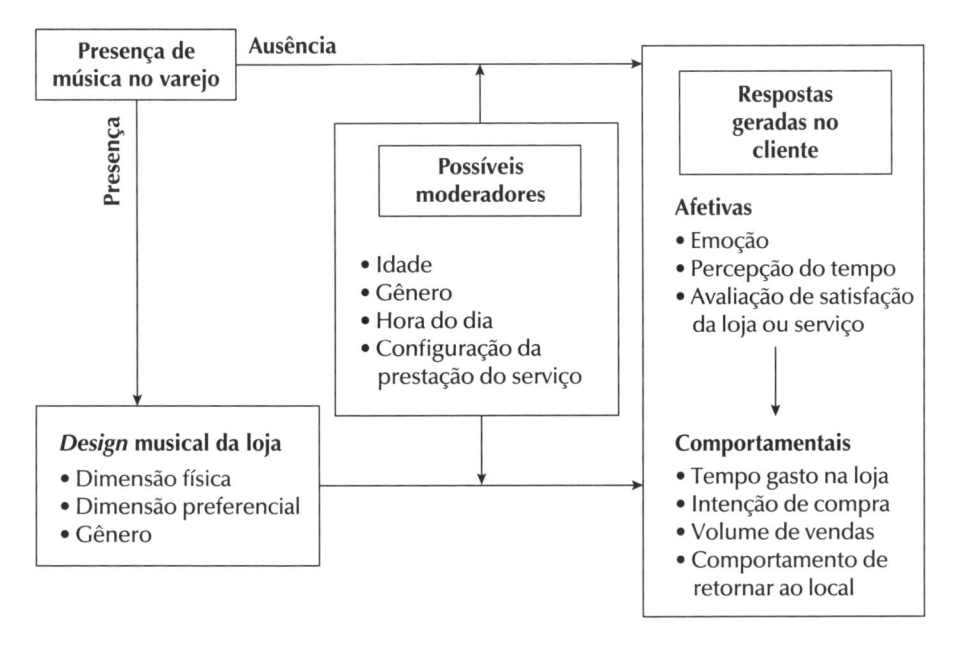

Figura 4.1 – O *design* da música e suas influências.[14]

A dimensão física da música é composta pelos elementos que podem ser quantificados objetivamente, como volume e tempo de duração. Com relação ao volume, em média considera-se suave uma música que tem um som médio de 60dB e música alta com média de 90dB. Já o tempo musical é caracterizado em média como um ritmo lento com média de 72 batimentos por segundo ou com ritmo forte aquele que gera 94 batimentos por minuto. A dimensão preferencial diferentemente da física não pode ser facilmente quantificável ou mensurável, pois depende da avaliação subjetiva do cliente. A dimensão preferencial envolve três pontos: gosto ou familiaridade com a música (ou seja, conhecimento do consumidor a respeito da música), ajuste musical à configuração do serviço (a música é apropriada ao serviço prestado, como, por exemplo, música clássica na venda de vinhos) e popularidade da música (ou seja, será que a música é conhecida por muitas pessoas?). O gênero musical refere-se à categoria convencional de classificação da música, como pop, romântico, instrumental, jazz, clássico, rock, entre outros[15].

Em um segundo momento é preciso entender que o *design* de música pode gerar respostas nos consumidores, que podem ser divididas em dois tipos: respostas afetivas e comportamentais. As respostas afetivas tendem a provocar emoções no cliente (prazer e excitação), percepção de tempo (tempo gasto no ambiente) e satisfação com o ambiente. As respostas comportamentais são expressas em quatro variáveis: o tempo real do cliente gasto em um ambiente, o volume de vendas, a intenção de compra do cliente e a intenção de retornar ao local.

A relação entre *design* da música e as respostas nos consumidores pode ser influenciada por algumas características específicas, como idade e gênero do cliente, hora do dia e prestação do serviço que está sendo feita. Os gestores de varejo devem estar atentos a essas características para poderem desenvolver melhor o seu ambiente de venda.

4.2.2 O que podemos dizer a respeito da música no ambiente de varejo

Os varejistas têm sido conscientes do potencial dos elementos auditivos em seus ambientes de loja para influenciar o comportamento dos clientes. No entanto, os benefícios da música no ambiente de varejo é algo que tem levado a muitos questionamentos, pois os efeitos são difíceis de se mensurar na prática cotidiana.

Tabela 4.3 – Perguntas frequentes com relação à música no ambiente de varejo

A música pode melhorar o julgamento das pessoas com relação a restaurantes e bares?	A música pode gerar efeito positivo aos clientes de bares e restaurantes. Existem estudos que demonstram que os clientes tendem a avaliar os bares mais sofisticados e inspiradores quando músicas são colocadas[16]. As configurações de música em serviço podem reduzir até emoções relativamente extremas, como a ansiedade e até interferir no humor dos clientes.
O tipo de música depende da configuração do serviço prestado?	Há evidências de que as respostas afetivas e cognitivas dos clientes às experiências na loja influenciam a probabilidade de comportamentos que afetem diretamente os retornos financeiros de uma organização. A configuração do serviço prestado influencia diretamente na música que deve ser usada. Ambientes com fins hedônicos (por exemplo, restaurantes com jantar romântico) devem utilizar músicas mais lentas. Ambientes com fins mais utilitários (por exemplo, ir ao supermercado fazer compras para o dia a dia) podem utilizar as mais agitadas.

Estação de rádio próprias aumenta as vendas no ambiente?	A estação de rádio própria é uma ótima oportunidade de influenciar os clientes e tentar fazê-los mais fiéis, pois ela não toca somente músicas, mas também comunica-se. Essas estações podem gerar mais informações da empresa, como propaganda e preço dos produtos.
A música pode afastar clientes indesejados?	A música pode afastar clientes indesejados, pois ela tende a ser simbólica para os públicos-alvo dos estabelecimentos. Por exemplo, em lojas de moda surf, músicas como *reggae* são mais aceitáveis pelos clientes. Clientes que não gostam desse estilo de música, provavelmente não se identificariam com este estilo de roupa.
A música muito agitada pode reduzir o tempo das pessoas em um restaurante?	Dependendo da música, esta pode influenciar negativamente ambientes de restaurantes. Músicas altas ou muito agitadas não são aconselháveis na hora em que as pessoas estão jantando. Em média, os consumidores ficam menos 15 minutos em restaurantes quando a música está alta[17].
Existem diferenças entre homens e mulheres na percepção de música no ambiente?	O gênero também pode influenciar na estratégia musical em um ambiente de varejo. As mulheres são positivamente influenciadas pela música lenta (e negativamente pela música rápida). Já os homens são afetados positivamente pela música rápida[18].
A música pode aumentar o grau de persuasão de um vendedor?	A música em um ambiente pode aumentar a interação entre as pessoas. Músicas rápidas afastam a possibilidade de comunicação entre vendedores e clientes diferentemente de músicas lentas. Desse modo, a música pode aumentar o grau de persuasão de um vendedor[19].
Músicas familiares podem gerar emoções no ambiente de vendas?	Músicas familiares podem gerar mais emoções (excitação) que músicas não conhecidas. Desse modo, músicas familiares podem despertar mais interesse no ambiente de venda.
A música pode influenciar na percepção de preço e qualidade?	A música influencia a percepção da qualidade no ambiente de varejo. Músicas clássicas podem fazer o cliente avaliar o produto como de grande qualidade ao contrário da música lenta. As músicas clássicas tendem a transmitir a ideia de prestígio que gera a percepção de maior preço.

Separamos aqui alguns questionamentos que profissionais do varejo têm feito a respeito do efeito da música no ambiente de vendas. Com as respostas desses questionamentos, esperamos que os varejistas possam desenvolver melhor suas estratégias de *design* de música.

4.3 AROMAS E SUAS UTILIZAÇÕES NO MARKETING

Muito tem sido discutido a respeito da influência dos aromas dentro do ambiente de varejo. Podemos até dizer que é difícil mensurar o impacto dos aromas no ambiente. Porém, não podemos destacar a hipótese de que o aroma é algo que faz os consumidores diferenciarem o ambiente de varejo. Podemos afirmar isso quando entramos em uma das lojas Starbucks, ou quando passamos perto de uma padaria, ou quando passamos perto de uma floricultura.

Substâncias naturais e artificiais são liberadas nesses ambientes despertando sentimentos nos consumidores. A estratégia de condicionamento de odores em ambientes é encontrada em diversos locais, como lares, hotéis, *resorts*, instituições de saúde e lojas de varejo. Um exemplo interessante dessa estratégia é que na Walt Disney World, na Flórida, existe uma sala com o cheiro fresco de biscoito de chocolate que visa induzir sentimentos de relaxamento e conforto nas pessoas[20].

O que se tem notado é que cada vez mais empresas usam de perfumes para diferenciar o seu ambiente dos concorrentes. Esses perfumes, quando colocados no ambiente de compra, podem gerar respostas emocionais (alteração de humor, relaxamento, nostalgia, entre outras), que podem ser transformadas em ações intencionais de compras.

4.3.1 Aromaterapia e as respostas emocionais

A percepção e interpretação dos odores é um fenômeno complexo que envolve uma mistura de respostas biológicas, psicologia e memória. Dos cinco sentidos, o cheiro é considerado o mais intimamente ligado às reações emocionais, porque o bulbo olfativo está diretamente conectado ao sistema límbico no cérebro, que é o assento para emoção imediata em humanos. Isso faz com que os odores ambientais em um ambiente varejista sejam uma importante variável atmosférica para estudar por que as fragrâncias têm maior probabilidade de produzir uma reação emocional nos consumidores[21].

O uso de aroma ambiental no varejo pode ser benéfico se congruente com o ambiente de compras. No entanto, a mesma fragrância pode se tornar totalmente ineficiente, ou pior, ter efeitos negativos se usada de forma inadequada. Isso ocorre porque os odores são os primeiros a serem percebidos em termos de prazer ou desagrado. A dimensão afetiva tem relações fortes com as percepções de odor[22].

> **COMO CONSTRUIR UMA ESTRATÉGIA EFICIENTE**
>
> O uso de aromas deve ser realizado com moderação no ambiente de vendas. Os gestores devem fazer testes para ajustar o melhor aroma à proposta de atmosfera do varejo. Além disso, deve-se pensar em qual resposta emocional se quer atingir.

A aromaterapia aplicada ao varejo consiste no uso de aromas para influenciar os indivíduos no ambiente de compra. Nesse caso, as pessoas são emocional e fisicamente afetadas pela presença imaginária de um odor. No início, a indústria de aroma era limitada ao uso de purificadores de ar que visavam eliminar ou atenuar os odores indesejáveis. Agora o varejo utiliza essas ferramentas para atrair os clientes para o ponto de venda.

A aromaterapia ajuda a condicionar o ambiente de varejo. Os aromas devem ser usados com cuidado, pois podem interferir diretamente no ambiente. Por isso, os gestores de marketing devem entender os principais aromas e suas respectivas respostas emocionais. A Tabela 4.4 traz informações a respeito das principais respostas emocionais atreladas aos aromas.

Tabela 4.4 – Perfumes usados e respostas emocionais[23]

Perfumes usados no varejo	Respostas emocionais
Menta, alecrim e folhas verdes	O consumidor tem a sensação de que o ambiente é limpo.
Baunilha	Acalma e dá a sensação de conforto e segurança para os consumidores.
Lavanda, manjericão, canela	Acalma e relaxa os consumidores dentro do ambiente de varejo.
Limão, laranja e bergamota	Deixa o ambiente de compra com energia e jovialidade.
Hortelã, alecrim e eucalipto	Estimula e energiza os consumidores dentro do ambiente de varejo.
Lírios, rosas e violetas	Os clientes tendem a achar que o ambiente é luxuoso.
Gengibre e chocolate	Gera um clima de romantismo no ambiente de varejo.
Tabaco, madeira e cedro	Faz o cliente achar o ambiente elegante e associado à natureza.
Laranja e lavanda	Reduz a ansiedade dos consumidores dentro do ambiente de varejo.
Perfumes florais	Aumenta o tempo de permanência das pessoas no ambiente.
Pimenta-preta e canela	Estimula aspectos eróticos nos consumidores.
Maçã, damasco e pêssego	Faz os consumidores acharem que o ambiente é jovem e cheio de vida.

Uma das vantagens de se utilizar odores em ambiente de varejo é o fato de os consumidores se sentirem bem, podendo gastar mais tempo dentro do ambiente. Os consumidores costumam dizer que sentem o tempo passar mais rápido quando há um perfume dentro do ponto de venda. Em ambientes com odores, as pessoas tendem a avaliar positivamente os produtos, tendo taxas de compras mais altas.

Os aromas podem alterar o humor e deixar as pessoas alertas. A ideia de se colocar o perfume no ambiente de varejo é que os consumidores não percebam a presença conscientemente, mas, quando perguntados, eles afirmem que sentem algo. Por isso, é comum utilizarmos dispositivos flexíveis que podem liberar aromas por meio de borrifadores elétricos ou vaporização. Existe a possibilidade também de instalar os odores no sistema de ventilação do varejo.

4.4 ILUMINAÇÃO E SUAS UTILIZAÇÕES NO MARKETING

A iluminação tem o poder de mudar o ambiente de varejo. Você sabia que uma loja estreita e pequena pode ser percebida em uma dimensão maior? Como? É só iluminar bem o ambiente pintando as paredes com cores vivas. O oposto também pode ser feito. Se você tiver um ambiente muito grande, é só pintá-lo com cores escuras e colocar uma iluminação fraca que as pessoas acharão o ambiente menor do que ele é realmente. Baseados nesses dois exemplos é que nós consideramos a iluminação um componente significativo da atmosfera de venda no varejo atual. Uma loja pode ficar mais atrativa se suas mercadorias forem melhor iluminadas, podendo atrair compradores para visitar o ambiente. Isso porque a iluminação afeta a avaliação visual dos consumidores[24].

TEORIA E PRÁTICA

A iluminação é a arte de destacar e modificar objetos

zhudifeng | iStockphoto

A iluminação de um local é uma estratégia perceptível, mas poucos consumidores conseguem sentir conscientemente sua presença. Ela pode modificar objetos, dando mais vida e destaque a eles. Nessa imagem, pode-se

> observar que as luminárias posicionadas acima dos manequins geram um holofote que faz com que as peças de roupas recebam uma atenção maior dos consumidores que estão passando em frente à loja.

A iluminação, no caso do varejo, tem como função estimular a percepção dos clientes, fazer atrativas as mercadorias dentro do ambiente de loja, ou seja, tornar os produtos perceptíveis. Neste caso, a iluminação pode valorizar certos produtos em detrimento a outros. Por exemplo, em caso de promoções, podemos dar atenção especial aos itens por meio de uma carga maior de luz, para que, quando as pessoas passarem perto da loja, vejam em primeiro plano esses produtos. Já os produtos que não estão em promoção ficam com uma luminosidade menor, sendo perceptíveis só quando o cliente estiver dentro da loja.

Esse tipo de estratégia de iluminação visa focar no produto a ser comercializado e deixa difuso outros espaços da loja. Isso pode ajudar os consumidores a terem mais impulsividade de entrar na loja. É como se um sinal chamasse o cliente para dentro da loja, pois a luminosidade daria destaque ao produto[25].

4.4.1 Projeto luminotécnico: a arte de sentir, mas não perceber

Costumamos dizer que o projeto luminotécnico de uma loja deve fazer com que o cliente sinta que há algo diferente. Porém, que ele não consiga perceber conscientemente. Claro, se perguntamos para um cliente o que tem de diferente e ele analisar com atenção, dirá que é a iluminação. O importante é que inconscientemente ele perceba algo diferente no ar.

Para isso, a iluminação deve proporcionar cenas cenográficas que sejam funcionais e hedônicas, gerando experiências de consumo marcantes para os clientes. A iluminação deve propiciar um encantamento na marca ou no produto, gerando uma percepção diferente do ambiente. Essa percepção diferente pode ser feita combinando a iluminação do local. As iluminações quentes servem para destacar mais os produtos, faixas e as promoções. Já as iluminações frias servem para destacar um ambiente mais amplo.

Costumamos dizer que não adianta o varejista acertar na cor se o projeto luminotécnico não estiver bem alinhado. A iluminação pode ser decisiva no auxílio da estratégia de cores, tanto para o bem quanto para o mal. Ou seja, não adianta ter as cores bem definidas se não tem a iluminação certa. Outro cuidado que devemos ter é o de a iluminação não interferir negativamente em outros sentidos. Nós sabemos que lâmpadas quentes podem criar um ambiente desagradável. Por isso, devemos pensar no efeito da iluminação e também no seu impacto nos outros sentidos.

Os projetos luminotécnicos podem envolver basicamente seis tipos diferentes: geral, linear, direcional, pontual, defletida e especialidade. A iluminação geral é aquela feita na loja como um todo, sem realçar nenhum produto específico. A iluminação linear é aquela que auxilia os consumidores a se locomoverem dentro do ambiente de varejo. A iluminação direcional tem como função direta destacar os produtos em detrimento do ambiente de varejo. A iluminação pontual é aquela que disponibiliza um feixe luz especialmente para o produto. A iluminação defletida é aquela que foca nos produtos, mas com uma iluminação indireta. Por exemplo, podemos usar uma luz que incida em uma parede que será refletida no produto foco. A iluminação de especialidade é aquela que o próprio mobiliário ilumina o produto, dando um aspecto ao item de valioso[26].

EXERCÍCIOS PARA FIXAÇÃO

1. Como você explica a relação entre a cultura e as cores?

2. Como os aromas podem influenciar as respostas emocionais no ambiente de varejo?

3. Quais são os impactos que a música pode gerar no ambiente de varejo?

4. Se você fosse decorar um ambiente de um supermercado, quais cores usaria? Explique suas escolhas.

5. Se você fosse decorar um ambiente de um restaurante, quais cores usaria? Explique suas escolhas.

6. Quais são os objetivos da iluminação nos ambientes de vendas?

O GERENCIAMENTO DA EXPERIÊNCIA DE CONSUMO NO VAREJO

O QUE VEREMOS NESTE CAPÍTULO
- Tratar de um tema bastante importante a ser considerado pelas empresas, que é a experiência de consumo.
- Apresentar os determinantes da experiência de consumo no varejo e a relação da experiência com a tomada de decisão.
- Verificar a vinculação da experiência com os elementos tangíveis e intangíveis que compõe o ponto de venda, como, por exemplo, o *design* interno, as vitrines e a formação da percepção do *crowding*.

Uma rede de *shopping* resolve fazer promoções para atrair e fidelizar os seus clientes. Na véspera do Dia dos Namorados, resolve presentear os consumidores com ingressos de um *show* romântico. No Dia das Crianças, promove uma exposição de desenhos dos filhos de seus clientes. No Dia das Mães, presenteia os seus "*clientes mamães*" com serviços de salão de beleza. Essas são estratégias de varejo que ultrapassam a ideia de fidelização, pois geram para os clientes experiências de consumo inesquecíveis.

Essas estratégias têm como objetivo facilitar o envolvimento dos consumidores e, ao mesmo tempo, enriquecer a experiência de consumo[1]. Nesse contexto, a chave do sucesso do varejo é entender claramente o comportamento de seus clientes e oferecer a eles experiências inesquecíveis. Com esse objetivo, muitos varejistas se especializam em fornecer bens de consumo e produtos que pertencem a um segmento de clientes específico por meio de um *mix* de marketing. Para isso, esses varejistas têm se preocupado em reconhecer as experiências de consumo dos clientes dentro do ambiente de varejo.

5.1 O QUE É UMA EXPERIÊNCIA DE CONSUMO NO VAREJO?

O ato de consumir um produto ou serviço tem aspectos experimentais[2]. Nesse sentido, é necessário que as empresas criem estratégias para os consumidores sentirem, pensarem, agirem, vivenciarem e se relacionarem com seus produtos, serviços e marca. Isso porque a experiência de consumo acontece em um conjunto de interações entre os clientes e o produto que provoca uma dada reação de envolvimento. Essas interações são de caráter pessoal, o que implica diferentes níveis: racional, emocional, sensorial, físico e espiritual[3]. Um cliente pode ter sido mal atendido por um funcionário em um supermercado e isso pode gerar vários níveis de interação: racional, que pode estar associado a ele ficar pensando no que aconteceu e comparar com outros eventos de sua vida; e emocional, em que ele fica nervoso com o ocorrido, perdendo o humor naquele exato momento.

A experiência de consumo pode ser vista de outra maneira. Ela pode ser entendida como uma resposta interna e subjetiva que os consumidores têm em contato direto e indireto com uma empresa. Nesse caso, o contato direto pode ser considerado o contato com a compra e o uso do produto, e contato indireto envolve encontros não planejados com os produtos que podem assumir a forma de análises posteriores, que são embasadas em críticas ou recomendações[4]. A experiência de consumo, nesse caso, pode gerar efeitos positivos ou negativos que podem acabar impactando outros clientes por meio de divulgação de informações, conhecido como boca a boca.

Resumindo a visão de experiência de consumo, podemos perceber que ela envolve respostas cognitivas, afetivas, emocionais, sociais e físicas do cliente a respeito da empresa. Essa experiência é criada não apenas pelos elementos que a empresa pode controlar, como, por exemplo, interface de serviço, ambiente de varejo, quantidade de produtos, preço, entre outros; a experiência de consumo é influenciada também por aspectos incontroláveis como anseios dos consumidores e experiências de outros clientes[5].

5.2 DETERMINANTES DA EXPERIÊNCIA DE CONSUMO NO VAREJO

A experiência de consumo é influenciada por diversos determinantes. Para entendermos melhor como se dá a experiência de consumo em um ambiente, podemos explicá-la melhor por meio de um modelo (vide Figura 5.1). Esses determinantes incluem o ambiente social, a interface de serviço, o ambiente de varejo, a atmosfera de varejo, o preço (incluindo as promoções e os programas de fidelidade). Além disso, também reconhecemos a influência das experiências em outros canais de varejo (como uma loja virtual) e a interação potencial com as outras marcas existentes no varejo. Acredita-se também que existe um determinante que é dinâmico e pode ser modificado a qualquer momento, que é a experiência atual do cliente no tempo (t), a qual é afetada pelas experiências anteriores do cliente no tempo $(t - 1)$[6].

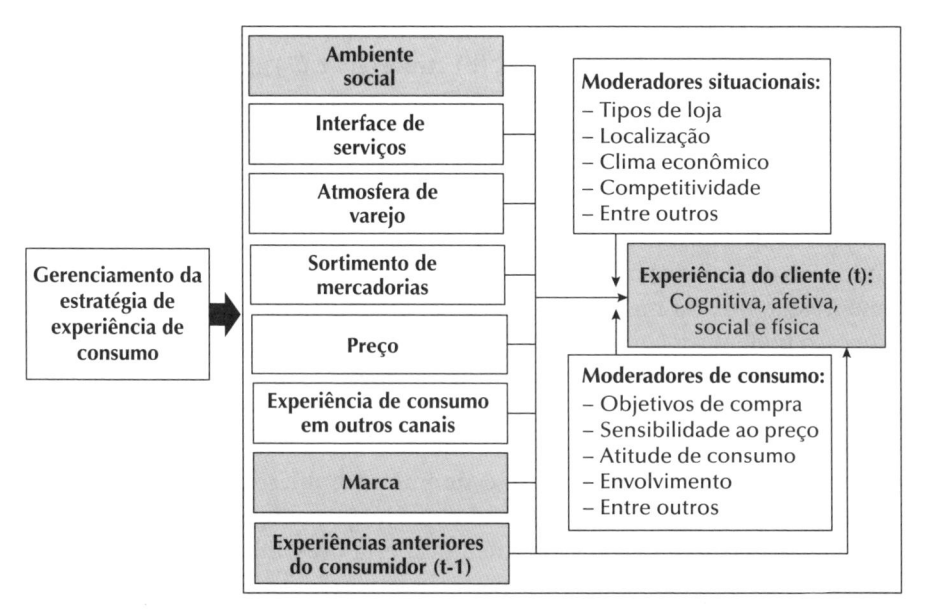

Figura 5.1 - Determinantes da experiência de consumo no varejo[7].

Essa experiência do cliente pode ser moderada por fatores que podem alterar a influência desses determinantes. Nesse caso, dois são os tipos de moderadores existentes. O primeiro moderador diz respeito às características situacionais, que incluem o tipo de loja (por exemplo, especializados em certos serviços *versus* geral[8]), canal (por exemplo, loja *versus* internet), localização (um exemplo: centro comercial *versus* centro da cidade), cultura (como individualidade *versus* coletivista), temporada (por exemplo, regular *versus* feriado), clima econômico (como recessão *versus* expansão). O segundo moderador é conhecido pelo conjunto de características dos clientes, que envolvem *objetivos de compra, sensibilidade ao preço, atitude de consumo, envolvimento*, entre outros. Por exemplo, os clientes orientados pela sensibilidade do preço podem considerar o sortimento de produtos mais importante do que os clientes que têm um envolvimento alto com um tipo de produto[9].

5.2.1 A experiência de consumo e a tomada de decisão

A experiência de consumo está envolvida diretamente com a tomada de decisão do cliente no varejo. Isso implica dizer que as etapas do ato de decidir (reconhecimento da necessidade, busca de informação, avaliação de alternativas, compra e pós-compra) por uma compra está relacionado às experiências que os clientes têm dentro dos ambientes de varejo.

Ao considerar as etapas do processo de decisão de compra, encontramos temáticas da experiência do cliente que podem gerar *insights* para entender a ação do consumidor dentro do ambiente de varejo. Esses *insights* podem ser qualificados: (1) objetivos e processamento de informações, (2) memória, (3) envolvimento, (4) atitudes, (5) afeto, (6) atmosfera e (7) atribuições e escolhas do consumidor. A Figura 5.2 demonstra, para cada etapa do processo de decisão do consumidor, os domínios teóricos da experiência do consumidor que o informaram e as áreas que oferecem a maior oportunidade para entender o modo de atuação do cliente dentro do ambiente de varejo. Exemplo disso são os objetivos do consumidor que desempenham um papel importante na determinação de como os consumidores percebem o ambiente de varejo e vários elementos de *mix* de marketing de varejo. Objetivos dos consumidores, que neste caso podem ser gerados pelo entretenimento, recreação, interação social e estimulação intelectual, afetam a forma como os consumidores percorrem as etapas do processo de decisão do consumidor. Desse modo, há de convir que os objetivos e as experiências dos clientes moldam a ação do cliente. Um consumidor que tem como objetivo economizar dinheiro pode procurar lojas que ofereçam ofertas atrativas de produtos. Outro exemplo que podemos demonstrar associado à pesquisa de memória está presente em duas etapas do processo de decisão: busca de informação e avaliação de alternativas. Clientes podem ter na memória avaliações negativas de antigas compras pela internet e, por isso, optarem por comprar em uma loja de varejo física[10].

Reconhecimento da necessidade	Busca de informação	Avaliação das alternativas	Compra	Pós-compra
Objetivos e processamento de informação	Objetivos e processamento de informação	Objetivos e processamento de informação	Objetivos e processamento de informação	Objetivos e processamento de informação
	Memória	Memória		
Envolvimento	Envolvimento	Envolvimento		
		Atitude	Atitude	Atitude
Afeto	Afeto	Afeto	Afeto	Afeto
		Atmosfera	Atmosfera	Atmosfera
		Atribuição e escolha	Atribuição e escolha	Atribuição e escolha

Figura 5.2 – O processo de tomada de decisão de consumo[11].

5.3 AMBIENTES TANGÍVEIS E INTANGÍVEIS E A EXPERIÊNCIA DE CONSUMO

As experiências dos consumidores podem ajudar o desenvolvimento das estratégias de varejo. Isso porque as experiências de consumo estão associadas à construção da percepção de ambiente de varejo, processamento de informações e sistema de valores. O valor do cliente reflete diretamente os critérios de escolha, crenças e atitudes das experiências de consumo. Por essa razão, para alcançarmos a satisfação de nossos clientes devemos entender o valor do cliente.

A satisfação das necessidades do consumidor envolve a compreensão de atributos utilitários e hedônicos. Esses atributos estão presentes em escolhas como parte da experiência do consumidor. Por esse fato, os varejistas devem entender a multiplicidade de razões para criar valor para os clientes[12].

Os atributos da loja devem ser projetados de acordo com o perfil específico do consumidor e de acordo com o valor percebido em suas experiências de consumo. Por esse motivo, quando o consumidor procura um valor específico de um produto, os atributos da loja devem ser ajustados a essa necessidade, atraindo consumidores e, desse modo, aumentando vendas.

O uso da atmosfera da loja para influenciar o comportamento é uma prática usual dos varejistas. Os atributos tangíveis e intangíveis da loja podem influenciar a satisfação do consumidor. O valor percebido no consumo pode ser derivado dos atributos da loja. Esses atributos de loja estão presentes no ambiente de uma loja e são subjacentes aos clientes. Os atributos da loja são um esforço para criar um ambiente de compras que produz efeitos funcionais e emocionais sobre os compradores, de modo a aumentar a probabilidade de compra[13].

Os atributos da loja referem-se a aspectos tangíveis e intangíveis, que podem mudar a experiência de compra do consumidor. Essa alteração pode fazer o cliente entender diferentes valores no momento da compra. Portanto, os varejistas procuram criar um ambiente de compras emocionante, gerando retornos positivos aos clientes.

Os atributos tangíveis de uma loja podem ser representados de várias maneiras: limpeza da loja, áreas de vendas, variedade de *displays* de produtos, iluminação, cor, equipe de vendas e tantos outros. Os atributos da loja tangível estão relacionados claramente à variedade de produtos e à facilidade de encontrá-los. O estilo, a aparência externa e a exibição de mobiliário influenciam, assim, percepção dos atributos da loja.

Os atributos tangíveis estão associados ao valor utilitário. Nesse sentido, o termo "benefícios do produto utilitário" refere-se aos aspectos funcionais e instrumentais influenciados pelos atributos da loja tangível.

Os valores utilitários demonstraram uma perspectiva focada no produto. Os consumidores procuram resolver problemas racionais. Por esse motivo, os valores utilitários são funcionais, instrumentais e cognitivos e são influenciados pelos atributos tangíveis da loja, como obtenção de informações, comparação de preços, posse e busca de sortimento de produtos. Na tentativa de resolver seus problemas, os consumidores em suas experiências de compras podem ser influenciados pelos atributos da loja tangível[14].

O preço e a conveniência em uma loja são atributos fundamentais para entender o valor utilitário, pois envolvem necessidades funcionais relacionadas ao tempo, lugar e posse. Por isso, as lojas de varejo investem em preços mais baixos, disponibilidade de produtos, conveniência em estacionamento e acessibilidade para lojas[15].

Exemplo de importância da relação entre atributos tangíveis da loja e valores utilitários são inúmeros no varejo. O valor utilitário é aumentado quando o consumidor encontra um produto com desconto, porque o cliente percebe que os preços são menores do que aqueles em lojas concorrentes[16]. Quando uma loja investe em velocidade e facilidade de compra, aumentará a percepção do valor utilitário, porque esses são componentes de conveniência[17].

Além dos aspectos funcionais do consumo, os aspectos subjetivos também influenciam a experiência de compra, gerando satisfação. Esses aspectos intangíveis e subjetivos do consumo, em contraste com os aspectos utilitários, são conhecidos como valor hedônico.

Os atributos da loja intangível podem ser considerados o *locus* no qual se busca controlar e manipular o ambiente de vendas. Os atributos da loja intangível (por exemplo, o serviço da loja) também estão associados a percepções de interação pessoal entre provedores de serviços e consumidores.

Esses atributos da loja intangível podem mudar o estado emocional dos consumidores, alterando seu comportamento e impactando o valor do produto hedônico. Os valores hedônicos envolvem aspectos emocionais da experiência do consumidor. Estes são expressos por sentimentos, diversão e fantasia. Esse tipo de valor pode ser alcançado por meio do entretenimento ou uma ação que pode resultar em características estéticas. Acredita-se que os atributos da loja intangível podem evocar a percepção de valores hedônicos.

Os aspectos emocionais e multissensoriais de uma compra podem causar diferentes sentimentos nas pessoas, como escapismo, emoção, fantasia e diversão. Esses sentimentos expressam os valores hedônicos. Portanto, os atributos da loja fornecem estímulos prazerosos através da música, iluminação, cores, entre outros[18].

A relação entre atributos da loja intangível e valores hedônicos pode ser verificada de diversas maneiras no varejo. O valor hedônico é conduzido quando o consumidor encontra o ambiente que estimula suas emoções. O prazer e a emoção na loja podem influenciar diretamente a percepção do valor hedônico para os consumidores[19]. Portanto, sugerimos que o ambiente da loja intangível ajude os consumidores a encontrar os benefícios hedônicos dos produtos.

5.4 *DESIGN* EXTERNO E A EXPERIÊNCIA DE CONSUMO

O *design* externo do varejo é o primeiro contato que o cliente tem com a loja. Por isso, os gestores devem ficar atentos, pois uma organização atrativa do *layout* pode fazer com que o cliente se sinta atraído e entre na loja. Desse modo, é preciso que o *design* externo de uma loja seja a identidade ou o cartão de visita que a empresa queira dar para o cliente.

Um cuidado especial que se deve ter ao criar o *design* externo de varejo não é apenas fazer com que este tenha os traços e características da empresa. O *design* externo deve ser adaptável às condições da vizinhança. Tem lojas que se localizam em galerias de luxo de grandes *shoppings*, outras se posicionam em lojas de bairros, outras em lojas de grandes centros urbanos. A importância de adaptar o *design* externo a essas situações é que, ao mesmo tempo, os gestores estarão formatando esse *design* de acordo com o cliente que passa em frente à fachada da loja. Nesse caso, estamos dizendo que a adaptação da fachada da loja deve respeitar a vizinhança e o tráfego de pessoas que circulam no local.

> **COMO CONSTRUIR UMA ESTRATÉGIA EFICIENTE**
>
> Uma maneira de sua vitrine ser vista por muitos clientes é que sua loja esteja localizada perto de lojas âncoras, lojas de departamentos ou supermercados. No entanto, esses são alguns dos locais em que os aluguéis são mais caros dentro do ambiente de varejo.

Existem artefatos que às vezes passam despercebidos pelas pessoas, mas que podem ajudar diretamente os clientes a perceberam a fachada de uma loja. Podemos citar inicialmente as calçadas. Quando puder, utilize calçadas diferentes dos seus consumidores. Se você não estiver em um ambiente externo padronizado (como um *shopping center*), pode colocar cores atrativas ou materiais diferentes na calçada para que os clientes que passem percebam que existe algo diferente naquele local. Outra dica importante é deixar a porta de sua loja bem iluminada para destacar o estilo da loja e dos produtos e serviços que são ofertados.

Outro ponto interessante a ser observado na frente de uma loja é colocar banco na calçada de frente para as vitrines. Se os clientes estiverem cansados, vão parar em frente à loja para descansar e terão como visão os produtos ofertados. O investimento em um estacionamento ou convênio com estacionamentos pode facilitar que as pessoas entrem em sua loja. Não podemos esquecer que a conveniência é um dos atributos mais valorizados por um cliente. E, por vezes, encontrar um lugar rápido para estacionar com um manobrista pode criar uma impressão positiva no cliente.

> **COMO CONSTRUIR UMA ESTRATÉGIA EFICIENTE**
> Caso a sua loja tenha estacionamento, é interessante colocar placas de sinalização que indiquem que aquela vaga é para clientes em compras. Isso evita que as vagas sejam preenchidas por pessoas que não estejam na loja e, ao mesmo tempo, oferece uma facilidade para o seu cliente.

Outro ponto a ser discutido na fachada de uma loja é o uso de placas e letreiros que informem qual é a marca ali comercializada e que demonstre aos clientes quais os produtos e serviços estão sendo ofertados. No entanto, é preciso ter cuidado, pois existem muitas lojas de varejo que utilizam letreiros, mas que não se preocupam com possíveis problemas, como falta de luz, letras com defeito, corrosão do material com o tempo, entre outros. Se evitar esses problemas, podemos dizer que uma boa sinalização funciona como uma excelente estratégia da loja[20].

5.4.1 A importância da atratividade uma vitrine

A construção de uma vitrine de loja é importante para que os consumidores percebam os produtos ofertados e o posicionamento que uma loja quer ter. As vitrines têm o poder de dizer ao cliente o que eles vão encontrar ao entrar na loja. Por exemplo, se a loja vende produtos de luxo ou se seu foco são produtos mais utilitários e econômicos.

Isso acontece porque as vitrines geram uma atração grande na atenção visual dos clientes. Desse modo, há de se convir que as vitrines podem ser uma excelente ferramenta de comunicação de marketing. Para isso, os gestores devem ter em mente o que pretendem transmitir de conceito ao seu cliente.

> **COMO CONSTRUIR UMA ESTRATÉGIA EFICIENTE**
> Uma vitrine deve demonstrar aos clientes não apenas os produtos e a identidade de uma empresa. A vitrine deve posicionar o cliente a respeito das datas de varejo, como dia dos pais ou das mães, estações do ano, como verão ou inverno, períodos de oferta ou não etc.

Uma estratégia bem elaborada de vitrine deve incentivar a fantasia e a imaginação do cliente. No entanto, o realismo também deve estar presente. Por exemplo, em lojas físicas manequins sem cabeça podem criar estranheza a consumidores que não têm conhecimento a respeito de moda. No entanto, para consumidores que têm grande conhecimento de moda, a presença do manequim sem a cabeça é uma coisa natural e não atrapalha na percepção dos atributos das roupas[21]. Além disso, com relação aos manequins, é interessante que não os coloque de frente para o cliente. Sugere-se que os manequins fiquem em um ângulo de 45 graus em relação aos consumidores, pois assim eles tomam forma mais dinâmica e ativa.

Cap. 5 • O GERENCIAMENTO DA EXPERIÊNCIA DE CONSUMO NO VAREJO

TEORIA E PRÁTICA

O ambiente interno e a livre circulação

fiphoto | iStockphoto

Um dos principais pressupostos da venda é que o produto deve ser acessível. Desse modo, ambiente interno deve ser espaçoso e proporcionar a visualização de todos os produtos. A livre circulação deve ser promovida. Assim, aconselha-se a não colocar objetos de enfeite em locais de circulação. Essa imagem demonstra um ambiente diversificado em que o consumidor pode se locomover sem maiores dificuldades.

5.5 *DESIGN* INTERNO E A EXPERIÊNCIA DE CONSUMO

O *design* interno atrativo de uma loja deve começar por sua entrada. Certifique-se de que as entradas de sua loja não tenham obstáculo para os seus clientes. É importante que os clientes consigam enxergar o interior da loja através das portas de entrada. Por isso, logo na entrada do ambiente é interessante que haja expositores que demonstrem vantagens para o consumidor. Seja por uma oferta especial ou por um produto *premium* que possa ser cobiçado pelos clientes.

Uma estratégia eficiente e que vem ganhando o gosto dos estabelecimentos de varejo é o uso da cordialidade na entrada do *design* interno. Ter um funcionário que faça um cumprimento (talvez com um aperto de mão) ao consumidor e que pergunte se ele precisa de alguma ajuda é algo que pode criar um diferencial. Por mais que o autosserviço esteja em tendência, a educação nunca sairá de moda.

Um detalhe que pode parecer irrelevante em um ambiente de varejo, mas que pode mudar a sensação das pessoas, é o piso. Diferentes *designs* de pisos dentro de um local podem dar a percepção de ambientes diferentes sem a necessidade de usar paredes. É como se desenvolvêssemos ilhas de produtos conceitos que são demarcadas pelas diferenças entre os pisos.

Não devemos apenas criar um piso atrativo, mas também um teto atraente para os consumidores. O teto ajuda a definir a estética visual do local, auxiliando a criação identitária da marca do varejo. Além disso, o teto de um ambiente pode ajudar a melhorar a iluminação e acústica[22].

COMO CONSTRUIR UMA ESTRATÉGIA EFICIENTE
A entrada de uma loja deve permite o livre acesso. O cliente em nenhum momento pode se sentir impedido de entrar no recinto, por isso elimine os obstáculos de entrada. Construa rampas de acesso e sinalize bem o local. Isso pode auxiliar a entrada de idosos e de carrinhos de bebês.

As paredes de um ambiente de loja podem também ajudar o *design* interno. É comum encontrarmos espelhos em diversas paredes para dar a impressão de que o ambiente é maior e mais acolhedor. Além disso, o uso de espelhos aumenta a luminosidade do local, ampliando a visualização de toda a loja.

TEORIA E PRÁTICA

Os riscos da percepção de *crowding*

estherpoon | iStockphoto

Ter um ambiente cheio de consumidores talvez seja a intenção de boa parte dos gestores no varejo. No entanto, temos que ter cuidado com o ambiente cheio. Essa imagem mostra a escada rolante de um supermercado cheio de pessoas. Uma cena assim é chamada de *crowding*, nos estudos de marketing. A percepção de *crowding*, que acontece muito nas vésperas de feriados, nos *shoppings* e supermercados, gera irritação e aborrecimento aos consumidores. Por isso, devemos pensar em estratégias para reduzir a percepção de *crowding*.

Ao lado das paredes e perto da exposição de produtos, é interessante que se coloque adereços para enfeitar o ambiente. Esses adereços não estão à venda. Eles servem apenas para posicionar o estilo da loja. Porém, tome cuidado. O uso de adereço deve promover a loja. Ele não pode prender totalmente a atenção do cliente ao ponto de que ele não veja os produtos expostos na loja.

Outro ponto estratégico de um ambiente interno é a disposição dos caixas. Hoje em dia é importante pensar na disposição dos caixas, pois ninguém gosta de esperar em longas filas. No entanto, uma quantidade grande de caixas pode prejudicar o *layout* do ambiente. Além disso, existem clientes que não gostam de pagar suas contas perto de outras pessoas. Por isso, uma boa estratégia para ser usada no ambiente interno são terminais de autosserviço.

5.6 A PERCEPÇÃO DE *CROWDING* E A EXPERIÊNCIA DE CONSUMO

Não é conversa de claustrofóbico, mas sabe aquelas situações em que você está em um ambiente grande e tem a impressão de que está sem ar? Pode ficar tranquilo! Isso não é uma coisa tão ruim. Ou pelo menos não deveria ser. Isso pode ser efeito do que chamamos no varejo de *crowding*, que é bem comum em ambientes de vendas[23].

O *crowding* acontece quando o consumidor tem a impressão de que está em local congestionado, seja pela sensação de abafamento da quantidade de pessoas no ambiente, seja pela quantidade de elementos atmosféricos. Isso pode gerar um estado de estresse psicológico associado ao sentimento evocado por uma densidade social ou espacial, que acarreta impactos sensoriais e influencia a percepção geral de um ambiente. Desse modo, o *crowding* gera um desconforto decorrente de um local apertado, seja pelo aspecto de ter muitas pessoas ou pelo fato do local ter muitos objetos.

A densidade social refere-se à dimensão humana da aglomeração. Tal conceito é caracterizado pelo sentimento de abafamento ocasionado por outras pessoas que, por sua vez, dificultam a interação. A percepção de *crowding* social pode exercer influências positivas sobre as percepções do ambiente, como em casas noturnas ou em estádios esportivos. Por outro lado, as reações negativas do *crowding* social estão relacionadas a ambientes de cruzeiros de luxo e *shopping centers*[24].

A densidade espacial se associa à dificuldade ou impossibilidade de escolha ou utilização de um produto/serviço decorrente de uma quantidade excessiva de bens em exposição. Em altos níveis, o *crowding* espacial acarreta em percepção de aperto, enquanto que em baixos níveis leva à ideia de maior espaço disponível. De forma similar ao contexto social, a dimensão espacial do *crowding* pode acarretar percepções positivas sobre o ambiente, como é o caso de restaurantes, ou negativas, por exemplo em estádios de futebol[25].

Como pode ser percebido, a percepção do *crowding* pode acarretar sentimentos (positivos e negativos) desencadeados no consumidor, gerando respostas afetivas positivas e negativas, além de reações como raiva, prazer e surpresa.

Com relação à percepção de valor, o *crowding* afeta a orientação utilitária, como também a orientação hedônica de consumo. No geral, os resultados indicam relações mais positivas da percepção de densidade com a orientação utilitária e mais negativa com a orientação hedônica.

EXERCÍCIOS PARA FIXAÇÃO

1. O que é experiência de consumo? Quais elementos compõem a formação dessa experiência?

2. Transcreva uma situação pessoal na qual a experiência de consumo favorável desencadeou uma compra ou aumento de gasto não planejado.

3. O que compreende os ambientes tangíveis e intangíveis de uma loja? Quais elementos contemplam cada uma das dimensões?

4. Faça uma lista de elementos tangíveis e intangíveis de ambiente de compras (lojas, supermercados, postos de gasolina etc.) que você visitou recentemente.

5. Identifique, por meio de busca de imagens na internet, ao menos três vitrines que sejam atrativas e três vitrines não atrativas. Justifique as suas escolhas.

6. O que é *crowding*? Em que situações de consumo ele pode ser percebido como positivo e negativo?

MERCHANDISING NA INTERNET

O QUE VEREMOS NESTE CAPÍTULO
- Estudar o merchandising no ambiente virtual.
- Retratar como as técnicas de visual merchandising aplicadas ao contexto da internet podem ajudar a criar *sites* que tenham uma atmosfera de varejo atraente para o consumidor.
- Descrever pontos positivos e negativos do uso do merchandising na internet.
- Oferecer informações e dicas relevantes para a construção de um visual merchandising que faça os consumidores navegarem mais e, por consequência, aumentarem o volume de suas compras.

A partir do crescimento das movimentações financeiras realizadas no ambiente digital, as empresas também começaram a se preocupar em estabelecer estratégias de merchandising para essas plataformas. Esse crescimento está pautado, especialmente, em grupos de consumidores que privilegiam a busca pela eficiência do uso do seu tempo, o que acaba impactando, negativamente, no interesse de compra dentro dos formatos tradicionais[1].

Alguns elementos que são tradicionais do ambiente convencional passam a não fazer parte das estratégias de merchandising no ambiente digital, visto a limitação imposta neste contexto. Elementos sociais (outros clientes; interação com vendedores) e três elementos sensoriais (tato, olfato e paladar) são alguns exemplos. Nesse sentido, elementos como temperatura, cheiro e textura não poderão ser utilizados como alternativa de diferenciação de um ambiente digital.

Em contrapartida, o ambiente *on-line* possibilitará, em comparação ao ambiente tradicional, uma flexibilização muito maior em termos de tempo e espaço. Assim, a complexidade para o estabelecimento de estratégias para suscitar estímulos é significativamente menor do que no ambiente *off-line*, pois, enquanto no ambiente *on-line* os estímulos estão restritos a uma tela, o ambiente *off-line* demanda uma combinação complexa de elementos ambientais, sociais, estéticos e estruturais[2]. A Tabela 6.1 resume sinteticamente os pontos positivos e negativos da aplicação do merchandising no ambiente digital.

Tabela 6.1 – Aplicação do merchandising no ambiente digital

Pontos positivos	Pontos negativos
Maior flexibilização para o estabelecimento de estratégias de merchandising	Menor poder de persuasão para efetivação de vendas
Menor custo de investimento envolvido na operacionalização das estratégias	Número limitado de estímulos a partir dos elementos sensoriais.
Menor complexidade na elaboração das estratégias	

Diferentemente de um ambiente convencional, onde há um número considerável de pessoas e áreas envolvidas para o ajuste de um ambiente de compra, o ambiente digital está basicamente restrito a uma linguagem de programação e identidade visual. Dessa forma, com um número significativamente inferior de áreas e pessoas envolvidas no processo de operacionalização, é possível adotar ou abandonar estratégias de merchandising de maneira bastante dinâmica.

O estabelecimento de estratégias de merchandising aplicado no ambiente convencional normalmente estará atrelado a custos consideráveis, uma vez que a operacionalização se vinculará diretamente com investimento em expositores, iluminação, pintura, entre outros. Em contrapartida, no ambiente virtual esses custos não aparecerão, visto que essas ferramentas se darão a partir do *layout* visual disponibilizado por uma tela de modo virtual.

Como anteriormente refletido, a operacionalização das estratégias de merchandising no ambiente digital se dará de forma muito mais simples e, consequentemente, menos complexa do que no ambiente tradicional. Isso porque os estímulos partirão de uma tela. Diferentemente, o contexto *off-line* demandará de um alinhamento complexo entre todas as faces que compõem o ambiente, seja ele na sua concepção estrutural, social e/ou experiencial.

No ambiente digital, alguns elementos essenciais para gerar estímulo de compra serão desconsiderados. Um desses está vinculado à dimensão social. Nessa dimensão, além dos outros clientes que estão no ambiente da compra, fazem parte os vendedores que têm um papel fundamental para influenciar o processo de compra a partir da persuasão. Assim, a aplicação de merchandising digital deve encontrar elementos alternativos para suprir essa carência.

Como apresentado anteriormente, basicamente o ambiente digital irá inviabilizar a utilização de três dos cinco elementos sensoriais. Enquanto o ambiente convencional poderá estabelecer estratégias para serem aplicadas no ponto de venda a partir de ações vinculadas à visão, ao olfato, ao paladar, ao tato e à audição, as estratégias digitais deverão utilizar apenas estímulos ligados à visão e à audição.

TEORIA E PRÁTICA

Merchandising *on-line* deve unir atratividade com informações

As estratégias de merchandising usadas na internet, diferentes das do varejo físico, devem se propor a fornecer uma quantidade grande de informações ao consumidor. Em uma loja convencional, as pessoas podem buscar informações com vendedores. Já na internet essas informações devem ser de fácil acesso e ter um visual atrativo. Essa imagem demonstra um merchandising na internet no qual o consumidor pode escolher sapatos de diversos formatos, tamanhos e cores.

6.1 INFORMAÇÕES RELEVANTES PARA O AMBIENTE DIGITAL

O ambiente digital é compreendido por informações de alta e baixa relevância. Essas informações estão diretamente ligadas ao desempenho do consumidor na sua atividade de compra[3]. As informações de alta relevância correspondem às descrições de um *site* (verbal ou visual) que aparecem em uma tela e facilitam o objetivo de compra. Por outro lado, as informações de baixa relevância correspondem às informações não necessárias para a efetivação de uma compra.

Os elementos ligados às informações de alta relevância são: descrição do produto, informações ligadas ao preço de venda, políticas de entrega e devolução, imagem do produto e os elementos que auxiliam a localização e navegação do *site*.

O senso de localização é um elemento importante tanto no ambiente convencional quanto no ambiente digital, visto que traz o sentimento de controle sobre a situação vivenciada. Esse sentimento tem uma relação direta com o bem-estar dentro de um ambiente de compra e, por consequência, maior disposição para ficar nesse ambiente e realizar compras[4].

Em relação à *descrição do produto*, observa-se, no caso de um livro, por exemplo, uma sinopse além de detalhamentos técnicos, como, por exemplo, nome da editora, número da edição, peso, entre outros. Quanto às *políticas de entrega e devolução do produto*, constam as regras claras desses procedimentos e os respectivos prazos que deverão ser respeitados.

As informações de baixa relevância correspondem aos seguintes elementos: cores, estilos de fontes, animações, músicas, sons, entretenimento (por exemplo, jogos ou concurso), imagens que não sejam da mercadoria, informações de *sites* afiliados e premiações.

Conforme discutimos anteriormente, as cores têm papel extremamente importante em relação à geração de estímulos, assim como na concepção de percepções atreladas a alguns atributos. Nesse sentido, as *estratégias de cores* aplicadas no ambiente *on-line* visam o estímulo congruente a uma resposta esperada. Por exemplo, é bastante comum incentivar a compra por meio de cores "quentes". Nesse sentido, não é difícil encontrarmos as cores vermelha ou laranja como incentivadores da finalização de uma compra.

Os *estilos de fontes* também são estratégias utilizadas e que impactam na percepção do ambiente *on-line*. A empresa britânica Basekit, que compreende uma plataforma para construção de *sites*, desenvolveu estudo para estipular as fontes adequadas para cada tipo de negócio[5]. Na Tabela 6.2, apresenta-se uma síntese das sugestões.

Tabela 6.2 – Sugestões de fontes para usar no merchandising virtual

Nome da fonte	Característica	Tipo de negócio
Arial	Fonte humanista e contemporânea	Casamento e beleza
Georgia	Fonte de personalidade e com boa visualização na tela	Varejo e casamento
Palatino	Fonte de estilo clássico Italiano e comum	Beleza e de venda de carros

Nome da fonte	Característica	Tipo de negócio
Lucida Grande	Fonte que proporciona uma leitura fácil, mesmo em tamanho pequeno. Fonte próxima à utilizada no Facebook	Varejo e de venda de carros
Verdana	Fonte de boa visualização. Bastante utilizado em *sites* que demandam muita leitura	Construção, bar e restaurante
Helvetica	Fonte bem aceita por diversos públicos e bastante comum aos olhos dos consumidores	*Sites* institucionais
Courier New	Fonte próxima às letras utilizadas nas antigas máquinas de escrever. Adequado quando se utiliza *site* com tabelas	*Sites* institucionais e vinculados à educação
Trebuchet	Fonte de fácil leitura e característica distinta	Bar, restaurante e serviços
Times New Roman	Fonte bastante tradicional	Setor educacional
Garamond	Fonte de estilo *vintage*	Serviços

As animações, músicas e sons servem basicamente para estimular a atmosfera do ambiente, dentro dos moldes abordados anteriormente no contexto de merchandising tradicional. Nas ações ligadas ao entretenimento, vinculam-se à disponibilização de possíveis jogos ou concursos. Essas atividades buscam o envolvimento do consumidor com o ambiente digital da empresa e, consequentemente, a marca.

As imagens que não sejam da mercadoria podem estar ligadas a um consumo, como, por exemplo, o carrinho de compra, que de certa forma tangibiliza a atividade que está sendo realizada pelo usuário. Por fim, há também os *sites* afiliados e premiações que servem basicamente para aumentar a percepção de confiança do *site* que, por sua vez, irá minimizar a percepção de risco associado ao consumo.

Com base nas informações disponibilizadas na Figura 6.1, observamos os dois tipos de informações que podem ser disponibilizadas no ambiente digital, suas respectivas ferramentas e, ainda, as ativações decorrentes de cada uma.

Nota-se, portanto, que as informações de baixa relevância tendem à ativação de questões hedônicas[6], uma vez que o estímulo se dá por questões sensoriais/afetivas e são bastante utilizados por varejistas tradicionais que visam despertar as memórias das compras utilizadas nos ambientes *off-line*.

Por outro lado, as informações de alta relevância utilizam-se de ferramentas que irão despertar motivações utilitárias, sendo estas ligadas aos aspectos racionais/cognitivos do consumidor, os quais, por sua vez, são utilizados pelos varejistas como elementos para ativação da compra, visto que o consumo pela internet, normalmente, está norteado por racionalidade, como, por exemplo, a conveniência e o preço mais em conta.

```
                    Tipos de informação em um ambiente digital
                    ┌──────────────────┐      ┌──────────────────┐
                    │ Informações de   │◄────►│ Informações de   │
                    │ pouca relevância │      │ muita relevância │
                    └──────────────────┘      └──────────────────┘
                             │                          │
                    ┌──────────────────┐      ┌──────────────────────────────┐
                    │ Cores            │      │ Descrição do produto         │
                    │ Fontes           │      │ Preço                        │
                    │ Animações        │      │ Políticas de entrega e devolução │
                    │ Músicas          │      │ Imagem do produto            │
                    │ Sons             │      │ Localização do site          │
                    │ Entretenimento   │      └──────────────────────────────┘
                    │ Imagens que não são do produto │
                    │ Sites afiliados  │
                    │ Premiações       │
                    └──────────────────┘
                             │                          │
                    ┌──────────────────┐      ┌──────────────────────┐
                    │ Motivações hedônicas │  │ Motivações utilitárias │
                    └──────────────────┘      └──────────────────────┘
                             │                          │
                    ┌──────────────────────────┐  ┌──────────────────────────────┐
                    │ Memórias de compras off-line │  │ Ativação dos objetivos de compra │
                    └──────────────────────────┘  └──────────────────────────────┘
```

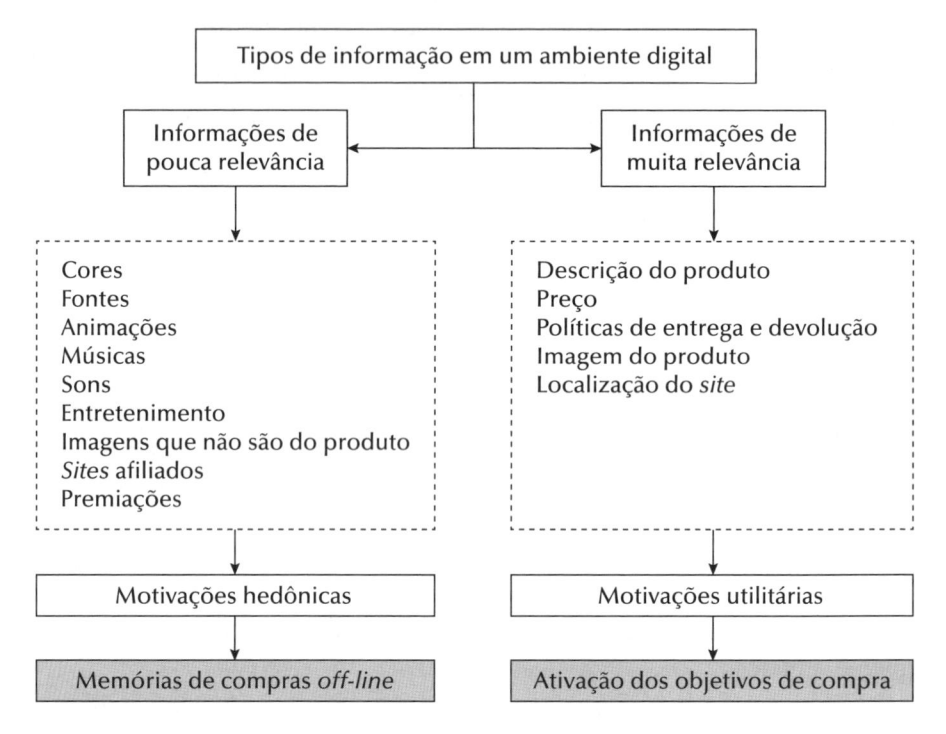

Figura 6.1 – Tipos de informações em um ambiente digital.

6.2 ATMOSFERA DA LOJA DIGITAL

Para entender a atmosfera de uma loja virtual, devemos entender a atmosfera de uma loja física. Existe uma lógica para entender o efeito da atmosfera da loja no comportamento de compra (vide Figura 6.2)[7].

De acordo com essa figura as informações decorrentes do ambiente e as diferenças de personalidade dos indivíduos irão influenciar os estados emocionais das pessoas dentro da atmosfera de compra e, como consequência, tenderão a levar com que os mesmos se envolvam ou se afastem do recinto. Este modelo foi denominado E-O-R, no qual a letra "E" corresponde ao estímulo, este sendo vinculado as atividades sensoriais do ambiente de compra; "O" denominado organismo e compreendido pela personalidade do consumidor que, alinhado aos estímulos, irá acarretar ou não sensações de prazer, excitação e/ou dominância; por fim, a letra "R" refere-se a respostas, compreendidas pela aproximação ou afastamento do ambiente.

Estímulos do Ambiente (E)
- Temperatura
- Som
- Cor
- Música
- Cheiro
- Iluminação
- Estrutura do ambiente

Organismo (O)
- Prazer
- Excitação
- Dominância

Respostas (R)
- Aproximação
- Afastamento

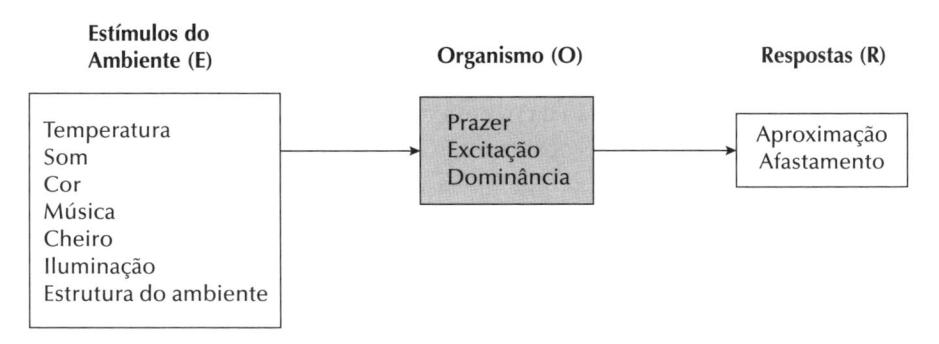

Figura 6.2 – O efeito da atmosfera no comportamento de compra.

A transposição desse modelo para o ambiente digital compreende as mesmas etapas do modelo tradicional (Estímulo, Organismo e Respostas), porém com formas distintas de ativação, conforme detalharemos a seguir (Figura 6.3)[8].

Estímulos do Ambiente (E)
- Informações de **baixa** relevância
- Informações de **alta** relevância

Envolvimento

Organismo (O)
- Afeto
- Cognição

Resposta à atmosfera

Respostas (R)
- Aproximação
- Afastamento

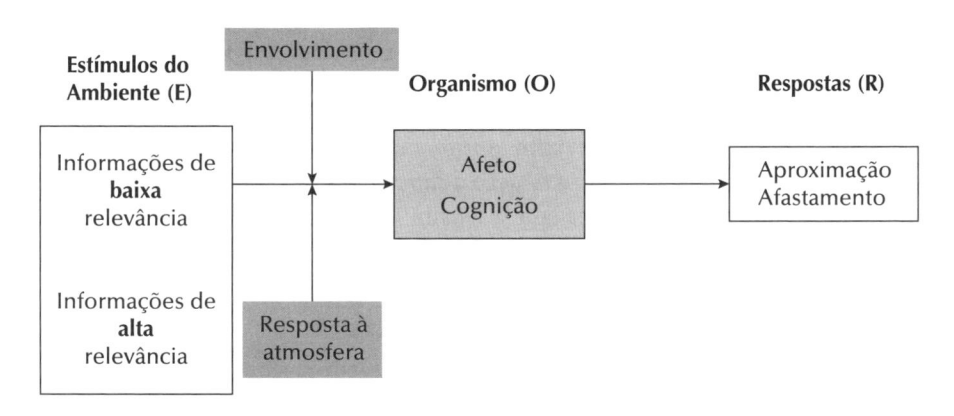

Figura 6.3 – O efeito da atmosfera no ambiente digital.

Os estímulos compreendem a soma dos elementos visuais e auditivos que interagem com o consumidor. Como vimos anteriormente, o ambiente digital perde alguns elementos utilizados como estratégias no ambiente tradicional, contudo, possui a flexibilidade em termos de tempo e espaço. Dessa forma, basicamente, os estímulos serão decorrentes das informações emitidas a partir de uma tela. Essas informações, conforme discutido na seção 6.1, pode se dar a partir da caracterização de *alta relevância* (preço, descrição do produto, políticas de entrega e devolução etc.) ou *baixa relevância* (cores, sons, animações, fontes etc.).

Supõe-se que os estímulos do ambiente digital (E) irão influenciar o estado do organismo do consumidor (O). Nesse contexto, essa ativação poderá se dar por meio do estado *afetivo* ou da *cognição*. No estado *afetivo*, devem ser ressaltados os elementos propostos na teoria tradicional (prazer, excitação e dominância). Nesse caso, ganha destaque a *dominância*, visto que, normalmente, o comprador digital busca esse meio para ter mais controle sobre suas atividades de compra em razão da maior comodidade e rapidez na atividade de consumo. Contudo, é possível observar também situações em que a dominância fica fragilizada, como, por exemplo, pela falta de interação com vendedores, dificuldades de navegação em um *site* ou, ainda, problemas (lentidão) de conexão. Em relação ao estado *cognitivo*, este se refere aos dados ligados à mente do consumidor em relação à aquisição, processamento, retenção e recuperação de informações, sendo que, no contexto *on-line*, elas estarão disponíveis em uma tela no qual o comprador criará atitudes que repercutirá, diretamente, na sua intenção de compra.

É proposto que duas características individuais (envolvimento e resposta) irão influenciar a relação entre os estímulos (E) e organismos (O). O *nível de envolvimento* se relaciona diretamente com os tipos de informações que os consumidores buscam[8]. Nesse sentido, os consumidores mais envolvidos com um produto tendem a perseguir processos cognitivos e, por consequência, buscarem as informações de alta relevância (preço, descrição do produto, políticas de entrega e devolução etc.). Em contraste, os consumidores com baixo nível de envolvimento estão mais interessados em elementos afetivos, que, dentro do ambiente digital, se relacionam com as informações de baixa relevância (cores, sons, animações, fontes etc.). Em relação à *capacidade de resposta* à *atmosfera* do ambiente digital, ela se relaciona com a sensibilidade do consumidor perante aos elementos contidos no ambiente (tipos de informações – alta e baixa relevância).

> **COMO CONSTRUIR UMA ESTRATÉGIA EFICIENTE**
>
> Para encontrar mercadorias, os compradores devem navegar na loja. Quando os caminhos não são claros, os compradores têm dificuldade de navegar e não sabem por onde começar. As dificuldades de encontrar o caminho também são associadas a obstruções de mercadorias devido à exibição e densidade de mercadorias.

As respostas representam o resultado final dos estímulos (E) e organismos (O), que, neste caso, poderá ser de aproximação ou afastamento. O comportamento de *aproximação* está ligado à predisposição de ficar no ambiente e explorar o ambiente de compra (por exemplo, *site*), assim como a propensão de gastar. O *afastamento* representa o comportamento contrário[10]. No caso do ambiente digital, ele estará diretamente ligado à capacidade das informações disponíveis em tela, facilitar ou impedir a atenção relacionada aos objetivos de compra.

6.2.1 Dicas para construir uma atmosfera de loja digital

O visual merchandising aplicado ao ambiente virtual é uma ferramenta estratégica do marketing que pode atrair consumidores e comunicar imagem de marca. São inúmeros os aspectos do visual merchandising que influenciam as percepções dos consumidores, como, por exemplo, cor da mercadoria, modo de exibição da mercadoria e ter um caminho claro para navegar na loja. Podemos afirmar que a cor da mercadoria exposta de forma coordenada no *site* é mais agradável e gera mais compras do que as cores de mercadoria descoordenada. Além disso, as apresentações bem feitas do produto e da loja virtual ajudam os compradores a visualizar os produtos, estimulando múltiplas compras e navegação[11].

Elaborar uma atmosfera virtual que faça os consumidores se sentirem motivados a navegar e comprar os produtos não é tarefa fácil. No entanto, existem algumas dicas que podem facilitar as vendas em uma atmosfera virtual: (a) não esquecer das cores, estilo de apresentação e iluminação, (2) apresentar seções mais *clean*, (3) promover a sensação de prazer e excitação e (4) fazer investimento em pequenos detalhes.

Os elementos fundamentais que não podem passar despercebido na construção de uma atmosfera virtual são cores, estilo de apresentação e iluminação. Esses três elementos são os que mais influenciam na compra em um ambiente virtual[12].

Outra dica importante é apresentar seções mais *clean* para ajudar o consumidor a escolher. Essas seções devem trazer, de forma agrupada, a apresentação (densidade e forma do produto), ambiente da loja e promoção (sinalização dos descontos e vantagens)[13].

Os *sites* devem promover a sensação de prazer e excitação nos consumidores que estão navegando, pois acredita-se que essa promoção no ambiente *on-line* pode estar associada diretamente à satisfação do consumidor e à intenção de comprar[14].

> **COMO CONSTRUIR UMA ESTRATÉGIA EFICIENTE**
>
> Um *site* que usa ferramentas de merchandising pode ser projetado pensando em detalhes como: música, promoções de vendas, outros anúncios, cor em torno da imagem.

Deve-se investir em pequenos detalhes ao se pensar no merchandising virtual, como imagens da mercadoria, músicas, ícones, padrões de fundo, animações e até as fontes. Esses pequenos detalhes podem gerar respostas específicas sobre as ações dos consumidores[15].

EXERCÍCIOS PARA FIXAÇÃO

1. Quais os principais pontos positivos e negativos em relação ao estabelecimento de estratégias de merchandising no ambiente digital?

2. Quais são as classificações de informações que existem disponíveis no ambiente digital? Cite cada uma delas e dê exemplos.

3. O que são motivações utilitárias de consumo? Qual relação há com esse tipo de informação e as informações disponibilizadas no ambiente digital?

4. O que são motivações hedônicas de consumo? Qual relação há com esse tipo de informação e as informações disponibilizadas no ambiente digital?

5. Identifique ao menos três ofertas de três categorias de produtos diferentes (por exemplo: livro, roupa, eletrônico) em um ambiente digital. A partir disso, para cada um dos produtos identificados, apresente as informações de *baixa relevância*.

6. Identifique ao menos três ofertas de três categorias de produtos diferentes (por exemplo: livro, roupa, eletrônico) em um ambiente digital. A partir disso, para cada um dos produtos identificados, apresente as informações de *alta relevância*.

7. Identifique nas três ofertas pesquisadas anteriormente o tipo de fonte utilizada. Avalie se elas estão alinhadas às propostas da teoria. Justifique sua resposta.

8. Com base na teoria de "atmosfera digital", identifique alguma oferta disponibilizada no ambiente digital e relacione as informações disponibilizadas com:

    a) Dados de baixa relevância.

    b) Dados de alta relevância.

    c) De que forma essas informações acarretam ou afeta a cognição?

    d) Quais informações devem provocar respostas de aproximação ou afastamento?

7
MERCHANDISING NAS REDES SOCIAIS

O QUE VEREMOS NESTE CAPÍTULO
- Estudar como deve ser o uso do merchandising nas redes sociais.
- Discorrer da metáfora do Pinball que demonstra claramente as características das relações entre consumidores e empresas nas redes sociais.
- Demonstrar algumas estratégias feitas em rede social que foram bem positivas e, também, mostrar experiências negativas.
- Demonstrar a importância de monitorar as ações de marketing nas redes sociais.
- Oferecer dicas importantes de como usar o merchandising nas redes sociais.

No início dos anos 2000, muitas empresas procuraram adaptar-se ao ambiente digital, uma vez que muitas delas ganhavam espaço nesse contexto e começaram a vender seus produtos com sucesso. Além disso, as empresas começaram a estabelecer estratégias de venda e de relacionamento, pautadas, principalmente, em *e-mail* marketing. O que poucas suspeitavam era que as mudanças disruptivas no marketing estavam apenas começando. Uma prova disso é o surgimento da maior plataforma de rede social: o Facebook.

O Facebook iniciou suas atividades em 2006 e, desde então, vem ganhando uma força incrível para influenciar consumidores e negócios a uma velocidade nunca vista. Até anos recentes, 1 a cada 7 pessoas do Planeta estava ativa como membro do Facebook[1]. Em 2017, essa proporção aumentou para quase a metade, visto que em divulgação recente a plataforma anunciou o impressionante número de 2 bilhões de usuários ativos[2].

Esses números são surpreendentes, pois a plataforma não aceita inscrições de pessoas menores de 13 anos e praticamente não possui usuários da China, que é o país mais populoso do mundo. Outro dado bastante interessante aponta que os três *sites* de maior tráfego do mundo (Facebook, Google e YouTube) correspodem a *sites* de redes sociais. Isso demonstra o forte destaque desse setor[3].

Esse crescimento nunca visto antes tem um impacto impressionante no que diz respeito ao estabelecimento dos modelos de negócios e, consequentemente, nos novos formatos estabelecidos para gerenciá-los. Se em um passado não muito distante as empresas trabalhavam quase de forma isolada, agora elas se veem obrigadas a estar presentes no cotidiano dos consumidores a partir de uma interação contínua.

7.1 A METÁFORA DO PINBALL

Uma metáfora interessante para entender o uso do ambiente de mídia social e seus novos desafios para as empresas é denominada de Pinball. Essa metáfora sugere uma semelhança entre o ambiente da mídia social e a interatividade peculiar do jogo Pinball[4].

Essa metáfora propõe que a relação do marketing, até então tradicional, é semelhante à lógica de um jogo de boliche. Dentro desse contexto, as empresas costumavam utilizar os instrumentos de marketing (a bola do boliche) para alcançar e influenciar os consumidores (pinos do boliche). Para isso, escolhiam cuidadosamente as mídias (pista do boliche) para atingi-los. Com a inserção das mídias sociais, aconteceu uma mudança, visto que os instrumentos de marketing (bolas) são utilizados para atingir os consumidores e os vários alvos que compõem uma máquina de Pinball (para-choques, estilingues etc.).

Dessa forma, duas grandes diferenças na relação entre empresas e consumidores foram estabelecidas a partir da consolidação das redes sociais: aumento da participação ativa e forte nível de interconexão em rede.

> **COMO CONSTRUIR UMA ESTRATÉGIA EFICIENTE**
>
> É muito arriscado um gestor de marketing investir sozinho sem nenhum apoio técnico no mundo das redes sociais. Existem empresas especializadas em desenvolver estratégias no mundo das redes sociais. Sabemos que em muitos casos não aconselhamos a terceirização das atividades de marketing. Porém, no meio digital, a ajuda de um especialista sempre é bem-vinda.

No aumento da participação ativa, os consumidores, a partir do crescimento das mídias sociais, deixaram de ser um mero receptor (bola de boliche) e passaram a participar ativamente do processo de construção da imagem de um negócio perante o compartilhamento, nas redes sociais, das experiências com produtos e marcas. Por sua vez, o forte nível de interconexão em rede corresponde às ações de consumo com produto e marcas que são instantaneamente compartilhadas e visualizadas por um grande número de outros consumidores.

Como resultante desses dois elementos (participação ativa e forte nível de interconexão), a bola, que antes, no boliche, era ditada pelas empresas, passa a ter a velocidade ditada pelos consumidores, sendo eles capazes de realizarem desvios, acelerarem, desacelerarem e até mesmo interrompê-la. Dessa forma, é importante que as empresas aceitem a interrupção da lógica tradicional do marketing e encarem o desafio de estabelecer estratégias, em conjunto, com os consumidores a partir da cocriação[5].

TEORIA E PRÁTICA

A exposição das redes sociais e o merchandising

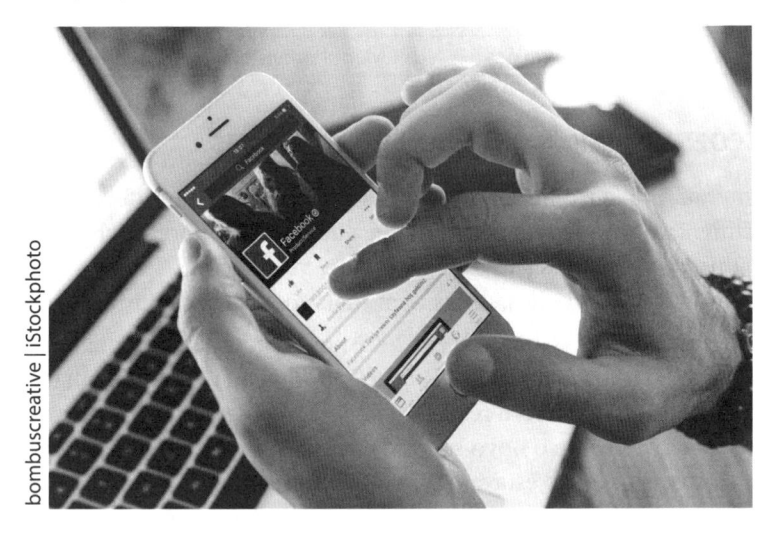

bombuscreative | iStockphoto

O uso de ferramentas de merchandising em redes sociais, além de eficiente, está se mostrando uma estratégia de baixo custo. Não resta dúvida de que as redes sociais se tornaram um local de exposição. E o termo "exposição" está na alma do merchandising. Quando uma pessoa posta uma foto ou um comentário em uma rede social, ela pode chamar a atenção de milhares de outros consumidores. Desse modo, as redes sociais têm sido usadas como indutores de vendas. É comum o varejo de vestuário divulgar as fotos de suas coleções na tentativa de fazer com que os usuários de redes sociais vejam e divulguem as fotos.

Dada essa nova imprevisibilidade, as empresas podem monitorar e agir ativamente na máquina de Pinball como forma efetiva de gerenciamento de um negócio. O monitoramento requer seguir de perto o curso de uma ação, buscando mensurar o volume de comunicação nas redes sociais, em termos de sentimentos e conteúdo, para que seja possível identificar, quase em tempo real, as tendências ou até mesmo realizar a gestão de crises[6]. Além do monitoramento, é preciso agir ativamente, o que corresponde ao desenvolvimento de histórias junto aos consumidores, alinhando os interesses da empresa e dos clientes[7].

A Tabela 7.1 apresenta uma síntese das principais diferenças nas políticas de marketing estabelecidas a partir da inserção das mídias sociais.

Tabela 7.1 – Pré-mídias sociais *versus* pós-mídias sociais

Pré-mídias sociais	Pós-mídias sociais
Início das atividades a partir das empresas	Atividades estabelecidas a partir da interação empresa x consumidor
Consumidor assume um papel mais passivo	Consumidor assume um papel mais ativo
Maior previsibilidade sobre as ações	Menor previsibilidade sobre as ações

7.2 AÇÕES DE MARKETING NAS REDES SOCIAIS

A interatividade e o poder alçado nas mãos dos consumidores, a partir do estabelecimento das redes sociais, fez com que muitas empresas criassem experiências únicas, consistentes e, especialmente, verdadeiras. Várias empresas se aventuraram nas redes sociais, umas com mais sorte do que outras.

Um exemplo negativo ocorreu em 2003 nos Estados Unidos, quando o achocolatado *Raging Cow*, da empresa *Dr. Pepper/7UP*, lançou uma campanha nas redes sociais. Na oportunidade foram recrutados seis adolescentes que compartilharam mensagens positivas sobre o novo sabor da bebida. Aparentemente, essas mensagens eram imparciais e não estavam vinculadas diretamente à empresa detentora do produto. A estratégia saiu pela culatra a partir do momento em que grupos de consumidores identificaram que as experiências haviam sido "comercializadas" pela empresa. Nesse sentido, diversos *blogs* começaram a atacar e, consequentemente, boicotar o produto, chegando ao ponto de ser tirado de circulação[8].

> **COMO CONSTRUIR UMA ESTRATÉGIA EFICIENTE**
>
> O e-commerce já está consolidado como atividade de comércio em várias empresas. O desafio agora é adentrar no mundo do social-commerce. O social-commerce é como se fosse um e-commerce, mas com uma interação muito forte entre os integrantes da rede social, *site* ou *blog*.

Recentemente no Brasil, uma das maiores empresas de goma de mascar, Trident, polemizou ao fazer comentários em suas redes sociais a partir de fotos tiradas de um dos maiores eventos de música do país, o Lollapalooza. Na oportunidade, a empresa fez comentários de uma foto postada em uma rede, dizendo que a pessoa que aparecia na foto tinha cabelos azuis semelhante ao sabor de um dos seus produtos. As pessoas começaram a reclamar do comentário. A repercussão foi imediata e negativa, forçando a empresa a agir rápido e retirando as legendas das fotos e fazendo um pedido formal de desculpas[9].

Ações positivas de empresas também são recorrentes. Um exemplo disso foi realizado na Austrália por meio do chocolate Snikers. Aproveitando sua plataforma de posicionamento que diz *"Você não é você mesmo quando está com fome"*, fomentando a percepção de que o consumidor com fome fica irritado. Neste caso, a empresa realizou um monitoramento nas redes sociais, o qual denominou de o algoritmo da raiva, com o qual identificava pessoas que faziam postagem "agressivas" e, como consequência, a empresa dava desconto no produto para ser trocado em determinadas lojas de conveniência[10].

7.3 FORMAS DE MONITORAMENTO NAS REDES SOCIAIS

Um grande desafio das empresas que atuam em redes sociais é realizar um monitoramento eficiente. *Será que as pessoas estão gostando das Ações de marketing? Quais são as reações das pessoas com relação à postagem que foi feita? Será que meu vídeo foi compartilhado?* Essas são respostas difíceis de serem dadas. Porém, as empresas devem se estruturar para monitorarem as redes sociais.

Existem algumas métricas para monitoramento das ações de marketing nas redes sociais. Essas métricas estão expostas na Tabela 7.2 em termos de lembrança de marca, engajamento e boca a boca[11].

Tabela 7.2 – Formas de monitoramento de redes sociais

Aplicações nas mídias sociais	Lembrança de marca	Nível de engajamento	Boca a boca
Blogs	- número de visitas unitárias; - número de retorno de visitas; - ranking de busca.	- número de membros; - número de assinantes de RSS *feed*; - número de comentários; - quantidade de conteúdo gerado por usuários; - tempo médio de navegação no *blog*; - número de respostas a pesquisas, concursos.	- número de referências ao *blog* em outras mídias (on ou *off-line*); - número de "likes".
Microblogging (ex.: Twitter)	- número de tweets sobre a marca; - análise da valência dos tweets (positivo ou negativo); - número de seguidores.	- número de seguidores; - número de compartilhamentos.	- número de retweets.

Aplicações nas mídias sociais	Lembrança de marca	Nível de engajamento	Boca a boca
Cocriação (ex.: NIKEid)	- número de visitas.	- número de tentativas de criação.	- número de referências em outras mídias (*on* ou *off-line*).
Social Bookmarking (ex.: StumbleUpon)	- número de tags.	- número de seguidores.	- número adicional de marcações.
Fóruns e Grupos de Discussão (ex.: Google Groups)	- número de visualizações na página; - número de visitas; - valência do conteúdo postado (positivo ou negativo).	- número de tópicos considerados relevantes; - número de respostas individuais; - número de inscrições.	- links recebidos; - Citações de outros *sites*; - referencias *off-line* para o fórum ou seus membros; - número de "likes"
Redes Sociais (ex.: Facebook)	- número de membros / fans; - número de instalação de aplicativos; - número de marcações; - número de avaliações / classificações (positivas ou negativas).	- número de comentários; - número de usuários ativos; - número de *likes* nos *feeds* dos amigos; - número de itens gerados pelo usuário (foto, vídeo, respostas); - Relação impressões – interações; - Taxa de atividade (frequência que os membros personalizam perfis, links etc.)	- Frequência da presença do *timeline* dos amigos; - número de postagens no mural; - número de reposts ou compartilhamentos; - número de respostas aos pedidos de amizade.
Compartilhamento de fotos e vídeos (ex.: YouTube)	- Número de visualizações de vídeos e/ou fotos; - Valência dos compartilhamentos de vídeos e/ou fotos (positiva ou negativa)	- Número de respostas; - Número de visualizações; - Número de comentários; - Número de assinantes.	- número de *links* recebidos; - número de referências ao trabalho realizado; - número de repetições em outras plataformas digitais; - número de *likes*.

7.4 O MERCHANDISING NAS REDES SOCIAIS

Uma das principais razões da utilização do merchandising nas redes sociais é a geração de experiências e engajamentos para produtos específicos, e não necessariamente a mera publicação de conteúdo ou patrocínios para aumentar visibilidade. Salienta-se que a utilização dessa ferramenta nas redes sociais, apesar de ainda estar em um estágio inicial, aponta para uma evolução cada vez mais rápida e madura. Prova disso foi publicada pela pesquisa da Boston Retail Partners, que aponta um crescimento massivo de 550% dos investimentos realizados por varejistas norte-americanos a partir da utilização das mídias sociais para o planejamento do desenvolvimento de seus produtos[12]. Dentro desse contexto, os investimentos em merchadising a partir de *insighs* obtidos por meio das redes sociais pulou de 6%, em 2013, para 39%, em 2014.

A partir de um diálogo de duas vias (empresa – consumidor), é possível obter informações preciosas e baratas, em relação a gostos e preferências do mercado-alvo e, como consequência, oferecer o produto certo, no momento certo e local correto. Além disso, a empresa, com muito mais agilidade do que nos modelos tradicionais, poderá realizar diversos testes em termos de apresentação de produto ou *layouts* e obter uma resposta rápida em relação à aceitação dos consumidores[13].

A implementação de ações de merchandising nas redes sociais pode ser potencializada a partir de alguns cuidados[14], como, por exemplo: *inicie a divulgação com o produto certo, determine o público correto, defina as ações desejadas; escolha os canais certos, use elementos visuais atrativos* e *crie ferramentas para reutilização.*

- **Inicie a divulgação com o produto certo:** Diante da diversidade de ofertas, com os quais os consumidores são bombardeados nas redes sociais, torna-se extremamente importante que as empresas escolham produtos que valem a pena falar e compartilhar. Nesse caso, deverá surtir efeitos positivos a apresentação de produtos exclusivos ou lançamentos, pois o senso de "novidade" deverá estimular a movimentação dos consumidores para o produto. Outra estratégia interessante está em vincular um produto a um(a) novo(a) garoto(a)-propaganda, desde que, neste caso, este seja uma celebridade altamente reconhecida.

- **Refletindo a divulgação do produto certo nas redes sociais:** a utilização de celebridades é uma estratégia importante na divulgação de produtos nas redes sociais. As celebridades possuem, basicamente, três atributos para endossar um produto, sendo importante alinhar o principal atributo da celebridade com o principal atributo do produto. Os atributos reconhecidamente relevantes são: atratividade, confiança e/ou perícia[15].

- **Determine o público correto:** Como comentamos, as redes sociais permitem identificar com mais rapidez e precisão características importantes em relação a gostos e preferências dos consumidores. Paradoxalmente, os públicos nas redes sociais são mais especializados do que nas mídias tradicionais. Nesse sentido, antes de direcionar os esforços do merchandising, é importante detectar o(s) público(s) com necessidades alinhadas ao produto a ser divulgado. Somente assim o conteúdo se tornará relevante para esse(s) grupo(s).

- **Defina as ações desejadas:** Antes do lançamento das ações de merchandising nas redes sociais, é interessante pensar no que se aguarda em relação às respostas dos consumidores, com objetivo de gerar mais engajamento e experiência com o produto, como, por exemplo: *Você espera que consumidores descubram o novo produto por meio de um post ou canal da rede social? Você espera que os consumidores se envolvam e aprendam peculiaridades do produto? Você quer que os consumidores compartilhem experiências do produto? Você espera a fomentação de desejo ou compra do produto?*

- **Escolha os canais certos:** Cada canal social tem suas peculiaridades. Nesse sentido, alguns são muito melhores do que os outros, dependendo das atividades que serão propostas. Desse modo, ao definir o canal de interação, é importante ter em mente o segmento e as atividades que se espera dos consumidores-alvo. A Tabela 7.3 apresenta algumas mídias e suas principais funcionalidades.

Tabela 7.3 – Principais mídias e suas utilizações

Mídia social	Principais utilizações
Facebook	As *timelines* são bastante ricas para postagens relacionadas a produtos. Além disso, a utilização da experiência do produto utilizando a ferramenta Open Graph é bastante efetiva para ampliar e avaliar o engajamento dos consumidores para com o produto.
Pinterest	É bastante efetivo para produção de conteúdo relacionado a um produto. Contudo, é importante se certificar das características do público da empresa, visto que essa mídia trabalha com segmentos bem específicos.
Twitter	O merchandising ganhou mais espaço nessa rede social a partir da implementação do Twitter Cards. A grande dificuldade está em criar um contexto de experiência dada a limitação de caracteres que podem ser utilizados.
YouTube	Esse é o canal mais adequado para aquelas empresas que possuem um vídeo interessante e estimulante.
Instagram	Deve-se ter cuidado na forma de abordar os consumidores. Nesse sentido, deve-se criar algo interessante ao ponto de chamar a atenção dos usuários.

- **Use elementos visuais atrativos:** Os canais disponibilizados a partir das redes sociais são bastante visuais. Nesse sentido, é importante buscar aproveitar, ao máximo, a riqueza das imagens para que elas possam chamar a atenção dos consumidores. Por essa razão, muitas empresas costumam disponibilizar, nos seus catálogos, fotos com alta resolução.

- **Crie ferramentas para reutilização:** O merchandising não deve ser visto como uma campanha única e isolada. Portanto, é importante estabelecer um conjunto de ferramentas que seja apoio dos produtos-chave e que gere repetições em relação à exposição desses produtos, sendo que a integração dessas ferramentas dê apoio uma às outras.

EXERCÍCIOS PARA FIXAÇÃO

1. Quais as principais mudanças ocasionadas nas estratégias de marketing a partir da consolidação das redes sociais?

2. Identifique uma ação de merchandising na plataforma Pinterest. A partir disso, reflita, apresente e descreva:

    a) qual é a peça de divulgação do produto?

    b) o produto divulgado segue a lógica de ser atrativo?

    c) quais elementos visuais atrativos são utilizados pela empresa?

    d) você considera que a mídia escolhida foi a mais adequada?

3. Identifique uma ação de merchandising na plataforma Facebook. A partir disso, reflita, apresente e descreva:

    a) qual é a peça de divulgação do produto?

    b) o produto divulgado segue a lógica de ser atrativo?

    c) quais elementos visuais atrativos são utilizados pela empresa?

    d) você considera que a mídia escolhida foi a mais adequada?

4. Identifique uma ação de merchandising na plataforma Twitter. A partir disso, reflita, apresente e descreva:

    a) qual é a peça de divulgação do produto?

    b) o produto divulgado segue a lógica de ser atrativo?

    c) quais elementos visuais atrativos são utilizados pela empresa?

    d) você considera que a mídia escolhida foi a mais adequada?

5. Identifique uma ação de merchandising na plataforma YouTube. A partir disso, reflita, apresente e descreva:

    a) qual é a peça de divulgação do produto?

    b) o produto divulgado segue a lógica de ser atrativo?

    c) quais elementos visuais atrativos são utilizados pela empresa?

    d) você considera que a mídia escolhida foi a mais adequada?

6. **Identifique uma ação de merchandising na plataforma Instagram. A partir disso, reflita, apresente e descreva:**
   a) qual é a peça de divulgação do produto?
   b) o produto divulgado segue a lógica de ser atrativo?
   c) quais elementos visuais atrativos são utilizados pela empresa?
   d) você considera que a mídia escolhida foi a mais adequada?

7. **Estabeleça a criação de uma campanha de merchandising para um produto novo ou já existente contendo:**
   a) descrição detalhada do produto a divulgado nas redes sociais.
   b) peças de divulgação para cada rede social.
   c) justificativa para cada elemento visual utilizado na peça.
   d) lógica de integração entre as mídias utilizadas na ação de merchandising.

PRESSUPOSTOS BÁSICOS DE UMA PROMOÇÃO DE VENDAS

O QUE VEREMOS NESTE CAPÍTULO
- Entender e definir o que vem a ser uma promoção de vendas.
- Posicionar a promoção de vendas como uma estratégia, projeto, ferramenta e técnica.
- Discorrer sobre os objetivos operacionais e estratégicos de uma promoção de vendas.
- Debater acerca das possíveis classificações existentes de promoção de vendas.
- Fazer um apontamento das principais vantagens e desvantagens do uso de promoção de vendas.

As técnicas de promoções de vendas são práticas administrativas difundidas em empresas de todas as partes do mundo. Podemos arriscar dizer que onde tem comércio, há o uso de técnicas de promoções de venda. Essa ferramenta parece ser um fenômeno atual da nossa sociedade, pois as pessoas e as organizações sentem a necessidade de se promover instantaneamente, como, por exemplo, o fenômeno do compartilhamento de conteúdo, fotos ou vídeos em redes sociais. A princípio, parece que estamos vivendo em uma sociedade em que o importante é a necessidade de despertar o interesse temporário nas pessoas.

Para entender essa necessidade, cabe antes explicar o que seria uma técnica de promoção de vendas, que pode ser definida, mesmo que simploriamente, por enquanto, como um conjunto de ferramentas que incentivam o consumo imediato de produtos, marcas ou empresas. Resumidamente, uma técnica de promoção de venda vem para suprir uma necessidade dos produtos, marcas e empresas de aparecer, de chamar a atenção do outro, de criar interesse ou de promover a compra de algo em curto período de tempo. Pequenas, médias e grandes empresas atualmente fazem isso de diversas maneiras.

A Nestlé, por exemplo, para promover sua linha de farinha láctea, realizou um concurso em que os pais e mães poderiam ter a foto do seu filho estampada nas embalagens desse produto. Além disso, poderiam ganhar um prêmio no valor de R$ 150 mil. Esse concurso foi denominado *"Meu filho, Meu orgulho"*. A Pepsi fez uma campanha com a denominação *"Pode ser Pepsi"*. Uma das formas de promover essa campanha aconteceu em grandes supermercados, onde os consumidores que compravam duas embalagens de refrigerante de 2 litros ganhavam de brinde mais um refrigerante de 2 litros. A Avon do Brasil é outro exemplo, pois é conhecida por distribuir amostras grátis a quem se cadastrar no seu *site*. O intuito da empresa, nesse caso, é que as pessoas conheçam os seus produtos. O setor automobilístico brasileiro, nas vendas de seus carros, tem o hábito de dar descontos. Ilustrando isso, a Fiat recentemente estava dando um desconto de quase 30% para quem comprasse o modelo *Grand Siena Essence*.

O que essas quatro grandes marcas têm em comum ao lançarem essas estratégias de marketing? Todas as quatro estratégias são conhecidas como técnicas de promoção vendas. Concursos, brindes, amostras grátis e descontos são típicos exemplos de promoções de vendas e servem para divulgar e incentivar o consumo de curto prazo dessas empresas e, ao mesmo tempo, despertar o interesse temporário dos consumidores.

Mas o que essas empresas queriam com essas técnicas de promoções de vendas? Mostrar que seus produtos estão em oferta e, por isso, mais baratos? Engana-se quem acha que a promoção de venda é apenas uma estratégia de reduzir o custo para o cliente. Essas quatro grandes empresas utilizam estrategicamente da promoção de vendas para entrar na vida das pessoas. Entrar na vida das pessoas é estar em sua rotina, é fazer sentido para elas.

Claramente, uma promoção de venda gera redução de custo para o cliente e, sim, também desperta interesse nos seus consumidores. Além disso, a técnica de promoção de vendas gera conteúdo para os clientes. Esse conteúdo vem por meio de informação e do conhecimento que são disseminados pelas campanhas. Com isso, o cliente aprende com a promoção. Ele percebe muito mais do que a redução do preço e o peso que este produto ou marca tem em seu bolso. Ele se aproxima da empresa e, com isso, cria um vínculo maior.

Ao aprender, o cliente gera novas experiências. As técnicas de promoção de vendas demonstram para o cliente a possibilidade de novas experiências, seja por um sorteio, seja por um brinde, uma amostra grátis ou um desconto. Sem experiência, não há novas descobertas! Ou seja, a técnica de promoção de vendas é uma ótima oportunidade para criar novas experiências em seus consumidores.

Cap. 8 • PRESSUPOSTOS BÁSICOS DE UMA PROMOÇÃO DE VENDAS

Para entender que uma técnica de promoção de vendas com ênfase no curto prazo é capaz de promover novas descobertas foi elaborado este primeiro capítulo. O que vamos apreender neste capítulo é: *Como uma promoção de venda pode ser definida? Como ela pode ser classificada? O que ela deve conter? Quais os seus principais objetivos?* Se, ao final deste capítulo, você tiver as respostas dessas quatro perguntas, certamente vai entender que a técnica de promoção de venda pode gerar novas descobertas.

TEORIA E PRÁTICA

A proximidade da Black Friday com o fim de ano brasileiro

A febre da Black Friday veio para ficar! Já popular nos Estados Unidos, a Black Friday no Brasil tem se mostrado uma data importante para o varejo e ano a ano seu faturamento vem crescendo. Apesar de seu crescimento, esta ação promocional deve ser pensada estrategicamente dentro do calendário anual, pois antecede o Natal. Em virtude dessa proximidade de datas, vários gerentes de marketing têm relatado que a Black Friday gera um aumento substancial das vendas. Porém, essa data acarreta diminuição no consumo de fim de ano.

8.1 O QUE É UMA PROMOÇÃO DE VENDAS?

O profissional de marketing passa por grandes transformações atualmente. Saber lidar com as novas tecnologias, com as novas tendências de comportamento de consumo, com a competitividade crescente são algumas das transformações que vêm tirando o sono dos gestores de marketing. Essas transformações exigem desse profissional a construção de técnicas eficazes para atender as necessidades e os desejos dos consumidores. Uma das técnicas tradicionais da área de marketing que está se reinventando neste período de transformação é a promoção.

Uma promoção de venda é uma técnica de marketing que pode trazer vários benefícios a quem oferta o produto e a quem demanda. De uma forma simples e direta, a promoção de venda pode ser entendida como um agregado de técnicas que almeja aumentar a performance em vendas pela geração de incentivos adicionais no consumo, usando uma perspectiva de curto prazo e imediata, dentro de um período predeterminado, promovendo maior velocidade e maior volume na compra de bens, afetando diretamente diferentes públicos. A Figura 8.1 ilustra um pouco da lógica aplicada nas ações de promoção de vendas.

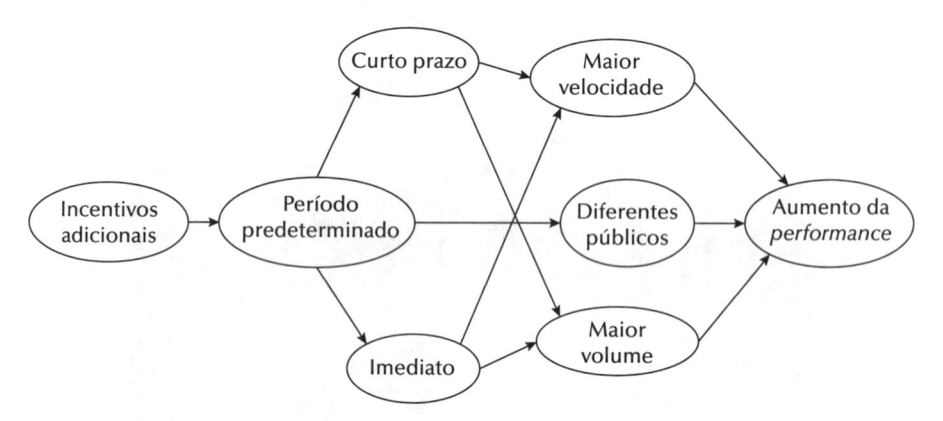

Figura 8.1 – Entendendo o conceito de promoção por meio da sua rede de relações.

Observando esse conceito, podemos identificar sete etapas importantes no mecanismo de execução de uma técnica de promoção de vendas: (a) incentivos adicionais, (b) perspectiva de curto prazo, (c) imediatismo, (d) período predeterminado, (e) maior velocidade, (f) maior volume, (g) diferentes públicos e (h) aumento da performance.

A geração de *incentivos adicionais* diz respeito à tentativa de acrescentar valor no produto que está sendo comercializado. Quando uma promoção gera incentivos adicionais, estamos dizendo que ela está tentando levar uma pessoa a desejar ou consumir algo. Nos primórdios do marketing, aprendemos que as empresas geram benefícios em seus produtos para o consumidor saciar suas necessidades e desejos. A promoção de venda, nesse sentido, é responsável por demonstrar os benefícios dos produtos ofertados aos consumidores.

Quando dizemos que uma promoção é algo *predeterminado*, estamos nos referindo ao fato de ela ser estabelecida antecipadamente, sendo determinada de antemão. Já o *curto prazo* identifica um período de tempo perceptível em que a promoção será vinculada. Nesse sentido, as promoções são caracterizadas por um pequeno período de tempo, pois estão vinculadas diretamente a atender objetivos empresariais rápidos. Por esse motivo, consideramos a promoção como uma ferramenta aplicada em determinado momento, gerando um *consumo imediato*. Por exemplo, um supermercado pode utilizar uma promoção para tentar vender um produto em um espaço de tempo de pequeno. O lote desse produto levaria 20 dias para ser vendido. Com o uso da promoção, segundo os gestores de marketing, esse produto poderá ser vendido em dois dias. Nesse caso, a promoção gerou em curto prazo um efeito imediato de consumo, reduzindo o tempo de oferta do produto nas prateleiras em 18 dias.

> **COMO CONSTRUIR UMA ESTRATÉGIA EFICIENTE**
>
> A técnica de promoção de vendas oferece ao consumidor um ganho, estimulando uma resposta imediata com prazos limitados. Essa ação tem como foco o crescimento do volume de vendas e a participação de mercado, pois atinge diretamente clientes sensíveis a mudanças de preços.

A maior velocidade de compra de produtos é também uma característica inerente de uma promoção. As promoções têm por premissa aumentar o giro de estoque e, consequentemente, acarretar mais vendas em um curto período. Essa maior velocidade ocasiona diretamente maior volume de produtos. Por isso, a promoção é uma boa estratégia quando há muitos produtos encalhados em estoque. Isso porque a promoção promove a rotatividade de produtos que estão em estoque.

O efeito das promoções tem demonstrado que elas alcançam diferentes públicos. Em outras palavras, as promoções não atingem apenas nichos de mercados, mas sim diversos segmentos. É como se divulgássemos um produto em um horário nobre da televisão. Diversos tipos de consumidores teriam acesso ao conteúdo que está sendo vinculado: crianças ou adultos, pessoas com alta ou baixa concentração de renda, solteiros ou casados, ou seja, diferentes setores, com distintas características socioculturais e econômicas. Por isso, dizemos que as promoções aumentam consideravelmente a performance em vendas de produtos, pois atinge uma quantidade grande de consumidores sem fazer um critério de seleção de segmento.

A imagem da Figura 8.2 demonstra um exemplo claro de promoção de vendas que nos ajuda a entender esse conceito. Essa promoção foi realizada pela Rede de Postos Ipiranga e tinha como objetivo incentivar as pessoas a abastecerem mais os seus carros. Com isso, eles ganhariam cupons para concorrerem a prêmios.

Figura 8.2 – Imagem de uma promoção do Posto Ipiranga.

8.2 PROMOÇÃO DE VENDAS: TÉCNICA, FERRAMENTA, PROJETO OU ESTRATÉGIA?

As promoções envolvem um conjunto de atividades que são importantíssimas para os resultados na área de marketing. Dentro da abordagem administrativa do marketing, ela é entendida dentro do composto de marketing (também conhecido como *mix* de marketing ou 4P's). O composto de marketing se resume a variáveis controláveis e administráveis que podem influenciar a reação dos consumidores no momento da compra. Resumidamente, o composto de marketing são ingredientes que influenciam a demanda de produtos de uma empresa e se dividem em produto, preço, praça e promoção[1].

Dentro do composto de marketing, a promoção é utilizada como uma ferramenta que tem o objetivo de comunicar e persuadir os consumidores dos benefícios de um produto. Nesse sentido, a promoção informa e lembra os compradores das características básicas dos produtos ofertados. A promoção pode ser feita de distintas maneiras: promoção de vendas, propaganda, relações públicas, entre outras atividades[2].

A promoção de vendas é o foco central deste livro e se diferencia dos outros tipos promoções por gerar incentivos de curto prazo na tentativa de alavancar as vendas em um período de tempo limitado. No entanto, afirmamos aqui que a atividade de promoção de vendas deve ser usada de forma integrada com os outros elementos de marketing (preço, praça, produto e os outros tipos de promoção).

Cap. 8 • PRESSUPOSTOS BÁSICOS DE UMA PROMOÇÃO DE VENDAS

> **COMO CONSTRUIR UMA ESTRATÉGIA EFICIENTE**
>
> Uma técnica de promoção de venda e uma propaganda não podem ser confundidas. Apesar de serem complementares, são coisas diferentes. A técnica de promoção de venda age, em geral, no curto prazo, incentivando a compra imediata e acelerando o consumo. Já a propaganda age a longo prazo, fortalecendo a imagem da marca do produto.

Para uma melhor integração com os outros elementos do composto de marketing, as atividades promocionais entendidas como "promoção de vendas" podem ser orientadas na prática administrativa por meio de quatro abordagens: ferramenta, técnica, projeto ou estratégia.

A promoção de vendas pode ser entendida como uma ferramenta quando os gestores utilizam-nas no dia a dia como um dispositivo ou mecanismo para divulgar e incentivar a venda de um produto. Nesse caso, a promoção de vendas tem o fim apenas de auxiliar no desenvolvimento de tarefas mais amplas, como: aumento de atendimentos, de clientes ou de vendas.

A promoção de vendas pode ser entendida como uma técnica quando o seu uso envolve um agrupamento de métodos para soluções de problemas que estão associados à venda de um produto. O conjunto de procedimentos que envolve a promoção de vendas deve ser reflexivo, inovador e empreendedor, tendo como intenção aumentar os resultados na área de venda.

A promoção de vendas pode ser entendida como um projeto quando imaginamos o seu uso em uma ação com tempo determinando (início e fim). Por ser uma atividade com tempo determinado, a promoção de venda deve ser desenvolvida em etapas progressivas, entregando ações exclusivas em cada projeto desenvolvido.

A promoção de vendas pode ser entendida como uma estratégia quando consiste em um conjunto de ações planejadas por meio de uma análise ambiental e competitiva. Nesse contexto, a promoção de vendas deve conter objetivos, finalidades e planos para atingir as metas de futuro. Assim, ela deve conter um procedimento formalizado para o alcance dos resultados.

8.3 OS 14 OBJETIVOS OPERACIONAIS E ESTRATÉGICOS

Como qualquer ferramenta existente no composto de marketing, a promoção de vendas tem objetivos que podem auxiliar as empresas a alcançar resultados mercadológicos melhores. Esses objetivos devem ser o norte para que os gestores de marketing possam atingir os resultados esperados. Nesse sentido, o objetivo de uma promoção de venda é a descrição de algo que pretende-se alcançar para elevar os resultados da empresa perante o cliente e seus concorrentes (Figura 8.3).

```
                    – Gerar lealdade
                    – Maior adesão aos programas de fidelidade
                    – Aumento de share de mercado
                    – Incentivar o consumo de produtos complementares
                    – Ser mais competitivos em mercados turbulentos
      Objetivos     – Conectar os setores da empresa
     estratégicos   – Difundir mais as publicidades feitas
     ---------------------------------------------------------
      Objetivos
     operacionais   – Acelerar as vendas
                    – Encorajar a aquisição de novos produtos
                    – Repensar as vantagens de um produto
                    – Desova de estoque
                    – Aumentar a impulsividade de clientes sensíveis a preço
                    – Criar novas razões de consumo
                    – Reerguer um produto através da divulgação um produto
```

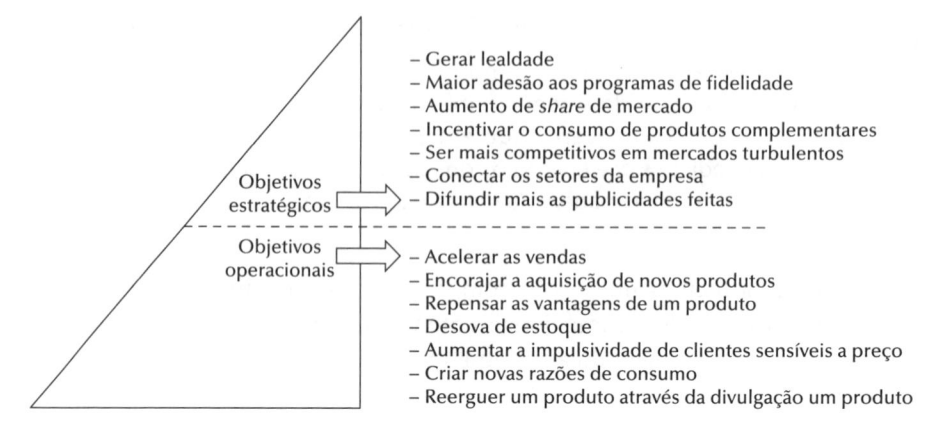

Figura 8.3 – Os 14 objetivos operacionais e estratégicos.

O conjunto de objetivos de uma promoção de vendas pode ser dividido em dois agrupamentos, com base no alcance de suas ações: operacionais ou estratégicos. Os objetivos operacionais são aqueles que almejam ações de impacto em período curto de tempo. Essas ações visam qualificar algo que já está funcionando na empresa. Esses objetivos são avaliados por meio de um conjunto de indicadores de desempenho a curto prazo. No total, nós nomeamos sete objetivos operacionais para as técnicas de promoção de vendas: acelerar as vendas, encorajar a aquisição de novos produtos, repensar as vantagens de um produto, desovar o estoque, aumentar a impulsividade de clientes sensíveis a preço, criar novas razões de consumo e reerguer um produto pela divulgação.

Acelerar as vendas é um objetivo operacional da empresa, pois visa aumentar o número de vendas de produtos em um determinado período de tempo. A técnica de promoção de vendas tem esse objetivo importante para área de marketing, pois acelera a comercialização de produtos. Grande parte das promoções de vendas incentiva mais os consumidores a frequentarem o ambiente de venda, aumentando, assim, o consumo de produtos expostos. Desse modo, podemos dizer que um objetivo claro da promoção de vendas é o de acelerar a decisão de compra do consumidor, gerando assim mais vendas[3].

Além de aumentar a venda de produtos existentes, a promoção de vendas faz com que as pessoas testem e experimentem os produtos novos. Uma promoção pode, então, tanto incentivar a compra e uso de produtos continuados, como incentivar o teste de produtos novos. É comum observarmos que algumas empresas, quando lançam alguns produtos, procuram desenvolver promoções para o produto se tornar mais popular ao consumidor. Nesse sentido, uma promoção de venda encoraja os consumidores a experimentarem produtos novos[5].

Nós sabemos que existem marcas que alguns consumidores confiam fielmente, ao ponto de nunca terem experimentado outros semelhantes. A técnica de promoção pode chamar a atenção desse consumidor, seja pela exibição de seus atributos, seja pela sua redução de preço. Isso pode fazer o consumidor experimentar esse novo produto e, assim, comparar o seu desempenho com a marca que já vinha utilizando há muito tempo.

A técnica de promoção de vendas pode impulsionar a rotatividade de produtos. Muitas empresas, em determinados momentos, concentram uma grande quantidade de produtos em estoque decorrente da falta de vendas, que pode ser causada por vários motivos, entre eles a falta de interesse dos consumidores. Muitos varejistas utilizam a promoção de vendas em períodos em que a validade dos produtos está chegando ao fim. Assim, ela pode auxiliar a rotatividade desse produto, gerando maior consumo em curto período de tempo.

As técnicas de promoções são usadas para promover a venda de produtos pela compra de impulso. Existem consumidores que são sensíveis às variações de preços. Nesse contexto, quando desenvolvemos uma promoção monetária (aquela que se destaca por percepções monetárias no seu valor), temos uma probabilidade grande de gerar impulsividade em pessoas que são sensíveis às mudanças de preço[4].

Além de facilitar o lançamento de novos produtos, uma promoção de vendas poder gerar novas razões para o consumo de produtos. As promoções podem promover benefícios nos produtos que o consumidor não enxergava. Desse modo, a promoção de vendas pode revigorar os produtos e marcas já existentes, demonstrando novas utilidades e funcionalidades que no dia a dia possa ter passado despercebido pelos clientes que já compraram aquele produto.

> **COMO CONSTRUIR UMA ESTRATÉGIA EFICIENTE**
> Temos de ter cuidado ao usar as técnicas de promoção de vendas, pois, dependendo do tipo de promoção, ela pode minar ou reduzir o valor de algumas marcas. Estudiosos de marketing dizem que o excesso de promoções de vendas pode diminuir a percepção de qualidade do produto e diminuir a sensibilidade do consumidor à mudança de preço.

Uma promoção pode, além de aumentar o patamar das vendas, revigorar produtos e marcas existentes. Com os estímulos de uma promoção de vendas, os consumidores poderão repetir compras já feitas, criando estoques domésticos de produtos. Com isso, os varejistas podem antecipar vendas e estruturar espaços em suas prateleiras para ofertar os produtos.

Os *objetivos estratégicos* são aqueles que almejam ações de impacto em períodos distantes. Essas ações visam um fortalecimento da empresa, auxiliando o planejamento a alcançar suas metas no futuro. Esses objetivos são avaliados por um conjunto de indicadores de desempenho a longo prazo. No total, nós nomeamos sete objetivos estratégicos para as técnicas de promoção de venda: gerar lealdade, maior adesão aos programas de fidelidade, aumento de *share* de mercado, incentivar o consumo de produtos complementares, ser mais competitivos em mercados turbulentos, conectar os setores da empresa e difundir mais as publicidades feitas.

A técnica de promoção de venda pode incentivar a ida dos consumidores ao ponto de venda. Pessoas que já compram da empresa podem ser encorajadas a voltar e comprar novamente esse produto, devido a um desconto ou sorteio de um bem ou, até mesmo, por meio da oferta de um brinde. Essas maneiras de divulgar fazem os consumidores voltarem ao ponto de venda, gerando, assim, maior lealdade ao bem que está em promoção.

Existem várias empresas que atualmente criaram programas de fidelidade para manter uma relação mais próxima com seus clientes. A ideia é simples de entender. Os programas de cartões de fidelidade servem para incentivar uma lealdade com o cliente, pois os profissionais de marketing e vendas trabalham para manter relacionamentos mais duradouros ao longo do tempo. Grande parte desses programas de fidelização utilizam de vários tipos de promoções de vendas para que os clientes tenham interesse em participar. Essas promoções vão desde descontos diretos em redes conveniadas ou parceiras até ganho de prêmios por participação.

As empresas competem por consumidores e procuram sempre aumentar a participação destes na sua receita. Cada empresa tem uma parcela de clientes em um mercado. A esta parcela damos o nome de *share*. As técnicas de promoções são usadas para as empresas aumentarem essa parcela de mercado, pois é um convite para que os consumidores comprem os produtos. Quando uma empresa tem um aumento de clientes no seu mercado, automaticamente está aumentando o seu *share* de mercado e reduzindo a participação dos concorrentes.

As técnicas de promoção de vendas podem gerar a impulsividade em produtos complementares, pois promovem a venda de itens relacionados. Por exemplo, uma técnica de promoção por meio de um desconto de 30% na hora do almoço de um restaurante pode gerar o aumento do consumo de bebidas como água, sucos ou refrigerantes. Esses itens são vendidos separadamente da refeição e são considerados complementares desse produto. Isso implica dizer que a promoção de vendas influencia a compra e o uso de produtos correlacionados.

Muitas empresas atuam em mercados extremantes agressivos, em que é difícil demonstrar diferencial competitivo. Nesses tipos de mercados, a estratégia de promoção de venda pode ajudar a empresa a alcançar novos clientes, pois podem fazer com que estes fiquem fidelizados[6]. Nesses mercados competitivos, ter clientes que compram somente produtos seus pode gerar um diferencial.

Desse modo, o uso contínuo de promoções pode neutralizar os esforços estratégicos dos concorrentes e, em casos mais extremos, bloquear a entrada de novos concorrentes no mercado.

Por estar conectada à estrutura de marketing da empresa, dizemos que uma promoção de vendas pode promover um maior envolvimento dos funcionários dos setores de marketing em vendas. Os vendedores podem aumentar sua motivação, pois sabem que uma promoção aumenta o número de clientes. Isso pode gerar um entusiasmo na sala de venda. Além disso, os gerentes de marketing podem aproveitar as promoções para criar bancos de dados para entender melhor seus clientes e criar estratégias mais eficientes.

As técnicas de promoção de venda devem ser conectadas com as propagandas e publicidades realizadas pelas empresas. As promoções de vendas devem ser utilizadas como apoio a estratégias de publicidade da empresa. A intenção da promoção é conseguir uma resposta mais rápida e mensurável da publicidade feita. Costumamos dizer que a publicidade é a responsável por gerar os motivos de compra de produtos e a promoção de venda por fazer o consumidor comprar imediatamente.

8.4 CLASSIFICAÇÕES MAIS COMUNS ACERCA DAS PROMOÇÕES

Por existir uma quantidade grande de promoções, podemos criar várias classificações para melhor entender os seus propósitos e, assim, poder usá-las de forma mais racional nas estratégias de marketing.

Na literatura acadêmica e na prática de marketing, encontramos cinco classificações que distinguem os diversos tipos de promoção, com relação: (1) à natureza, (2) aos efeitos perceptuais, (3) aos propósitos e público-alvo, (4) aos efeitos de tempo e (5) aos tipos de compra que são estimulados.

8.4.1 Natureza das promoção de venda

A premissa central dessa classificação é que o valor das promoções de vendas está relacionado com os benefícios percebidos pelos clientes. O comportamento do consumidor pode ser orientado por duas perspectivas de consumo: utilitária (expressam as sensações de economia monetária, conveniência e qualidade do produto) e hedônica (expressam as sensações de prazer, entretenimento e diversão).

Essas perspectivas de consumo podem dividir as técnicas de promoções em monetária e não monetária. As *promoções não monetárias* costumam funcionar melhor para os produtos hedônicos, enquanto as *promoções monetárias* costumam funcionar melhor para produtos utilitários. Nesse caso, a eficácia de uma promoção de vendas pode ser determinada pela natureza utilitária ou hedônica dos benefícios que ela oferece[3].

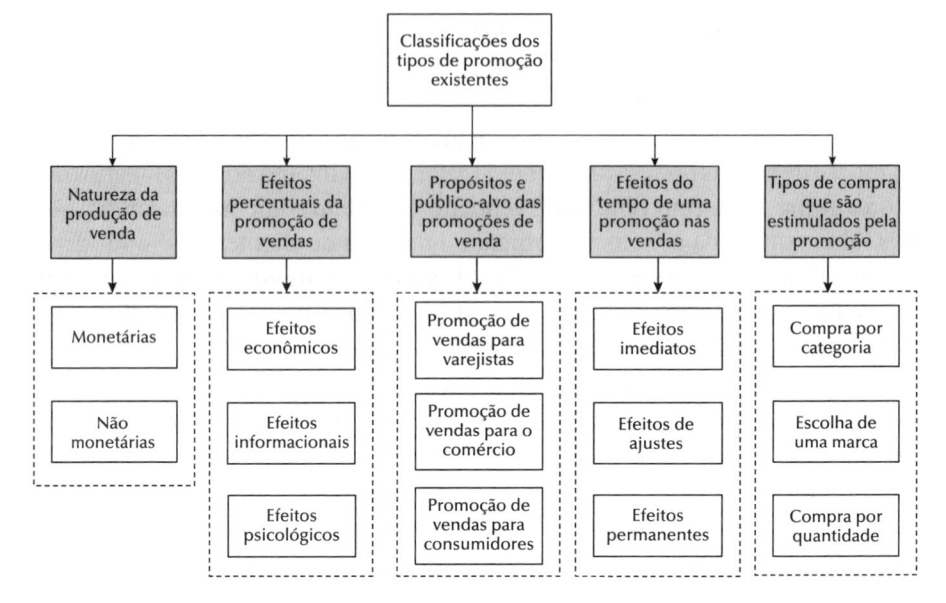

```
                    Classificações dos
                    tipos de promoção
                        existentes
    ┌──────────────┬──────────────┬──────────────┬──────────────┐
Natureza da    Efeitos        Propósitos e   Efeitos do     Tipos de compra
produção de    percentuais da público-alvo das tempo de uma  que são
venda          promoção de    promoções de   promoção nas   estimulados pela
               vendas         venda          vendas         promoção

Monetárias     Efeitos        Promoção de    Efeitos        Compra por
               econômicos     vendas para    imediatos      categoria
                              varejistas

Não            Efeitos        Promoção de    Efeitos de     Escolha de
monetárias     informacionais vendas para o  ajustes        uma marca
                              comércio

               Efeitos        Promoção de    Efeitos        Compra por
               psicológicos   vendas para    permanentes    quantidade
                              consumidores
```

Figura 8.4 – Classificações acerca das promoções.

8.4.2 Efeitos perceptuais da promoção de vendas

A promoção de venda pode gerar três tipos de efeitos perceptuais para o cliente final: econômicos, informacionais e psicológicos. Os *efeitos econômicos* incluem uma análise do consumidor com relação aos benefícios e custos que são apresentados na promoção. Geralmente, esses efeitos são medidos pelo que é gasto ou pelo que é poupado pelo consumidor. Nesse contexto, tem um julgamento do consumidor com relação ao tempo e esforço despendido na promoção.

Os *efeitos informacionais* referem-se ao conhecimento acerca do produto ou da marca ou da empresa que é comunicado na promoção. Uma informação comum que transparece em uma promoção é que os produtos que estão frequentemente em promoção podem ser rotulados como de qualidade mais baixa do que as marcas que não utilizam promoção. O consumidor também tira outras informações quanto à qualidade do produto: produtos associados ao *status* não fazem promoções, ou, quando o fazem, esse procedimento é visto como excepcional. Outra informação que se pode ter com as promoções é sobre o preço justo de cada produto. O consumidor, pela promoção, tem a informação do preço, podendo, assim, fazer comparações e julgamento a respeito do valor monetário do produto.

Os *efeitos psicológicos* são provavelmente os menos considerados entre todos os possíveis efeitos de uma promoção. Alguns consumidores se sentem bem de comprar produtos em promoção e se acham, por isso, mais competentes ou espertos do que os outros consumidores. Outros, porém, se sentem envergonhados de comprar produtos que estão sendo promovidos[4].

8.4.3 Propósitos e público-alvo das promoções de venda

As técnicas de promoções de vendas são projetadas e formatadas para diferentes propósitos e público-alvo: varejistas, comércio e consumidores.

As promoções de vendas para os varejistas são oferecidas para aumentar as vendas do produto ou de uma categoria ou da loja inteira. Os lojistas repassam essas promoções aos consumidores para alavancar as vendas.

As promoções de venda para o comércio são oferecidas aos membros do canal de distribuição e são projetadas para estimular esses membros a oferecer promoções no atacado ou aos clientes finais.

As promoções de vendas para os consumidores visam atender diretamente uma necessidade do usuário final. Nas promoções para o consumidor, os fabricantes oferecem facilidades diretamente aos consumidores, enquanto nas promoções de varejo, são os lojistas que fazem as ofertas[5].

8.4.4 Efeitos de tempo em uma promoção nas vendas

É comum classificar o impacto promocional sobre as vendas em três dimensões: imediatas, de ajustes e permanentes. Os efeitos imediatos são aqueles de alteração das vendas no curto prazo. Nesse período, a maioria dos efeitos é positiva nas vendas, pois, com os benefícios, as pessoas procuram mais informações sobre o produto, gerando mais movimentos no ambiente de loja e, por consequência, maiores volumes de compra. Os efeitos de ajustes referem-se a um período de transição entre curto e longo prazo. Nesse período, podemos ter efeitos negativos e positivos nas vendas. Esse efeito modifica o preço de referência do produto e a política de estoques. Os efeitos permanentes referem-se a um período de longo prazo que gera novas tendências de mercado. Costumamos dizer que os efeitos permanentes geram novos padrões de vendas e novos posicionamentos do composto de marketing, podendo ou não aumentar a lealdade dos clientes.

8.4.5 Tipos de compra que são estimulados pela promoção

Os efeitos de uma promoção de vendas podem levar a três tipos diferentes de tomada de decisão de compra: compra por categoria, escolhas de uma marca ou compra por quantidade.

A compra por categoria é aquela em que o consumidor adquire, pela promoção, produtos de uma mesma categoria. Isso ocorre, pois as promoções aumentam o tráfego dentro da loja, elevando, assim, a probabilidade de as pessoas adquirirem produtos dentro de uma mesma categoria[6]. Por exemplo, um desconto ofertado por uma empresa específica de refrigerante faz com que as pessoas se dirijam e fiquem mais tempo nos corredores de refrigerantes dos supermercados. Isso faz os produtos ali expostos terem mais procura.

A escolha de uma marca está condicionada ao fato de uma promoção de vendas aumentar a procura por determinadas marcas existentes. Nesse caso, o efeito da promoção não irá englobar os produtos posicionados perto, mas sim a marca que está em promoção. Isso acontece quando a promoção é percebida pelo consumidor como algo atrativo, fazendo que este consuma somente a marca em detrimentos aos outros produtos expostos.

Já a compra por quantidade está na procura de um lote grande de produtos. Com a promoção, os consumidores começam a ver a vantagem de levar não apenas uma amostra do produto. Eles começam a pensar que, com o tempo, esse produto irá aumentar de preço. Desse modo, acabam comprando mais produtos para estocarem em casa[7].

8.5 VANTAGENS E DESVANTAGENS DO USO DE TÉCNICAS DE VENDAS

Como diz o provérbio popular, "tudo na vida tem seu lado positivo e negativo". As técnicas de promoção de vendas também não são diferentes, têm suas vantagens e desvantagens. Cabe ao gestor de marketing conhecer essas vantagens e desvantagens para ser mais assertivo nas suas estratégias e ações de promoções de vendas.

As vantagens das promoções de vendas advêm claramente da sua fácil operacionalização e de seu conhecimento por quase todos os consumidores. Uma promoção de vendas é algo que se pode fazer com pouco ou muitos recursos, dependendo apenas da criatividade dos gestores envolvidos. É difícil encontrar um consumidor que nunca comprou em uma promoção. Devido a essas características, ela pode gerar três efeitos positivos na gestão desse processo: promover de forma rápida e eficaz, gerar incentivos adicionais e ser fácil de implementar.

Uma promoção de vendas tem como objetivo promover, de forma rápida e eficaz, um produto ou marca. Os gestores costumam utilizar essa ferramenta, pois ela alcança um grande público a uma velocidade grande. Isso pode ser evidenciado no número de clientes que entram em um estabelecimento após uma campanha promocional. A promoção de venda atrai o consumidor para o ambiente da loja e faz com que este fique mais propenso a comprar o produto.

A procura pelas promoções pelos consumidores se dá pelo fato de as técnicas utilizadas gerarem incentivos adicionais ao produto. Qualquer tipo de promoção visa ofertar ao cliente algo mais, seja de forma direta, seja via sorteio ou concurso. Na verdade, na percepção do cliente, este sempre estará ganhando algo. Ou seja, ele vê na promoção uma maneira de se beneficiar com a compra de um produto.

Por fim, uma vantagem no processo de execução de uma promoção de vendas é o fato de ela ser de fácil implementação. Gestores têm preferido a técnica de promoção de vendas por ser rápida e de fácil implementação, sendo adaptada a diversas situações. Por exemplo, podemos fazer uma promoção para tentar esvaziar o estoque ou para tentar atrair mais clientes para o ambiente ou até para fidelizar o cliente. Muitas dessas ações podem ser organizadas de um dia para o outro. No entanto, é preciso ter cuidado para ver a adequação dessas técnicas ao planejamento geral da empresa, pois um grande problema que veremos é o efeito das promoções de longo prazo.

> **COMO CONSTRUIR UMA ESTRATÉGIA EFICIENTE**
>
> Muitos se perguntam o que uma promoção pode fazer e o que ela não pode fazer por uma marca? Aqui podemos dar algumas dicas. Ela não pode mudar radicalmente imagens desgastadas da marca, opinião com relação a marcas com problema, mal atendimento de funcionários. Porém, ela pode fazer uma marca ficar mais conhecida, fazer as pessoas experimentarem uma nova marca e neutralizar o crescimento de outras marcas.

As desvantagens das promoções de vendas advêm claramente do uso excessivo dessas ferramentas de maneira não planejada. Uma quantidade excessiva de promoções sem uma análise prévia pode gerar três efeitos negativos na percepção dos produtos: incorporação do benefício como valor percebido, depreciação da marca e desordem de informação.

A incorporação do benefício como valor percebido ocorre quando os varejistas ou produtores utilizam em excesso as promoções. Nesse caso, os consumidores começam a associar esse produto à presença de algum benefício, como desconto, brinde, amostra grátis, prêmio, entre outros. O problema é quando se oferta o produto sem nenhum benefício. De tanto ofertar o produto em promoções, o consumidor começa a achar que o benefício faz parte do produto, não aceitando comprá-lo sem o benefício.

A depreciação da marca ocorre em usos exagerados da promoção. Por isso, é preciso que os gestores usem as promoções de forma seletiva e estratégica. Quando se utiliza muito as promoções de vendas e, especialmente, as monetárias, em um tipo de marca, os consumidores começam a associar a ideia de preço. Sabemos que no mercado os produtos de preços baixos são aqueles de menor qualidade. Desse modo, com excesso de promoção, as pessoas começam a achar que a marca tem baixa qualidade, pois tem um preço menor que outras. Isso faz com que se tenha em última análise a diminuição do valor da marca.

A desordem de informação pode ser um efeito negativo que acontece quando ocorrem diversas e diferentes formas de promoção de vendas. Não devemos esquecer que uma promoção de venda é uma forma de comunicar, de manter o seu cliente informado. O uso indiscriminado das promoções pode gerar uma quantidade excessiva de informação, criando uma desordem na percepção do produto. Por isso, os gestores devem estar atentos para alinhar as promoções dentro de um único propósito, sem confundir o consumidor.

EXERCÍCIOS PARA FIXAÇÃO

1. Como você definiria uma promoção de venda? Dê exemplo de três promoções que você viu recentemente para justificar o seu conceito.

2. O que seria uma promoção de vendas na sua opinião: estratégia, projeto, ferramenta ou técnica?

3. Quais as diferenças entre objetivos operacionais e estratégicos? Explique dando exemplos dessas diferenças.

4. De quantas maneiras podemos classificar os tipos de técnicas de promoções existentes?

5. Qual a diferença entre promoção monetária e não monetária? Dê exemplo de três tipos de cada uma dessas?

6. Quais podem ser as principais vantagens e desvantagens de se fazer uma promoção de venda?

9
PROMOÇÕES DE VENDAS MONETÁRIAS

O QUE VEREMOS NESTE CAPÍTULO
- Tratar especialmente de um poderoso tipo de promoção de venda: a monetária.
- Debater o uso atual de vendas monetárias no varejo.
- Demonstrar os efeitos positivos e negativos da percepção econômica, informacional e psicológica de vendas monetárias.
- Apresentar, por meio de conceitos e exemplos, as promoções monetárias de *"cupons de descontos"*, *"descontos diretos"* e *"pague 1, leve mais"*.
- Oferecer dicas importantes de como os gestores de varejo devem fazer a administração das promoções de venda monetárias.

As promoções monetárias têm como foco principal o estímulo da compra a partir de uma redução do preço original de um produto ou serviço[1]. A eficiência desse tipo de promoção de vendas é bastante reconhecida, sendo inclusive, por vezes, objeto de reportagem na mídia, na qual são expostas situações de consumo em que os consumidores se predispõem a ficarem em filas quilométricas para ter esse benefício. Dessa forma, as promoções monetárias foram incorporadas ao calendário de varejo nacional e mundial.

Ações como a Liquida Salvador[2] e Liquida Porto Alegre[3] são *cases* de sucesso de promoção monetária no nosso país. Diversos consumidores acabam aguardando essas datas para efetivarem grandes investimentos em compras. Os descontos, nesses casos, podem chegar até 60% do preço original dos bens ofertados. Por isso, os consumidores pensam que é melhor economizar e poupar para gastar no período dessas promoções.

No mundo, a promoção monetária mais popular é a *Black Friday*. Essa ação teve origem na década de 60 no estado da Filadélfia, nos Estados Unidos. O nome foi originado do grande fluxo de veículos que se direcionam para as cidades dessa região. Isso despertou a inquietação dos lojistas para atrair o poder de compra desses consumidores. Dessa forma, utilizou-se como prática mais comum para essa atração a realização de grandes descontos em forma de promoções monetárias. Atualmente, esse evento se consagrou como uma data do varejo, estando presente nos mais diversos países do mundo, como, por exemplo, Japão, Inglaterra, Canadá, Brasil, entre outros.

Em termos financeiros, é interessante observar os dados divulgados pela Nielsen para o setor. Segundo relatório divulgado em relação à *Black Friday* realizada no Brasil em 2016, em comparação com as quatro semanas anteriores à data comercial, houve um incremento de 115% em termos de volume de vendas, 65% em termos de faturamento e uma queda média dos preços dos produtos em 23%.

Com base nesses dados, fica mais fácil de perceber a razão pela qual as promoções de vendas, especialmente as campanhas monetárias, como, por exemplo, a de desconto, despertam mais investimento dos empresários do que as verbas para as propagandas tradicionais.

9.1 PONTOS POSITIVOS E NEGATIVOS DA PROMOÇÃO MONETÁRIA

É bastante comum observarmos os pontos positivos de uma promoção de vendas, especialmente sua real efetividade para gerar vendas. Contudo, é importante também ressaltar alguns pontos negativos que esse tipo de ação poderá trazer para uma empresa. Conforme anteriormente relatado, uma ação promocional tende a evocar percepções no âmbito econômico, informacional e psicológico[4].

9.1.1 Percepção econômica

As promoções monetárias suscitam uma percepção econômica nos consumidores que podem ser expressas em pontos positivos (quantidade igual e preço menor, maior volume pelo mesmo preço, marcas e estilos de consumo superiores com preço inferior e estímulo para experimentação de um novo produto a partir de um preço mais baixo) e negativos (comprar algo que não necessitava, aumentar estoque e redução de consumo para esperar nova campanha).

Tabela 9.1 - Pontos positivos e negativos da percepção econômica

Pontos positivos	Pontos negativos
Quantidade igual e preço menor	Comprar algo que não necessitava
Maior volume pelo mesmo preço	Aumentar estoque
Marcas e estilos de consumo superiores com preço inferior	Redução de consumo para esperar nova campanha
Estímulo para experimentação de um novo produto a partir de um preço mais baixo.	

TEORIA E PRÁTICA

Desconto como estratégia de curto prazo

fotostorm | iStockphoto

Quer fazer uma queima de estoque ou conseguir capital de giro rápido? Uma boa solução para isso é dar descontos atrativos para os clientes. Os descontos chamam os clientes para dentro da loja e, além disso, fazem com que os consumidores divulguem os produtos aos quatro ventos. Mas não se esqueça, o desconto é uma estratégia de curto prazo. Tente comunicar o desconto de uma maneira atrativa, como nessa imagem, na qual o percentual é colocado ao lado dos itens em promoção.

A quantidade igual e o preço menor são os elementos que mais incentivam o consumo do produto em uma promoção monetária. Como discutimos anteriormente, essa promoção irá proporcionar ao consumidor pagar um valor menor do que o original para o mesmo bem. Diversos exemplos podem ser visualizados no nosso dia a dia. Sob a perspectiva de produto, esse tipo de promoção é aquela na qual, por exemplo, um lojista coloca, ao final do inverno, toda a sua coleção a 50% de desconto. Em um ambiente de serviço, é comum verificarmos academias incentivando a adesão de novos alunos a partir de descontos, normalmente, concedidos em período de baixa temporada (por exemplo, no inverno).

O maior volume pelo mesmo preço é um alto atrativo das promoções monetárias. Diversas vezes nos deparamos com situações nas quais são apresentados produtos com acréscimo de volume/quantidade, cujo preço real não é modificado. Nesse caso, normalmente temos a sensação de estar fazendo um bom negócio, ou seja, que aquela oferta é uma barganha, uma vez que o sentimento estará atrelado a um pagamento menor. Exemplos dessa prática estão bastante presentes em produtos de limpeza e higiene com os dizeres "leve mais e pague menos" ou "compre 1,8kg e leve 2kg". Essas divulgações ficam claras, respectivamente, nas embalagens de desodorante e sabão em pó.

Marcas e estilos de consumo superiores com preço inferior atraem os clientes e são simbólicas nas promoções monetárias. As promoções monetárias, diferentemente das campanhas não monetárias, permitem que o consumidor possa ter acesso a um produto mais sofisticado que não imaginaria comprar se este estivesse dentro do seu preço original. Exemplos dessa natureza podem ser visualizados por meio das *outlets* – setor este que vem crescendo nos últimos anos no Brasil. Nota-se também que é comum companhias aéreas realizarem campanhas de tarifas mais baixas, o que acaba incorporando segmentos diferentes aos tradicionais.

Estímulo para experimentação de um novo produto a partir de um preço mais baixo é um outro ponto positivo das propagandas monetárias. Tradicionalmente, produtos novos estão atrelados a campanhas de promoção de vendas de natureza monetária e não monetária. Isso porque, normalmente, o consumidor precisa de um incentivo para experimentar algo novo, pois muitos dos lançamentos de produtos ou serviços acabam suscitando a percepção de risco. Essa percepção está associada a um sentimento de desconfiança a respeito do fechamento do negócio[5]. Assim, alguns questionamentos emergem nos pensamentos dos consumidores: *Será que vale a pena trocar o certo pelo duvidoso? Será que vale a pena fazer esse investimento? Será que este produto realmente é bom?* Para minimizar essas sensações, as promoções monetárias são efetivas, uma vez que irão diminuir o esforço financeiro para se ter acesso a essa oferta.

Um dos problemas da percepção econômica das promoções monetárias é o fato de comprar algo que não precisa. Um dos pontos negativos que a promoção monetária poderá causar é a avaliação da real necessidade da aquisição feita. Neste caso, o consumidor entra em um conflito interno sobre a real necessidade daquela compra ("Será que eu realmente precisava disso?"). Essa inquietação possivelmente estará atrelada a um consumo impulsivo, norteado pela promoção de vendas[6]. Como o consumo impulsivo é um ato imediato norteado de irracionalidades, é possível emergir o sentimento de arrependimento.

COMO CONSTRUIR UMA ESTRATÉGIA EFICIENTE

Gestores devem ter a preocupação em relação aos pontos negativos aqui relatados. Ações que possam limitar o volume de compra a produtos ofertados por desconto poderão inibir o aumento significativo de estoque. Além disso, ressalta-se a importância de dar destaque às promoções, seja no ponto de venda, seja nas embalagens dos produtos.

As promoções monetárias costumam incentivar, além da compra do bem tradicional, o aumento do volume de compra desse bem, gerando aumento de estoque.

Se, por um lado, isso é positivo, pois um curto prazo trará mais retorno financeiro à empresa, por outro é negativo, visto que o consumidor possivelmente ficará um bom tempo sem efetivar uma nova aquisição. Um bom exemplo disso pode ser visualizado em academias, as quais estipulam pacotes de preço atrelados ao tempo, sendo que, quanto maior o compromisso assumido (em tempo), mais barata ficará a mensalidade. Assim, novos pacotes só serão possíveis de serem ofertados após a finalização do benefício obtido. Para ilustrar outro exemplo, basta lembrar dos períodos nos quais nosso país era bastante impactado por inflação. Neste caso, era bastante comum realizarmos promoção de desconto, visto a desvalorização rápida do dinheiro. A cultura de estoque era tão grande que era comum encontrar, dentro da perspectiva de engenharia de uma casa, uma peça chamada de dispensa, tendo como serventia a guarda dos produtos comprados para estoque.

A redução de consumo para esperar nova campanha é um dos problemas vivenciados pela percepção econômica de promoção monetária. Não é incomum encontrarmos consumidores que ficam aguardando novas campanhas promocionais e, especialmente, as promoções monetárias. Normalmente, estes dispõem de mais tempo ou têm na sua personalidade uma busca incessante por barganha[7]. Nesses casos, é comum que o indivíduo faça pesquisas de preço antes de sair de casa. Além disso, existem diversos outros tipos de consumidores que aguardam as datas já consagradas com desconto, como, por exemplo, as situações que apresentamos anteriormente (Liquidações, *Black Friday* etc.). Portanto, esses elementos ressaltam um ponto negativo das promoções monetárias, visto que poderá fazer o consumidor ficar indisposto para pagar o preço original de um bem e, assim, realizar o seu consumo somente quando o preço lhe favorecer.

9.1.2 Percepção informacional

Uma promoção monetária apresenta pontos positivos (maior visibilidade do bem e reconhecimento do ambiente de ofertas) e negativos (percepção de que o preço do produto em promoção é o preço justo, percepção de que o ambiente de compra ou bem é pouco procurado e percepção de menor qualidade da marca) ligados à percepção informacional.

Tabela 9.2 – Pontos positivos e negativos da percepção informacional

Pontos positivos	Pontos negativos
Maior visibilidade do bem	Percepção de que o preço do produto em promoção é o preço justo
Reconhecimento do ambiente de ofertas	Percepção de que o ambiente de compra ou bem é pouco procurado
	Percepção de menor qualidade da marca

A promoção monetária, atrelada, normalmente, a elementos de merchandising, como, por exemplo, cartazes, tendem a despertar a atenção do consumidor para com o bem, dentro do ponto de venda. É bastante comum em supermercados haver uma sinergia entre o varejista e fabricante na construção de elementos que irão destacar a boa oferta. Exemplo disso são as placas com dizeres "oferta especial" ou "você não pode perder esta promoção".

Ambientes que promovem ofertas constantemente tenderão a evocar a percepção de que naquele ponto de venda o consumidor estará fazendo bons negócios. Neste caso, se a estratégia da empresa estiver alinhada com esse propósito (preço baixo), isso será o ponto de diferenciação da empresa. Portanto, lojas populares, como as instaladas em centros comerciais, poderão obter vantagens competitivas a partir da realização de promoções monetárias.

COMO CONSTRUIR UMA ESTRATÉGIA EFICIENTE

Varejistas e fabricantes devem atuar em conjunto para fomentar a percepção da promoção dentro do ambiente de vendas. É importante ter bem claro qual o perfil do seu consumidor para que as ações monetárias se vinculem com as necessidades de uma boa oferta sem que haja depreciação da percepção da qualidade ou desconfiança do negócio.

A percepção de que o preço do produto em promoção é o preço justo é um outro fator importante na percepção informacional da promoção monetária. *"Qual será o valor verdadeiro deste bem?"; "Quanto realmente as empresas lucram com este bem?"*. Esses tipos de questionamentos são, por vezes, comuns em situações nas quais as pessoas se deparam com promoções monetárias. Fica destacado, nestes casos, uma desconfiança de qual é o valor verdadeiro de um bem, dando a sensação de que o consumidor é ludibriado quando o produto ou serviço está no seu preço original.

Por vezes, a promoção monetária poderá evocar a sensação de que o produto ou serviço está em promoção por falta de procura. Dessa forma, recai na perspectiva do consumidor de que a única forma de vender o bem é por meio de uma oferta. Assim é possível que os consumidores associem a oferta como algo negativo, impactando em percepções subjetivas do tipo *"Este bem é um refugo!"*.

Algumas pesquisas na área de varejo já detectaram uma relação negativa da promoção monetária com a percepção de qualidade[8]. Uma explicação para isso ocorrer decorre da vinculação entre qualidade e dificuldade de conquista, ou seja, normalmente, atrelamos os produtos de qualidade com preços diferenciados e, portanto, nem sempre são fáceis de acessá-los. A partir do momento em que visualizamos um produto com o acesso facilitado (a partir da promoção monetária), desmistificamos a fantasia que havíamos criado e, portanto, tende a cair por terra também a percepção de qualidade.

9.1.3 Percepção psicológica

As promoções monetárias tendem também a evocar elementos ligados à percepção psicológica. Estes podem ter reações positivas (prazer ao se deparar com um bem em promoção, excitação em ter a oportunidade de comprar algo diferente a um preço menor, sensação de espeteza ao comprar um bem a um preço mais barato, sensação de sorte por encontrar um bem a um preço menor) ou negativas (irritação com aspectos burocráticos da promoção, irritação com a aglomeração de pessoas dentro do ambiente de compra, desapontamento por perder uma promoção, sensação de ter sido ludibriado quando efetivou a compra do bem no preço original e receio de se sentir mesquinho).

Tabela 9.3 – Pontos positivos e negativos da percepção psicológica

Pontos positivos	Pontos negativos
Prazer ao se deparar com um bem em promoção	Irritação com aspectos burocráticos da promoção
Excitação em ter a oportunidade de comprar algo diferente a um preço menor	Irritação com a aglomeração de pessoas dentro do ambiente de compra.
Sensação de espeteza ao comprar um bem a um preço mais barato	Desapontamento por perder uma promoção
Sensação de sorte por encontrar um bem a um preço menor	Sensação de ter sido ludibriado quando efetivou a compra do bem no preço original
	Receio de se sentir mesquinho

O prazer ao se deparar com um bem em promoção é uma das primeiras sensações psicológicas desfrutadas por um consumidor. É comum associar prazer com a atividade de consumo norteada por uma promoção monetária, chegando, inclusive, ser constatado que o fator surpresa de uma promoção tende a elevar o número de compras realizadas por impulso. Essa proposição segue o esquema lógico da Figura 9.1[9]. De acordo com essa proposição, os consumidores, ao receberem uma campanha de forma inesperada, dentro do ambiente de compra, tendem a ter a sensação de estar fazendo um bom negócio, a partir do efeito de renda psicológico, sendo que este eleva o humor e, por consequência, ativa a predisposição para comprar mais itens e incorpora artigos relacionados aos previamente planejados.

Outro efeito positivo que a promoção monetária pode ocasionar é de oportunizar a compra de um produto diferente dos itens tradicionais de consumo do indivíduo. *Por exemplo, estou em um supermercado e vejo um desconto bastante atrativo de uma sobremesa que não costumo consumir. Esse desconto fará com que eu efetive a compra.* Observamos, a partir desse exemplo, que a promoção monetária poderá atrair consumidores de novos segmentos, mesmo que seja momentâneo, ou seja, apenas para o período que o produto está em promoção.

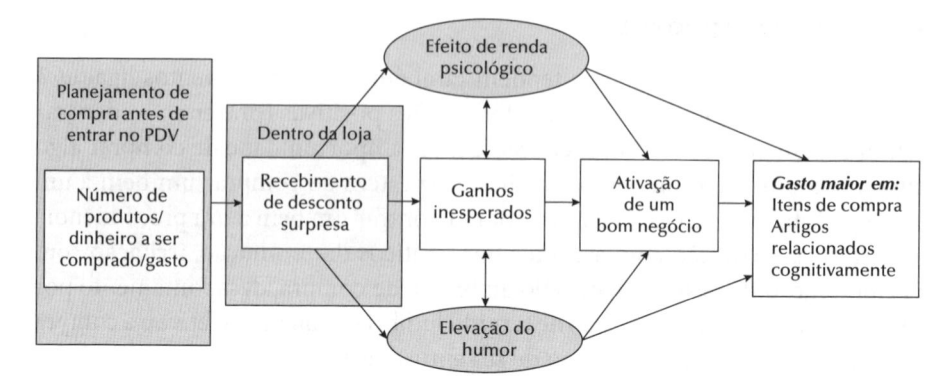

Figura 9.1 – A surpresa pode levar à impulsividade.

A sensação de esperteza ao comprar um bem a um preço mais barato é algo que acontece nas promoções monetárias. É comum, ao comprarmos um produto em promoção, falar para nós mesmos: *"Que bom negócio que fiz!"*. Essa autorreflexão parte das características básicas das promoções monetárias, que é a de fomentar a percepção de barganha. Dentro dessa lógica, claramente o consumidor fica com a sensação de que conseguiu espremer, ao máximo, a lucratividade da empresa. Reforçando essa suposição, pesquisa realizada em 2013 e publicada na Forbes demonstrou que 48% dos consumidores norte-americanos declararam utilizar com orgulho cupons de descontos, visto que essa ferramenta reforça a sua habilidade de negociação[10].

A sensação de sorte por encontrar um bem a um preço menor é um outro ponto que ocorre nas promoções monetárias. Possivelmente, você já deve ter escutado um amigo dizendo aquela frase *"Poxa, tive a maior sorte hoje! Fui ao shopping comprar uma camiseta e a loja estava toda em 50% de desconto!"*. Essa frase reflete, claramente, que, além da sensação de esperteza relatada anteriormente, a promoção pode saciar uma percepção de sorte. Em ambas as situações, as empresas tentam efetivar mais vendas, a partir da ativação desses sentimentos positivos.

O lado negativo dessa percepção psicológica está na irritação com aspectos burocráticos da promoção. Essa irritação poderá estar ligada ao processo burocrático para ter acesso aos benefícios da campanha. Isso é comum, por exemplo, em abatimentos de preços vinculados a programas de fidelidade. Infelizmente não é incomum pessoas irem ao ponto de venda obter o seu benefício e, nesse momento, o sistema do programa de fidelidade estar com problemas. Outras vezes, por falta de conhecimento claro das regras desses programas, o consumidor se depara com pré-requisitos não conhecidos, tais como: para ter o abatimento, deverá estar com o cadastro no programa de fidelidade completo e atualizado.

Outro tipo de irritação existente é com a aglomeração de pessoas dentro do ambiente de compra. A irritação do participante de uma promoção monetária poderá estar relacionada, também, com a aglomeração de pessoas dentro de um ponto de venda. Como dissemos anteriormente, algumas campanhas monetárias estão inseridas no calendário do varejo. É comum, nesses casos, haver uma corrida, entre os consumidores, para a compra da melhor oferta. Por vezes, antes mesmo de as lojas abrirem, já existem filas imensas que vão se formando ao longo das primeiras horas do dia. Para esses casos, é inevitável a formação de aglomeração, o que também chamamos na literatura de varejo de *crowding*. Normalmente, essas situações acabam fomentando sentimentos negativos no consumidor, como, por exemplo, raiva, a própria irritação, estresse, entre outros, e isso acaba impactando de forma negativa a avaliação do ambiente de compra, prazer ligado à atividade de compra e satisfação[11].

O desapontamento por perder uma promoção é outro fator psicológico negativo. Esse desapontamento pode ser decorrente de o bem ofertado ter se esgotado ou de o consumidor ter chegado fora do período em que a promoção estava ativa. Nessas situações, o indivíduo tenderá a não efetivar o consumo e poderá associar o ponto de venda com sentimentos negativos, que, por consequência, poderá ocasionar um afastamento.

COMO CONSTRUIR UMA ESTRATÉGIA EFICIENTE

Gestores devem estar atentos para os aspectos positivos e negativos ligados à percepção psicológica que a promoção monetária poderá evocar. Como vimos, o fator surpresa, em determinadas situações, pode ser ferramenta eficiente para aumentar o volume de vendas. Estratégias para minimizar sentimentos negativos devem ser planejadas. Nesse caso, a aplicação do bom senso poderá ser eficiente!

A sensação de ter sido ludibriado quando efetivou a compra do bem no preço original é outro fator psicológico negativo comum nas promoções monetárias. Possivelmente, você já se deparou com uma situação na qual efetivou a compra de determinado produto no seu valor original e, passados alguns poucos dias, você observa o mesmo produto em desconto de 30%. Essa é uma situação bastante desagradável e, possivelmente, lhe trará muita raiva! Essa situação, infelizmente, é difícil de ser evitada, porém importante de ser refletida. Legalmente, para o consumidor não há muito o que fazer. Nesse caso, a empresa, por vezes, pode adotar a lógica do bom senso. Um exemplo disso foi aplicado pela consagrada Apple em um dos lançamentos do seu iPhone nos Estados Unidos, quando o preço de largada do telefone foi de U$ 599,00 e, logo após algumas semanas, o mesmo aparelho estava U$ 399,00. Neste caso, a empresa tomou a iniciativa de entregar bônus para os consumidores que pagaram o valor original.

Por fim, o receio de se sentir mesquinho é um fator psicológico bem comum nas campanhas monetárias. Por vezes, é possível que uma promoção monetária possa emergir a sensação de que você está sendo mesquinho! Esse sentimento poderá ficar mais destacado no caso de você estar presenteando alguém querido. Neste caso, um desconto, por exemplo, poderá lhe trazer um conflito entre a relação do investimento afetivo que você tem com essa pessoa querida e o investimento financeiro com o produto que você comprará. Além disso, pode ser constrangedor o(a) amigo(a) saber que você o presenteou com algo em desconto.

9.2 TÉCNICAS DE PROMOÇÕES MONETÁRIAS

Nesta altura do capítulo, claramente podemos dizer que a promoção monetária se caracteriza por trazer um benefício financeiro ao bem ofertado. Nesse sentido, são utilizadas algumas metodologias, as quais caracterizam as tipologias de promoções monetárias (ver Figura 9.2).

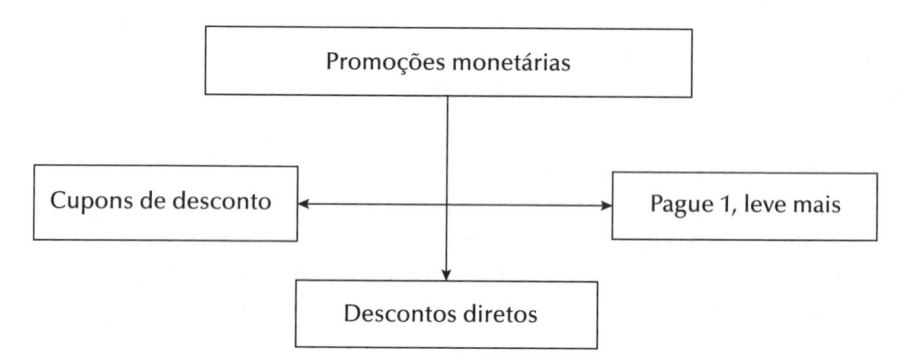

Figura 9.2 – Tipologias de promoções monetárias.

9.2.1 Cupons de descontos

Os cupons de descontos estão relacionados a uma técnica de promoção de vendas monetária bastante tradicional, especialmente entre os norte-americanos. Essa técnica se caracteriza por uma troca de benefício (normalmente atrelado a um abatimento de preço) a partir de um cupom (físico ou virtual). Há notícias de que essa ação nasceu a partir da Coca-Cola em meados de 1887, quando os cupons de descontos foram encartados em uma revista dando a possibilidade de o consumidor trocá-los por copos de refrigerante em determinados pontos de venda[12].

A consolidação dos cupons de descontos ocorreu na década de 30, quando os consumidores buscavam encontrar produtos que estavam em falta no mercado. As décadas seguintes (40 e 50) foram notabilizadas pelos cupons de descontos nas grandes redes de supermercados, sendo inseridos em encartes de jornais e revistas de grande circulação.

No Brasil, a consolidação da utilização de cupons de descontos tem ocorrido nos últimos anos. Antes disso, a inserção era tímida na grande parte do varejo, e se dava, especialmente, por meio das listas telefônicas. A grande virada se deu a partir da consolidação do *mercado e-commerce* e da *proliferação da internet* e *aplicativos*.

O *ambiente e-commerce* foi, no Brasil, um dos pioneiros a ter sucesso com a utilização de cupons de desconto. A partir de 2012, essa prática ficou bastante disseminada nos principais varejistas de lojas virtual. Possivelmente, você, que já fez compras pela internet, se deparou com a frase *"Possui cupom ou vale?"*. Esta consiste na prática usual da aplicação do cupom de desconto no ambiente *e-commerce*.

A *proliferação da internet* proporcionou a disseminação e consolidação dos cupons de descontos por meio de *sites* conhecidos como de compras coletivas. O pontapé inicial se deu a partir do *site Peixe Urbano*. Essa plataforma foi fundada por três brasileiros, em 2010, e, atualmente, é considerada a maior plataforma de ofertas do Brasil, juntamente com o *site Groupon*. Essa metodologia se caracteriza por articular empresas dispostas a oferecer descontos e grupos de consumidores interessados em comprar as ofertas. Além disso, a ferramenta é bastante eficiente face a sua adaptabilidade de divulgar ofertas próximas à localidade de interesse do consumidor.

Com a *proliferação dos aplicativos*, cresceram também as alternativas para se obter desconto dentro da lógica de cuponagem. Diferentemente das compras coletivas, os cupons de desconto, via aplicativo, não estão atrelados a um número significativo de compradores e também não há necessidade de impressão física do cupom. Além disso, traz como vantagem a localização em tempo real do consumidor e, com isso, pode oferecer descontos de estabelecimentos que estão perto do indivíduo. No Brasil, alguns aplicativos se destacam, como, por exemplo: o denominado *"Pedida de Hoje"*, que é focado em bares e petiscos, o *"Restaurando"*, que proporciona ao usuário realizar reserva em bares e restaurantes pelo aplicativo e ainda obter descontos.

9.2.2 Descontos diretos

Os descontos diretos estão ligados às campanhas que, tradicionalmente, estão presentes no nosso cotidiano, seja pela apresentação simples de abatimento de preços em produtos ou serviços, seja pelas liquidações gerais. A apresentação dos descontos diretos pode se dar por duas formas: *por percentual ou por preço absoluto.*

É bastante comum encontrarmos situações nas quais a apresentação do desconto se dá por meio de *percentual*. Nesse caso, cabe ao consumidor fazer o cálculo de qual o valor final que realmente pagará pelo produto ou serviço. Estudos mostram que a apresentação do desconto, por meio percentual, é mais efetiva quando o nível do benefício (abatimento do preço) é alto, enquanto a apresentação do *preço absoluto* tem mais eficiência em abatimentos pequenos ou moderados[13].

É bastante comum quando a apresentação do desconto direto se dá pelo preço absoluto, que os números venham a terminar em, 99[14]. Esta terminologia fomenta a percepção de oferta e tem uma relação direta com a teoria denominada de psicologia dos preços.

COMO CONSTRUIR UMA ESTRATÉGIA EFICIENTE

Apresentação do desconto por meio de percentual forçará cálculo mental do consumidor; altos níveis de abatimento de preço tendem a ser mais efetivos por meio do desconto percentual; desconto absoluto tende a ser mais efetivo para abatimentos de nível baixo médio. Terminologias ",99" são efetivas para fomentar a percepção de boa oferta.

9.2.3 Pague 1, leve mais!

As campanhas Pague 1, leve mais! se caracterizam por promoção monetária, pois é visualizada, sob o ponto de vista do consumidor, uma economia em relação ao preço unitário do produto. Diversas são as metodologias aplicadas nesse tipo de campanha, como, por exemplo: *"Pague 1, leve mais XX% do produto"*, *"Pague 1, leve mais xx produtos"* e *"Pague 1 e leve mais outro produto por R$ XXX"*.

As ações do tipo *Pague 1, leve mais XX%* se caracterizam por oferecer maior quantidade do produto, por meio de embalagens promocionais, com o preço tradicional. O exemplo encontrado na Figura 9.3 (letra "a") mostra uma um sabão em pó que na compra o cliente leva mais 200g grátis.

As campanhas *Pague 1, leve mais XX produtos* se relacionam com a entrega de um número maior do mesmo produto que foi comprado. Nesse caso, o consumidor faz o pagamento do valor unitário do bem e recebe outro(s) de graça. Um exemplo pode ser visualizado na campanha realizada no Subway (Figura 9.3 letra "b").

Por fim, é comum encontrarmos também as campanhas do tipo *Pague 1 e leve mais outro produto por R$ XX*. No Brasil, uma campanha desses moldes que chamou bastante atenção foi a realizada por Concessionárias da General Motors (Figura 9.3 letra "c"). Nesse caso, o consumidor que comprasse um automóvel 0 km Camaro e pagasse mais R$ 1,00, ganhava um automóvel 0 km Onix. O valor original do Camaro era de R$ 241.350,00 e do Ônix era de R$ 36.990,00. Apesar da grande repercussão dessa ação, nenhum automóvel Camaro foi vendido[15].

Cap. 9 • PROMOÇÕES DE VENDAS MONETÁRIAS   111

(a)

(b)

(c)

Fontes: <https://www.mambo.com.br/lava-roupa-em-po-omo-multiacao-2kg-gratis-200g/p>; <http://portaldapropaganda.com.br/noticias/391/subway-realiza-promocao-compre-um-ganhe-outro/>; <http://realworldfatos.blogspot.com.br/2016/02/isso-e-que-e-promocao.html>.

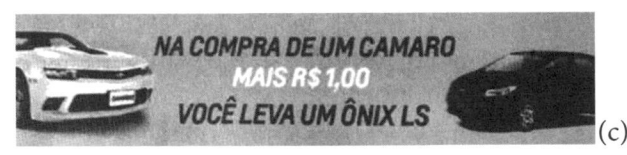

Figura 9.3 – Exemplos de pague 1, leve mais.

9.3 DECISÕES IMPORTANTES COM RELAÇÃO ÀS PROMOÇÕES MONETÁRIAS

Depois de conhecer melhor as promoções monetárias, gerentes de marketing devem refletir a respeito de alguns pontos no momento de estabelecerem suas estratégias promocionais. Primeiro, as promoções monetárias tendem a funcionar melhor com bens utilitários.

Os estudos da área de comportamento do consumidor estabelecem dois tipos de consumo: hedônico e utilitário[16]. O consumo hedônico está associado a uma motivação norteada de fantasia, afeto e emoção, enquanto o consumo utilitário se vincula a motivações cognitivas e de cunho racional. Por exemplo, o consumo de chocolate tende a se relacionar mais com uma motivação hedônica, enquanto a compra de um sabão um pó tende a ser norteada por uma motivação utilitária. No primeiro, possivelmente, nossa compra estará vinculada a um bem-estar emocional (*Hummm, será que este chocolate é saboroso?*), enquanto, no segundo, aspectos racionais vão se relacionar com nossa compra (*será que este sabão limpa bem?*). É comum o preço não ficar em primeiro plano quando a nossa compra está norteada por questões emocionais (chocolate). Por outro lado, quando a compra estiver guiada por motivações racionais (sabão em pó), possivelmente o preço será um dos elementos mais decisivos para a escolha. Assim, considerando a característica principal da promoção monetária que apresentamos ao longo do capítulo (abatimento de preço), essa ação será mais efetiva em categorias de produtos utilitários.

As promoções monetárias tendem a funcionar melhor em categorias de produtos com baixa diferenciação entre as ofertas e com baixa taxa de fidelidade: existem setores ou categorias de produtos nos quais há baixa diferenciação entre os fornecedores. Nesse caso, por vezes, é comum também haver baixo índice de fidelidade. Exemplos disso podem ser visualizado em produtos como sal, postos de gasolina, operadoras de telefonia móvel, entre outros. Normalmente, a vinculação que se estabelece entre fornecedor e consumidor é o preço, visto que todos os outros atributos oferecidos são muito similares entre as ofertas. Assim, nestes casos, a promoção monetária será uma ferramenta muito eficiente para influenciar na escolha do produto, pois ressaltará o atributo mais decisivo na compra, que é o preço.

Os benefícios da promoção monetária (taxa de abatimento) devem ser muito bem planejados. Existe um ditado popular que diz: *"Quando a esmola é demais, o Santo desconfia!"*. Esse ditado pode ser muito bem aplicado ao planejamento de promoções monetárias, especialmente com respeito ao tamanho do abatimento a ser ofertado. Gestores devem avaliar com cuidado esse quesito, pois um aumento significativo do abatimento de preço pode suscitar desconfiança sobre a oferta[17], atrelando esta a algo de baixa qualidade.

Os gestores de empresas sofisticadas devem ter muito cuidado ao implementarem ações de promoções monetárias. Conforme pontuamos anteriormente, uma promoção monetária se vincula de forma mais significativa com ofertas utilitárias. Produtos sofisticados, por sua vez, apresentam uma vinculação mais forte com o consumo hedônico. Isso porque, por trás do consumo de algo sofisticado, está a fantasia para a conquista. O abatimento de preço e, especialmente, quando este é bastante significativo, tende a descredenciar toda essa fantasia e, em vez de ser um auxílio na venda, poderá ser uma estratégia negativa na concepção da imagem do produto/serviço[18]. Talvez por essa razão, a promoção do carro Camaro que apresentamos neste capítulo não foi efetiva.

Os gestores de varejo também devem ter cuidado com a utilização em excesso de ações de promoções monetárias. A utilização em excesso de promoções monetárias poderá trazer efeitos negativos para as empresas, como, por exemplo, participação de mercado e avaliação da marca[19]. Isso porque o uso contínuo de abatimento de preço tende a depreciar o bem, visto que os consumidores tenderão a associá-lo a algo de baixa qualidade. Além disso, é possível que o consumidor não se mostre disposto a consumi-lo quando a oferta estiver com o preço tradicional, ou seja, ele ficará condicionado a oferta, apenas, quando ela estiver em desconto.

As plataformas digitais são ferramentas bastante eficientes para despertar o interesse nas promoções monetárias e aumentar as compras não planejadas e por impulso. As plataformas digitais e, especialmente, as aplicações mobiles são ferramentas eficientes para ativar a compra de produtos ofertados por promoções monetárias. Essa plataforma permite, conforme vimos anteriormente, a localização em tempo real do consumidor. Dessa forma, a ativação dentro de um ambiente de compra deverá aumentar, significativamente, a compra não planejada e por impulso, face que, normalmente, os consumidores têm apenas um planejamento vago dentro de um ponto de venda. Além disso, a ativação de uma promoção monetária tende a elevar o estado de humor do consumidor e o efeito de renda psicológico, suscitando, em seguida, a percepção de que poderá fazer bons negócios.

As plataformas digitais de promoções monetárias são ferramentas eficientes para conhecer o comportamento do seu cliente. A partir da interação e da efetivação de compras por plataformas digitais (internet e mobile), as empresas deverão ter bases de dados com informações preciosas de seus consumidores. Em pouco tempo, será possível obter dados como: localização, ticket médio de gasto, condições de abatimento de preço de preferência, estilos de consumo etc. Com esses dados é possível estruturar e planejar campanhas que venham saciar com precisão as necessidades de pequenos grupos, além de haver uma tendência de diminuição de investimento de publicidade nas mídias tradicionais.

EXERCÍCIOS PARA FIXAÇÃO

1. Qual(is) a(s) principal(is) razão(ões) para gestores de marketing investirem mais em promoção monetária do que publicidade? Justifique sua resposta.

2. Apresente no mínimo três promoções monetárias de que você já participou e pontue aspectos positivos e negativos atrelados às percepções de âmbito econômico, informacional e psicológico.

3. Faça uma busca na internet para identificar uma promoção de cupom de desconto no mercado e-commerce. Reflita e justifique questões como: ela está alinhada com o público-alvo da empresa? O percentual de desconto está adequado?

4. Faça uma busca na internet para identificar uma promoção de cupom de desconto nos moldes de compras coletivas que lhe agrada. Pontue por que essa oferta lhe agradou.

5. Identifique uma promoção de desconto via aplicativo de celular. Quais benefícios informacionais, econômicos e psicológicos você destacaria?

6. Em que situações é mais adequada a apresentação de descontos por percentual e números absolutos?

7. Identifique pela internet, jornal ou revista pelo menos 20 ofertas de bens que estão em desconto. Destas, quantos estão em percentual ou desconto absoluto? Você concorda com as estratégias de todas ofertas? Se sim, por quê? Se não, por quê?

8. Identifique pela internet, jornal ou revista pelo menos 20 ofertas de desconto absoluto. Destas, verifique quais os últimos dois números do preço? Elas estão alinhadas com a teoria que discutimos neste capítulo? Justifique.

9. Identifique pelo menos duas ofertas de promoção monetária que se alinham com produtos de cunho utilitário. Justifique a sua escolha. Na sua opinião, a estratégia está adequada?

10. Identifique pelo menos duas ofertas de promoção monetária que se alinham com produtos de cunho hedônico. Justifique a sua escolha. Na sua opinião, a estratégia está adequada?

11. Identifique pelo menos duas ofertas que apresentam descontos acima do adequado. Justifique a sua escolha.

10
PROMOÇÕES DE VENDA NÃO MONETÁRIAS

O QUE VEREMOS NESTE CAPÍTULO
- Tratar especialmente de um poderoso tipo de promoção de venda: a não monetária.
- Debater o uso atual de venda não monetária no varejo.
- Demonstrar os efeitos positivos e negativos da sua percepção econômica, informacional e psicológica.
- Apresentar, por meio de conceitos e exemplos, as promoções não monetárias de *"brindes"*, *"sorteios ou concursos de prêmios"* e *"experimentação"*.
- Abordar a parte legal de autorização e realização de promoções não monetárias no Brasil.
- Oferecer dicas importantes de como os gestores de varejo devem fazer a administração das promoções de venda não monetárias.

As promoções não monetárias consistem na entrega de um benefício que está atrelado a um bem, sendo que este interfere no preço original do produto[1]. Assim, por não se vincular diretamente com o preço final do produto/serviço, essa modalidade, em comparação com as campanhas monetárias, tem uma eficiência menor no que diz respeito à resposta imediata de consumo, como, por exemplo, aumento no volume de vendas. Contudo, seus efeitos são mais efetivos para criação de comportamentos de longo prazo, como é o caso do gerenciamento de marca, marketing *share* e níveis de fidelidade[2].

Não é incomum encontrarmos a vinculação de ações de promoções não monetárias com campanhas de cunho monetário, como, por exemplo, as grandes liquidações que oferecem sorteios de carros ou casas como prêmios. Essa associação entre os dois tipos de promoção de vendas pode ocorrer em face de que uma auxiliará a outra na função de fomentar a percepção do consumidor a respeito da boa possibilidade de se fazer negócios.

As promoções não monetárias, como veremos a seguir, estão ligadas, especialmente, à entrega de brindes, sorteios de prêmios e experimentação de produtos. Dessa forma, diferentemente das campanhas monetárias, elas trabalham com uma ligação mais afetiva e menos racional[3]. Dentre as ações citadas, as promoções que sorteiam prêmios, normalmente, são as mais realizadas e divulgadas na grande mídia. É bastante comum, nessas ações, o despertar da sorte.

Da mesma forma em que há consumidores caçadores de preços baixo (promoção monetária), há também os caçadores de promoções não monetárias. Só para ter ideia, em uma reportagem[4] relatou-se a experiência de dois consumidores que são *experts* em promoções de distribuição de prêmios. Um deles relatou já ser participante desse tipo de ação por mais de uma década. Nesse período, ele já ganhou 10 carros, entre eles um *Porsche*, duas casas, diversas viagens e outros prêmios. A outra consumidora diz já ter ganhado mais de 300 produtos em sorteios[5].

Podemos observar com esses dados iniciais que a promoção não monetária também trabalha como um incremento de uma oferta original e, portanto, normalmente, também tem sido objeto de mais investimento que publicidade, pois interfere na escolha do consumidor no momento da compra.

10.1 PONTOS POSITIVOS E NEGATIVOS DA PROMOÇÃO NÃO MONETÁRIA

As ações de promoções não monetárias semelhantes às campanhas não monetárias também estimulam aspectos positivos e negativos no comportamento do consumidor, sendo elas divididas em percepção econômica, percepção informacional e percepção psicológica[6].

10.1.1 Percepção econômica

As ações de promoções não monetárias apresentam alguns pontos positivos (quantidade igual com um benefício adicional, estímulo para experimentação de um novo produto, menor possibilidade de comprar algo que não necessitava ou aumentar estoque e menor possibilidade de redução de consumo para esperar nova campanha) e negativos (menor percepção de economia e menor possibilidade de realização de compra não planejada ou por impulso) associados à percepção econômica.

Tabela 10.1 – Pontos positivos e negativos da percepção econômica

Pontos positivos	Pontos negativos
Quantidade igual com um benefício adicional	Menor percepção de economia

Pontos positivos	Pontos negativos
Estímulo para experimentação de um novo produto	Menor possibilidade de realização de compra não planejada ou por impulso
Menor possibilidade de comprar algo de que não necessitava ou aumentar estoque	
Menor possibilidade de redução de consumo para esperar nova campanha	

As campanhas não monetárias e, especialmente, as ações de brindes, também denominadas de "Comprou, Ganhou!", trazem um benefício adicional dentro de uma oferta tradicional. Dessa forma, ela poderá ser uma estratégia efetiva para influenciar na decisão do consumidor, principalmente em situações nas quais as empresas do setor têm características muito parecidas, como, por exemplo, preço, qualidade, percepção de marca etc. Um exemplo dessa promoção que ficou bastante famosa no Brasil e que demonstra a efetividade dessa ação foi a realizada pela Parmalat na década de 1990. A ação consistia em trocar códigos de barras das embalagens mais um valor em dinheiro por bichinhos de pelúcia. Naquela época, foram trocados cerca de 17 milhões de brindes, acarretando um volume significativo de vendas[7].

Figura 10.1 – Campanha não monetária – Parmalat (década de 1990).

Fonte: <https://blogmaisbio.com.br/tag/campanha-mamiferos-parmalat/>.

As ações de promoção de vendas são ferramentas essenciais e efetivas para a experimentação e lançamento de novos produtos. Isso porque, conforme anteriormente comentado, é comum haver certa desconfiança no que é novo ou na percepção de trocar "*o certo pelo duvido*so". Dentre as tipologias de promoção não monetária que veremos neste capítulo, é bastante provável que a ação de experimentação seja uma das mais efetivas, uma vez que você dará a possibilidade para o consumidor ter uma "primeira prova" sem nenhum custo adicional. Essas ações são comuns no setor de alimentação e bebidas, indústria de automóveis (por exemplo, o *test drive*), dentre outros. Por vezes, utilizam-se também ações de distribuição de brindes e sorteios para o estímulo de experimentação de novos produtos. Um exemplo que ganhou destaque regional esteve atrelado a uma campanha de sorteio vinculado a um lançamento de jornal do maior grupo de comunicação do Estado do Rio Grande do Sul. Na época, os consumidores foram convidados a sugerirem um nome para esse jornal, sendo que os participantes estariam concorrendo a um automóvel. Essa campanha teve uma adesão bastante positiva e, ao mesmo tempo, se aproximou de seu público-alvo por meio da lógica de cocriação a partir da promoção não monetária.

Como já deve ter sido percebido, a promoção não monetária não interfere no preço original de um produto ou serviço. Com isso, ela tende a não se vincular com os efeitos econômicos psicológicos. Assim, as técnicas não monetárias tenderão a ser menos efetivas para gerar uma resposta de compra imediata e com pouca reflexão. Se, por um lado, isso pode ser negativo, já que não interferirá significativamente no aumento do volume de vendas, por outro lado poderá ser positivo, visto que possivelmente inibirá o arrependimento com a compra ou o aumento de estoque que, no futuro, repercutirá em menos consumo.

Diferentemente das campanhas monetárias, é mais difícil encontrar consumidores que irão postergar suas compras em função de ações não monetárias. Isso porque, conforme já discutimos, essa ação não tem uma interferência direta no preço do produto e ainda, dependendo do tipo de ação, estará atrelada a uma sorte, ou seja, o consumidor, nestes casos, não terá certeza se será ou não beneficiado com a promoção. Além disso, é bastante comum que as campanhas não monetárias sejam tratadas com um nível de confidencialidade maior do que as ações monetárias que, muitas delas, já estão incorporadas ao calendário do varejo.

> **COMO CONSTRUIR UMA ESTRATÉGIA EFICIENTE**
>
> As promoções não monetárias apresentam efeitos na percepção econômica menos efetivos do que as promoções monetárias. Contudo, essa ferramenta poder ser eficiente para escolha de oferta dentro de um setor caracterizado por baixa diferenciação e na inserção de novos produtos.

Dificilmente o participante de uma promoção não monetária vinculará os seus benefícios com os aspectos ligados ao preço final do produto. Isso ficará ainda mais destacado quando for realizada uma comparação de um mesmo produto sob o efeito de uma promoção monetária e promoção não monetária. Assim, fica claro que os efeitos ocasionados pelas promoções não monetárias estão muito mais associados a elementos fantasiosos e afetivos do que racionais[8]. Portanto, a menor percepção de economia tenderá a trazer retornos de curto prazo, menos efetivos.

A promoção não monetária poderá incentivar a compra não planejada ou por impulso a partir do aumento de volume de compras ou aumento de ticket médio. Por exemplo, em uma campanha de um *shopping center*, na qual o consumidor para concorrer a um automóvel deve gastar R$ 200,00, é possível que ele venha a comprar algo não planejado de R$ 10,00, caso sua compra planejada tenha alçando R$ 190,00. Contudo, é importante destacar que o volume de compras não planejadas ou realizadas por impulso tende a ser menor ou menos incidente dentro desse tipo de campanha (não monetária), uma vez que o benefício, diferentemente das campanhas monetárias, não se vincula diretamente com o preço final do bem em oferta.

10.1.2 Percepção informacional

As promoções não monetárias apresentam alguns pontos positivos (maior visibilidade do bem e melhor posicionamento dentro do ponto de venda) e negativos (dificuldade de entendimento sobre as regras de uma promoção) no que diz à percepção informacional dos consumidores.

Tabela 10.2 - Pontos positivos e negativos da percepção econômica

Pontos positivos	Pontos negativos
Mais visibilidade do bem	Dificuldade de entendimento sobre as regras de uma promoção
Melhor posicionamento dentro do ponto de venda	

As campanhas não monetárias, de forma similar às ações monetárias, ganham destaque em termos de visibilidade do bem, especialmente quando, dentro de um contexto de varejo, estiverem alinhadas com ações de merchandising. Assim, é bastante comum haver, além de cartazes, folhetos e *flyers* da ação. Além disso, a divulgação das ofertas vinculadas a premiações tende a despertar a atenção do cliente, provocando, assim, maior visibilidade.

Por vezes é comum indústrias utilizarem a oferta de uma promoção não monetária em um ponto de venda como permuta para obter uma localização mais privilegiada, como, por exemplo, destaque em prateleiras ou até mesmo a construção de ilhas específicas. Seria imaginar uma indústria de alimentos sorteando uma motocicleta, especificamente, para os clientes de determinado supermercado. Essa situação é atrativa para as duas empresas (indústria e supermercado), visto que aumentará o volume de venda do produto industrializado e o fluxo no supermercado.

Um dos pontos frágeis de uma campanha não monetária é o fato de, por vezes, ser complexo o entendimento, principalmente no que diz respeito às condições de participação (mecânica), aos prazos e ao estabelecimento dos ganhadores. Por mais que a maior parte das empresas divulguem os regulamentos das ações, poucos consumidores têm o real interesse em ler. Assim, é importante, em paralelo à divulgação do regulamento, realizar materiais complementares que expliquem de forma clara e didática as regras das ações promocionais. Com isso, será possível evitar reclamações e desconforto com os clientes.

10.1.3 Percepção psicológica

As promoções não monetárias também suscitam a percepção psicológica. Essa percepção apresenta os pontos positivos (excitação em ter a oportunidade de ganhar uma premiação, fomentar a sensação de sorte e baixo nível de depreciação em relação ao valor da oferta) e negativos (percepção de pouca chance para ganhar um prêmio, desconfiança em relação à lisura da promoção, irritação com a burocracia atrelada à participação de uma campanha e desapontamento por ter perdido uma promoção) ligados a esse comportamento.

Tabela 10.3 – Pontos positivos e negativos da percepção econômica

Pontos positivos	Pontos negativos
Excitação em ter a oportunidade de ganhar uma premiação	Percepção de pouca chance para ganhar um prêmio
Fomentar a sensação de sorte	Desconfiança em relação à lisura da promoção
Baixo nível de depreciação em relação ao valor da oferta	Irritação com a burocracia atrelada à participação de uma campanha
	Desapontamento por ter perdido uma promoção

É comum, nas campanhas de natureza não monetária, as empresas planejarem muito bem a premiação a ser ofertada. Assim, essas ações despertam as mais variadas fantasias. Nesse sentido, não é incomum encontrarmos ações que distribuem prêmios denominados *Promoção dos Sonhos...*", "*Carro dos Sonhos...*", "*Casa dos Sonhos...*" e "*Viagem dos Sonhos....*". Esses "slogans", claramente, têm como objetivo fomentar a excitação atrelada à possibilidade de conquista dessas premiações, trabalhando, portanto, diretamente no âmbito da percepção psicológica do consumidor.

A sensação de sorte está diretamente ligada a um bem-estar do consumidor[9]. Nesse sentido, essa sensação ficará ainda mais destacada nas campanhas que estão vinculadas à álea, como, por exemplo, concurso, sorteio e vale-brinde. É comum, principalmente nas campanhas em que o volume de prêmios é grande, haver muitos ganhadores. Estes, muitas vezes, independentemente do valor da premiação, ficam extremamente satisfeitos com a empresa, especialmente por se sentirem valorizados.

Diferentemente das campanhas monetárias, as ações não monetárias, como já mencionamos, não interferem no preço original do produto. Por essa razão, não trarão impactos negativos em relação à percepção de qualidade[10]. Dessa forma, tem-se um ponto bastante positivo em relação a esse tipo de ação.

Se, por um lado, a promoção fomentará a fantasia a respeito da possibilidade de ganhar um belo prêmio, por outro lado, ela poderá passar a impressão de ser muito difícil de conquistá-la. Isso porque não é incomum haver grande dificuldade para atingir a premiação. Essa dificuldade poderá estar vinculada à variável sorte, como, por exemplo, o consumidor ter alguns poucos cupons que acabam concorrendo com milhares de outros concorrentes, ou em função de testes de habilidades com os quais encontraram outros consumidores participantes bastante competentes.

Não é incomum consumidores desconfiarem da lisura das promoções não monetárias, especialmente naquelas que estão atreladas à variável sorte. Isso porque muitos reclamam que a publicidade que é dada para divulgação dos ganhadores é infinitamente menor do que a publicidade direcionada para divulgação da premiação. Não bastasse essa situação, existe a desconfiança a respeito da vinculação dos ganhadores com a empresa promotora. Nesse sentido, torna-se bastante importante estabelecer, por parte das empresas, regras claras a respeito das pessoas impedidas de participarem de uma ação de sorteio de premiação.

> **COMO CONSTRUIR UMA ESTRATÉGIA EFICIENTE**
>
> Gestores que trabalham com promoção monetária devem, no máximo, tangibilizar a possibilidade de beneficiar consumidores com premiações, além de tentar tornar o processo de adesão o menos burocrático possível. Além disso, é importante estipular, dentro do bom senso, pessoas que devem ser impedidas de participar de uma ação.

As campanhas não monetárias, por vezes, exigem processos que tornam burocrática a adesão dos consumidores. Isso porque, em algumas situações, o participante deverá preencher formulários (físicos ou eletrônicos) com seus dados pessoais. Além disso, em outros casos, é necessária a apresentação dos comprovantes de compra para efeito de troca dos benefícios (brinde, cupons ou sorteios). Assim, torna-se uma realidade, em alguns casos, a indisposição do consumidor de entrar em filas grandes para ter a possibilidade de participar da ação. Exemplos disso podem ser facilmente encontrados em *shoppings centers* nas principais datas comemorativas, como, por exemplo, Dia das Mães e Natal.

O desapontamento pela perda de uma promoção poderá se dar por duas vertentes. Uma delas ligada às ações do tipo *"Comprou, Ganhou!"*. Nessas ações, normalmente, há um estoque de brindes. Dessa forma, havendo sucesso na ação, um consumidor poderá ter efetivado a compra necessária para ter direito ao prêmio, mas o brinde não estará mais disponível por insuficiência de estoque. Outra possibilidade está vinculada às campanhas de concursos e sorteios. Nesses casos, consumidores poderão ficar extremamente chateados pelo fato de não terem sido os ganhadores. Essa chateação, normalmente, está ligada à expectativa e fantasia que o prêmio fomentou.

10.2 TÉCNICAS DE PROMOÇÕES NÃO MONETÁRIAS

Nesta altura do capítulo, claramente podemos dizer que a promoção não monetária se caracteriza por valorizar mediante um benefício o produto ou serviço de consumo. Nesse sentido, são utilizadas algumas metodologias, as quais caracterizam as tipologias de promoções monetárias (verificar Figura 10.2).

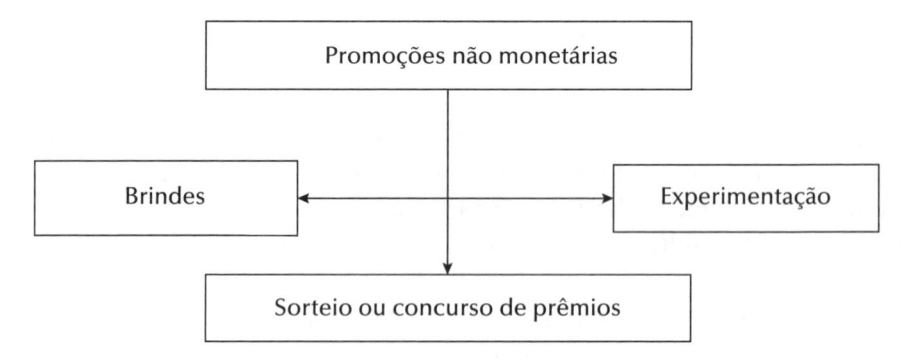

```
                    Promoções não monetárias
                              |
        ┌─────────────────────┼─────────────────────┐
     Brindes  ←───────────────┼───────────────→  Experimentação
                              |
                 Sorteio ou concurso de prêmios
```

Figura 10.2 – Tipologias de promoções não monetárias.

10.2.1 Brindes

As campanhas de brindes também, por vezes, são denominadas de "Comprou, Ganhou!". Neste caso, diferentemente das ações de sorteio de prêmios que iremos discutir na sequência, ela não se vincula a uma legislação específica, na qual são estipuladas regras e certificações, pois, em sua mecânica, não há concorrência entre os participantes, tampouco a variável sorte. Assim, elas são caracterizadas pela entrega de brindes a partir de uma "meta" preestabelecida.

Em nosso país, essas ações eram mais presentes no passado, as quais muitas tinham como foco principal as crianças e adolescentes. Contudo, isso não quer dizer que nos dias de hoje ainda não encontremos esse tipo de ação, indicando, portanto, a presença dessa ferramenta como estratégia de marketing promocional de muitas organizações.

O seu grande ponto positivo, em relação às campanhas de sorteio de prêmios, está na desburocratização da sua implementação, assim como a possibilidade de beneficiar todos os participantes que atingirem os pré-requisitos necessários, excluindo, assim, a desconfiança e a dificuldade de ser contemplado em uma campanha de sorteio.

Diversas ações de brinde, no passado, ganharam destaque nacional e viraram febre entre as pessoas. Uma delas foi a ação da Parmalat que apresentamos anteriormente. Outra, realizada na década de 80 pela Coca-Cola, também virou sinônimo de sucesso. Na oportunidade, os participantes deveriam juntar "tampinhas" de Coca-Cola para trocar por minigarrafinhas. Ainda na década de 80, na Copa do Mundo de 1986, a goma de mascar Ping Pong lançou um álbum colecionável dos jogadores daquela competição que também apresentou sucesso extraordinário.

As décadas seguintes continuaram a apresentar campanhas que deram muito certo, tendo especialmente a Coca-Cola como grande protagonista dessas ações (por exemplo, minicraques Coca-Cola na Copa do Mundo de Futebol de 1998; Ioiô Coca-Cola nas Olimpíadas de Londres, em 2012).

Atualmente, campanhas desse tipo podem ser visualizadas em diversos segmentos. Por exemplo, na área de comunicação dos jornais de grande circulação no Brasil é comum fazer campanha denominada "Junte e Ganhe!". Nela, os participantes devem, durante o período de aproximadamente um mês, comprar, diariamente, o jornal promotor do evento. Esse jornal emite uma espécie de selo que os participantes deverão guardar para efeito de troca do brinde divulgado.

Recentemente, esse tipo de campanha também tem sido implementado por alguns *shoppings centers*. Por exemplo, redes de *shopping* têm desenvolvido ações nas quais, em vez de sortear prêmios, estabelecem brindes aos clientes que atingirem determinado montante em compras. Nesse sentido, ofertas de brindes como "*Dia de Beleza*" (Dia das Mães), "*Barba e Bigode*" (Dia dos Pais) e "*Show com artistas famosos*" (Dia dos Namorados) são realizados.

10.2.2 Sorteio ou concurso de prêmios

As campanhas de sorteio ou concurso de prêmios apresentam uma vinculação de sorte ou concorrência entre os participantes. Nessas situações, existe, desde a década de 70 (Lei 5.768/1971; Decreto-Lei 70.951/72), legislação que regula e fiscaliza essas ações. Atualmente, dois órgãos são responsáveis por essa matéria – RE Promoções Comerciais (REPCO/Caixa Econômica Federal) e Secretaria de Acompanhamento Econômico (SEAE/Ministério da Fazenda). A REPCO certifica e analisa todas as campanhas que não têm vinculação com a Instituição Financeira, enquanto a SEAE faz a avaliação das campanhas vinculadas a esse setor.

As campanhas que vinculam sorteios de prêmios podem ser enquadradas nas seguintes modalidade: concursos e assemelhados, sorteio e assemelhados e vale-brinde e assemelhados[11].

10.2.2.1 Concurso e assemelhados

A modalidade *concurso* se caracteriza por ação que contempla concurso de previsões (exemplo: *"adivinhe quantas latas de refrigerante têm neste carro!"*), cálculos, testes de inteligência, seleção de predicados (exemplo: *"escreva uma história a respeito do tema minha família"*) ou competição de qualquer natureza (exemplo: "concurso culinário"). Por outro lado, na modalidade *assemelhado a concurso*, a mecânica está diretamente ligada à sorte, na qual o ganhador se dá a partir de apuração aleatória de cupons, condicionados a uma urna física em que serão sorteados e que deverá, obrigatoriamente, vir com a resposta correta a respeito de uma pergunta promocional.

A modalidade assemelhado a concurso é, possivelmente, o tipo mais tradicional aplicado no ambiente brasileiro. Entre os seus principais *pontos positivos,* estão *reforço de marca, processo de apuração* e fácil entendimento do consumidor a respeito da mecânica e resultado.

A utilização de campanhas inseridas na modalidade assemelhado a concurso permitem o reforço de marca, *slogan* e fortalecimento de estratégias de posicionamento. Isso porque, conforme apontamos anteriormente, os consumidores participantes são obrigados, para ter válida a sua condição de participação, a resposta de uma pergunta promocional. Dessa forma, abre-se a grande possibilidade de utilizar essa exigência legal para a inclusão de perguntas associadas à marca ou imagem da empresa.

Por questões legais, o processo de apuração dos ganhadores, dentro da modalidade "Assemelhado a Concurso", deve se dar de modo físico com acesso livre entre os interessados (participantes ou não) ou transmitido por televisão ou rádio. Dessa forma, é comum fazer o processo de apuração como algo estratégico para a empresa no sentido de dar mais visibilidade e proximidade com os seus clientes. Dentro dessa lógica, diversas empresas compram espaços em programas bastante populares na televisão ou promovem grandes eventos com a participação de pessoas conhecidas do público em geral.

Normalmente, a participação em campanhas da modalidade assemelhado a concurso está condicionada, além das compras, ao preenchimento de dados pessoais e resposta da pergunta promocional. Portanto, o processo de adesão é simples e não costuma provocar desentendimento entre os clientes. Da mesma forma, como o processo de apuração se dá por modo de sorteio aleatório simples, o entendimento a respeito da contemplação também é fácil.

No que diz respeito aos principais *pontos negativos*, podemos citar: custo de operacionalização da promoção, *desconfiança a respeito dos dados fornecidos para efeito de participação* e *chateação em relação ao preenchimento dos cupons*.

Legalmente, nessa modalidade, é exigido que haja sorteio por meio de cupons físicos. Dessa forma, a empresa deverá ter, obrigatoriamente, custos de impressão de cupons. Essa exigência faz muitas organizações optarem por outras modalidades, as quais iremos discutir ao longo deste capítulo.

É bastante comum haver a necessidade, nas campanhas de concurso e assemelhado, de disponibilizar dados pessoais, como nome, CPF e endereço, no momento do cadastro. Esses dados servem para identificar o ganhador no momento do sorteio. Com receio de fraudes, muitos consumidores deixam de participar de uma promoção em função da obrigatoriedade do fornecimento desses dados, especialmente o do CPF.

Conforme anteriormente comentado, na modalidade concurso e assemelhados, tem-se a obrigatoriedade de preenchimento de dados pessoais, além de responder uma pergunta promocional. Por vezes, alguns consumidores se irritam, ao ponto de desistir da promoção, quando se deparam com muitos dados para preencher ou quando possuem diversos cupons de participação que demandarão tempo de preenchimento. Nos últimos anos, essa dificuldade vem sendo superada à medida que vem crescendo a implementação de processos eletrônicos nas campanhas promocionais. Nesses casos, basta que o consumidor se cadastre uma única vez e, a partir das condições preestabelecidas no regulamento, gere cupons de acordo com os requisitos atingidos.

10.2.2.2 Sorteio e assemelhados

A modalidade sorteio e assemelhados se caracteriza pela emissão, em séries, de no máximo 100 mil números, elementos sorteáveis numerados, que são distribuídos aos participantes de forma aleatória e concomitante, cujo resultado é diretamente vinculado à Loteria Federal do Brasil. Em síntese, essa modalidade é bastante parecida com a popular "Rifa", ou seja, o participante em vez de receber um cupom, preencher, responder uma pergunta promocional e depositar em uma urna (como é o caso do assemelhado a concurso), ele recebe um bilhete numerado, cujo resultado se vinculará às combinações dos prêmios sorteados na Loteria Federal do Brasil.

A modalidade sorteio e assemelhados vem crescendo nos últimos anos em termos de aplicação no mercado. Esse crescimento se deu, principalmente, com a disseminação da internet e plataformas *on-line* que permitem o gerenciamento e controle da emissão dos números participantes. Atualmente, é a segunda modalidade de distribuição de prêmios mais utilizada no mercado. Podemos destacar como principais pontos positivos dessa modalidade os seguintes aspectos: economia de custos operacionais e melhor compreensão do comportamento dos clientes.

As campanhas estabelecidas na modalidade sorteio e assemelhados não demandam, diferentemente da modalidade que discutimos anteriormente (concurso e assemelhado), a impressão física de cupons. Tampouco será necessário ter custos com produção de urnas e com a operacionalização do processo de apuração. Isso porque, nessa modalidade, basta que o participante tenha recebido (vitualmente ou não) o(s) número(s) do(s) elemento(s) sorteável(is) a que tem direito e acompanhar o resultado da Loteria Federal, que é realizado e divulgado no *site* da Caixa Econômica Federal.

Como praticamente todas as campanhas da modalidade sorteio e assemelhados – diferentemente das ações de concurso e assemelhados – estão inseridas nas plataformas digitais, a empresa possui uma ferramenta bastante eficiente para identificar o perfil dos participantes da campanha. Informações como ticket médio de gasto, sociodemográfico e geográfico, rapidamente poderão ser obtidos.

Pontos fracos também podem ser destacados na modalidade sorteio e assemelhados, como, por exemplo, processo de apuração "frio", dimensionamento prévio do número de bilhetes a serem emitidos e difícil entendimento da mecânica, por parte dos ganhadores.

Os resultados dessa modalidade, conforme já comentado, se dão a partir da apuração realizada pela Caixa Econômica Federal, no que diz respeito à Loteria Federal. Nesse sentido, diferentemente da modalidade concurso, não há um momento de aproximação da empresa com o seu consumidor. Desse modo, é bastante comum o participante não se dar conta de que foi contemplado. Assim, é bastante importante a empresa ter um mecanismo de localização rápida dos ganhadores para que ela possa fazer a comunicação da contemplação.

Previamente, no regulamento a ser aprovado pelos órgãos responsáveis, será necessário estipular o montante de participações que serão válidas para a promoção. Nesse caso, a empresa corre dois riscos. O primeiro está ligado à subestimação da numeração emitida. Caso isso venha a ocorrer, a campanha encerrará antes do prazo previsto. Por exemplo: uma empresa prevê que irá distribuir 100 mil bilhetes durante o período de três meses. Caso a campanha tenha sido um sucesso e a distribuição dos 100 mil bilhetes se dê no primeiro mês, a campanha estará encerrada antes dos três meses previstos. O outro problema está relacionado à superestimação. Esse problema é mais comum. Nesse caso, o que ocorre é exatamente o contrário da situação anterior, ou seja, a empresa estipula a emissão de 100 mil bilhetes, porém só entrega 1 mil. Essa situação, possivelmente, fará que a empresa entregue a premiação por uma aproximação, ou seja, com base no resultado da Loteria Federal não haverá um ganhador, contudo, é possível entregar pelo método de aproximação. Por exemplo, o regulamento permite que, caso o número não tenha sido distribuído, o ganhador será o número distribuído imediatamente inferior, assim sucessivamente até se encontrar um número distribuído.

O processo de identificação do ganhador na modalidade sorteio e assemelhados demanda uma lógica estatística apurada, uma vez que você deve estabelecer chances iguais a todos os participantes. Dessa forma, aplica-se lógica estatística para determinar o ganhador. Por mais que essas informações constem dos regulamentos que são aprovados e publicados, poucos são os consumidores que conseguem entender essa lógica.

10.2.2.3 Vale-brinde e assemelhados

A modalidade vale-brinde se caracteriza por contemplação instantânea, ou seja, o cliente sabe na hora da participação se vai ganhar algum brinde ou não. Nessa modalidade, o vale-brinde é incluído dentro de um produto. Na modalidade assemelhada à vale-brinde, a característica da instantaneidade não se perde, contudo, ele não está inserido em um produto e, portanto, poderá estar vinculado a um bilhete ou sistema eletrônico.

A modalidade vale-brinde e assemelhado apresenta, da mesma forma que as outras modalidades, aspectos positivos e negativos. Em relação aos pontos positivos, podemos destacar alguns pontos: incidência de imposto de renda sobre a premiação, universo do número de prêmios distribuídos e curiosidade entre os participantes.

Nessa modalidade, há isenção de recolhimento de imposto de renda sobre o montante da premiação distribuída. Nas outras modalidades (sorteio e concurso), o imposto de renda a ser pago pelas empresas é de 20% sobre o valor total da premiação distribuída. Assim, para a modalidade vale-brinde e assemelhado, há uma redução significativa nesse quesito.

Normalmente, na campanha vale-brinde e assemelhados as empresas trabalham com um número significativo de prêmios. Isso porque essa modalidade se caracteriza também por trabalhar com brindes de pequeno valor. Além disso, existe uma restrição legal pela qual é imposta a entrega de no mínimo um brinde a cada 100 mil bilhetes distribuídos. Assim, havendo um universo maior de prêmios, os participantes, geralmente, se sentem com maiores possibilidades de ser beneficiado com um brinde.

A modalidade vale-brinde e assemelhado, em função da sua característica essencial de instantaneidade, tende a despertar, com mais força em relação às outras modalidades, mais curiosidade entre os participantes. Assim, essa modalidade, possivelmente, poderá ter uma vinculação maior com aumento de vendas, compras não planejadas e por impulso.

Em relação aos pontos negativos, pode-se citar elementos como: restrição em relação ao valor unitário do prêmio a ser distribuído e gasto para operacionalização da modalidade.

Diferentemente das outras modalidades, para as campanhas de vale-brinde e assemelhados, existe uma restrição em relação ao valor unitário de cada um dos prêmios a serem distribuídos, não sendo permitida a oferta de brindes com valores superiores a R$ 400,00 (valor atual, mas que pode ser revisto periodicamente). Sendo assim, as empresas devem ser criativas em termos de escolhas de prêmios que sejam atrativos sob o ponto de vista dos participantes.

Muitas campanhas dessa modalidade estão, atualmente, sendo operacionalizadas por sistema eletrônicos. Nesses casos, as operações são ordenadas em uma base de dados e, conforme estipulado previamente no regulamento, a cada transação múltipla de Z transações, 1 é contemplada. Contudo, ainda existem diversas empresas que costumam implementar essa modalidade por meio de bilhetes físicos. Esses bilhetes podem vir dentro das embalagens dos produtos (vale-brinde) ou ser distribuídos à parte (assemelhado a vale-brinde). Em ambas situações, considerando o material diferenciado para confecção dos bilhetes, o custo é relativamente caro quando comparado com as outras modalidades (concurso e sorteio).

10.2.2.4 Outras informações

Alguns outros pontos são interessantes destacar em relação às campanhas atreladas a sorteio ou concurso de prêmios no que diz respeito aos aspectos da legalização dessas ações. Nesse sentido, apresentaremos dados que dizem respeito aos seguintes elementos[12]: custos fixos, prazo de aprovação, divulgação da promoção, premiação e penalidades.

Atualmente, para se realizar uma campanha de sorteio ou concurso de prêmios, há dois custos fixos: taxa de fiscalização e imposto de renda (a modalidade vale-brinde e assemelhado a vale-brinde está isenta do recolhimento de imposto de renda). Ambos os valores são calculados com base na premiação a ser ofertada. No caso da taxa de fiscalização, o valor estipulado é com base em faixas de premiação, como pode ser visto na Tabela 10.4.

Tabela 10.4 – Valor estipulado e faixas de premiação

Valor dos prêmios oferecidos	Valor da taxa de fiscalização
Até R$ 1.000,00	R$ 27,00
De R$ 1.000,01 a R$ 5.000,00	R$ 133,00
De R$ 5.000,01 a R$ 10.000,00	R$ 267,00
De R$ 10.000,01 a R$ 50.000,00	R$ 1.333,00
De R$ 50.000,01 a R$ 100.000,00	R$ 3.333,00
De R$ 100.000,01 a R$ R$ 500.000,00	R$ 10.667,00
De R$ 500.000,01 a R$ 1.667.000,00	R$ 33.333,00
Acima de R$ 1.667.000,01	R$ 66.667,00

Essa taxa de fiscalização deve ser paga antes mesmo do início da promoção. Ela deverá estar quitada para que o processo seja protocolado e analisado. Além disso, existe o custo de Imposto de Renda que corresponde a 20% do valor total da premiação distribuída. Nesse caso, o recolhimento se dá após a realização dos sorteios, conforme regramentos específicos da Receita Federal.

Atualmente, os órgãos responsáveis pela autorização das promoções (REPCO/CAIXA e SEAE/MF) estão levando em torno de 10 dias para aprovar um processo. Isso, é claro, se os documentos necessários para encaminhamento (atos constitutivos das empresas, certidões negativas, receita operacional e regulamento) estejam corretos. Como se trata de uma matéria bastante específica, é comum e prudente as empresas contratarem empresas especializadas na área para o encaminhamento dessas aprovações.

Uma vez aprovada a campanha pelos órgãos responsáveis, será emitido um número de autorização. Esse número, por uma imposição legal, deverá estar disponível e acessível em todos os materiais de divulgação da campanha. Assim, é bastante importante as empresas trabalharem com planejamento, pois todo o material de impressão da campanha só poderá ser "rodado" por uma gráfica após a aprovação da Caixa Econômica Federal ou Ministério da Fazenda.

Por imposições legais, somente alguns tipos de prêmios podem ser objeto de promoção. Entre os prêmios permitidos estão: (a) mercadorias de produção nacional ou regularmente importadas, (b) unidades residenciais localizadas em zonas urbanas, pacote turístico, (c) bolsas de estudos, (d) ingressos para *shows* (desde que acompanhado de outros brindes – exemplo: kit, contendo ingresso e camiseta), e (e) certificado de barras de ouro ou títulos de créditos aceitos pela REPCO ou SEAE (por exemplo, cartão com crédito sem direito a saque). Destaca-se ainda que o ganhador, ao receber um prêmio, não pode ter ônus algum. Portanto, se em uma campanha for ofertado como premiação um automóvel, a empresa promotora deverá arcar com todos os custos de emplacamento e seguro obrigatório. Isso também vale para uma campanha envolvendo viagens. Nesse caso, todas as despesas de deslocamento, alimentação e hospedagem são da empresa promotora da campanha.

Por vezes, algumas empresas, por desconhecimento ou má-fé, realizam as campanhas de sorteio ou concurso de prêmios sem a autorização dos órgãos responsáveis. Em outras ocasiões, pode acontecer de a empresa ter uma campanha autorizada, porém aplicar, na prática, mecânica diferente da que foi aprovada. Nestes casos, a empresa estará cometendo uma infração e poderá ser penalizada nos seguintes aspectos: (a) cassação da autorização, (b) proibição de realizar novas campanhas nesses moldes pelo prazo de até 2 anos, e (c) multa de até 100% do valor total da premiação a ser distribuída.

10.2.3 Experimentação

É comum que a experimentação se dê dentro do ponto de venda onde ocorre a interação com o consumidor final. Essas ações se caracterizam por entregar, de forma gratuita, uma "prova" do produto ou serviço que é objeto da promoção.

As técnicas de experimentação estão, por exemplo, bastante presentes nos ambientes de supermercados. Normalmente, essa ferramenta tem uma eficiência interessante para lançamentos de novos produtos, visto que você dá a oportunidade de o consumidor, sem custo, poder experimentar previamente um novo produto, tirando, portanto, qualquer percepção de risco de desempenho que pode estar no sentimento do cliente. Além disso, a técnica de experimentação tende a ser efetiva para gerar venda do produto no momento em que o consumidor, ao ganhar uma prova de graça, quiser compensar o "agrado" que recebeu da empresa.

10.3 DECISÕES IMPORTANTES COM RELAÇÃO ÀS PROMOÇÕES NÃO MONETÁRIAS

Depois de conhecer melhor as promoções não monetárias, gerentes de marketing devem refletir a respeito de alguns pontos no momento de estabelecerem suas estratégias promocionais. Primeiro, diferentemente das campanhas monetárias, as ações de cunho não monetário não se vinculam ao benefício preço. Portanto, diferentemente do apelo para fechamento de um bom negócio, a campanha não monetária irá suscitar fantasias e qualidade[13]. Esses elementos, por sua vez, se relacionam com benefícios hedônicos. Nesse sentido, as campanhas de brindes, concursos e sorteios de prêmios e experimentação tendem a se conectar com bens que suscitam os benefícios hedônicos. Quando esses dois elementos se vinculam (promoção não monetária e benefícios hedônicos), a efetividade da ação tende a ser maior[14].

Um elemento central para o sucesso da promoção não monetária (ações de brindes, concurso e sorteio de prêmios) é a atratividade da premiação. Um prêmio atrativo estará diretamente vinculado à percepção da campanha perante os consumidores e sua intenção para a adesão. Premiação atrativa é aquela que está ligada a uma dificuldade de conquista (que irá suscitar a fantasia) – neste caso, bastante vinculado a um valor alto, ou ainda, que tem uma relação direta com o bem ofertado, como, por exemplo, uma Universidade sortear um curso de extensão[15].

Como já mencionamos nesse capítulo, as promoções monetárias tendem a trazer uma resposta de curto prazo mais efetivo do que promoções não monetárias. Contudo, as promoções não monetárias trazem outros benefícios, como reforço de marca e elevação da percepção de qualidade[16]. Esses elementos estão diretamente ligados a benefícios de longo prazo e tendem a ser mais efetivos do que se comparados à propaganda para estimular respostas de compra, visto que atrelada à sua oferta haverá um benefício em destaque.

Produtos sofisticados tendem a se relacionar com estilos de consumo, como, por exemplo, *status* e conspícuo. O consumo de *status* se associa normalmente à aquisição de bens de alto valor financeiro para chamar a atenção de outros, enquanto o consumo conspícuo também se vincula à compra de produtos caros, mas sem a necessidade da exposição[17]. A promoção monetária, como mexe diretamente com o preço, tende a retirar as percepções de *status* e conspícuo. Por sua vez, as não monetárias serão mais efetivas[18].

Em comparação às ações de concurso e sorteios de prêmios ou experimentação, a ferramenta de brinde tende a ser a mais efetiva para gerar respostas de curto prazo. Isso porque o participante tem a certeza de que ganhará o benefício se atingir os objetivos estipulados. Conforme vimos neste capítulo (seção 10.2.1), diversas ações dessa natureza alcançaram resultados bastante satisfatórios. Interessante que esse tipo de ação, diferentemente da publicidade, tem um poder de mensuração da sua efetividade a partir do volume de brindes trocados. Nota-se também que ele pode ser utilizado como uma ferramenta para gerar intenções de recompra, como a troca de brinde a partir da compra contínua de um produto em que, nesse caso, há exigência de se "colecionar" selos para ter direito ao benefício.

As plataformas digitais estão cada vez mais presentes nas ações não monetárias, especialmente nas campanhas de concursos e sorteios de prêmios. Uma das explicações para isso ocorrer é a economia vinculada a custos operacionais, como, por exemplo, a impressão de bilhetes/cupons físicos. Nesse sentido, empresas têm realizado investimentos em sistemas eletrônicos para gerenciamento de números de sorte (atrelados à modalidade sorteio e assemelhados) ou para a disponibilização de premiações instantâneas (modalidade assemelhada a vale-brinde).

Da mesma forma que as plataformas digitais são ferramentas eficientes para conhecer os clientes em ações monetárias, elas também podem ser utilizadas com o mesmo propósito nas campanhas não monetárias. Isso porque essas plataformas serão mecanismos eficientes para registro de comportamento dos clientes, sendo que os consumidores deverão utilizá-las para obter os benefícios norteadores das promoções. Como já comentado, essas ferramentas estão sendo bastante utilizadas nas ações de concursos e sorteios de prêmios.

EXERCÍCIOS PARA FIXAÇÃO

1. O que diferencia as ações de promoções não monetárias e as campanhas monetárias?

2. Apresente, no mínimo, três promoções não monetárias de que você já participou e pontue aspectos positivos e negativos atrelados às percepções de âmbito econômico, informacional e psicológico.

3. Faça uma busca na internet para identificar uma promoção de distribuição de brinde. Reflita e justifique questões como:

   a) ela está alinhada com o público-alvo da empresa?

   b) o brinde é atrativo?

4. Identifique na internet uma promoção da modalidade assemelhado a concurso. Logo após, descreva: promotor da ação, mecânica da promoção, premiação e lógica de contemplação. Qual a sua opinião geral da promoção?

   a) está alinhado com o público?

   b) a premiação é a atrativa?

   c) é burocrática a participação?

5. Identifique na internet uma promoção da modalidade assemelhada a concurso. Descreva: promotor da ação, mecânica da promoção e premiação. Logo após, descreva: promotor da ação, mecânica da promoção, premiação e lógica de contemplação. Qual a sua opinião geral da promoção?

   a) está alinhado com o público?

   b) a premiação é a atrativa?

   c) é burocrática a participação?

6. Identifique na internet uma promoção da modalidade assemelhado a sorteio. Logo após, descreva: promotor da ação, mecânica da promoção, premiação e lógica de contemplação. Qual a sua opinião geral da promoção?

   a) está alinhado com o público?

   b) a premiação é a atrativa?

   c) é burocrática a participação?

7. Identifique na internet uma promoção da modalidade assemelhado a vale-brinde. Logo após, descreva: promotor da ação, mecânica da promoção, premiação e lógica de contemplação. Qual a sua opinião geral da promoção?

   a) está alinhado com o público?

   b) a premiação é a atrativa?

   c) é burocrática a participação?

8. As ações descritas acima estão certificadas pela REPCO/CAIXA ou SEAE/MF?

9. Tente lembrar ou pesquisar alguma campanha não monetária de experimentação. Compartilhe ou descreva as suas características e reflita se a estratégia utilizada pela empresa foi adequada.

OPERACIONALIZAÇÃO DE UMA PROMOÇÃO DE VENDA

O QUE VEREMOS NESTE CAPÍTULO
- Entender os conceitos de promoção monetária e não monetária.
- Indicar os passos para a realização operacional de uma promoção de vendas.
- Conhecer quais os caminhos os gestores devem percorrer para alcançar o sucesso em uma promoção de vendas.
- Tratar sobre os principais elementos e atributos de uma promoção.
- Descobrir quais são os principais efeitos gerados em uma promoção.
- Discutir qual o perfil do profissional de promoção de vendas exigidos atualmente no mercado.

Infelizmente, ainda vivemos em um ambiente onde alguns gerentes de marketing de empresas propõem campanhas promocionais sem o mínimo planejamento das ações. Nesses casos, pouco se reflete sobre questões essenciais, como: por que fazer a campanha promocional? Para quem? Com que finalidade? Como fazer? Que resultados quero com ela?

Assim, o sucesso dessas promoções, na maioria dos casos, deve-se a uma mera sorte. Por outro lado, o comum é encontrar campanhas absolutamente fracassadas, ou seja, a empresa simplesmente fez uma promoção por fazer ou, em outras palavras, faz *A Promoção por Promoção!*

11.1 ETAPAS PARA REALIZAÇÃO DE UMA PROMOÇÃO DE VENDAS

Para tentar organizar uma promoção, daremos um roteiro composto por algumas etapas. Estas podem ser reorganizadas ou adaptadas de acordo com as promoções realizadas e de acordo com o perfil do estabelecimento que está realizando a ação promocional. Desse modo, esta seção apresenta um esquema que deve ser levado em consideração pelas empresas quando pensarem em fazer uma promoção de vendas. Esse processo inicia com a reflexão sobre os reais motivos que norteiam a realização da promoção, seguido pelo conhecimento do seu público-alvo, reflexão sobre os objetivos a serem conquistados (curto *versus* longo prazo), além da reflexão sobre a operação das campanhas existentes e formas de avaliação dos resultados obtidos. A Figura 11.1 apresenta o fluxo das etapas para a realização de uma promoção de venda.

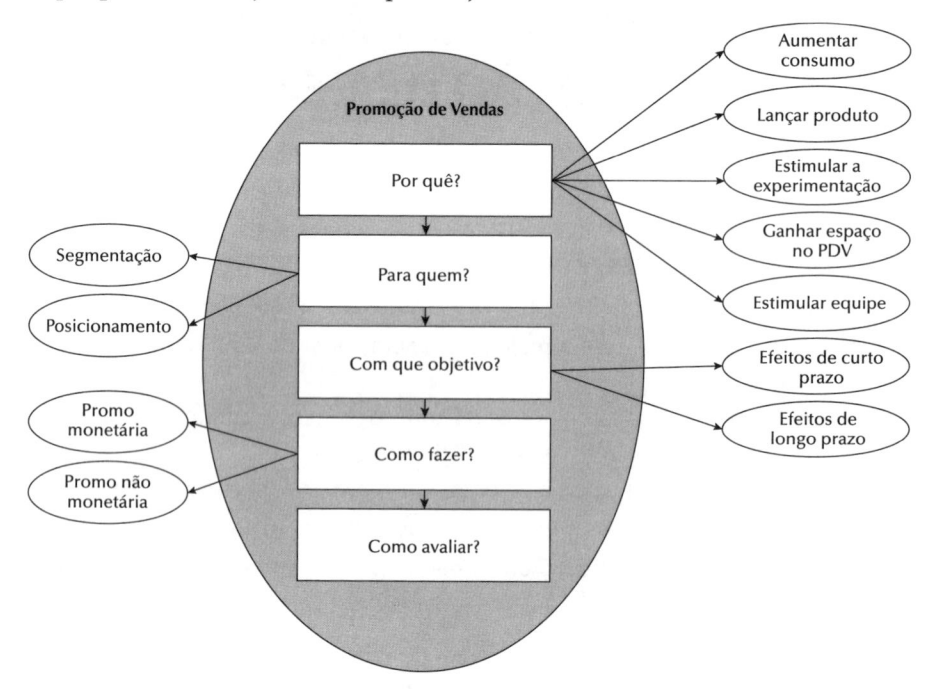

Figura 11.1 – Etapas para a realização de uma promoção de vendas.

11.1.1 Por que realizar uma promoção de vendas?

Normalmente, os motivos norteadores para lançamento de uma promoção de vendas são vários e depende diretamente das empresas ofertantes[1]. No entanto, aqui podemos enumerar três que são os mais comuns atualmente: (1) aumentar o consumo, (2) lançar um produto e estimular a experimentação e (3) ganhar espaço no ponto de venda e estimular equipe de vendas.

11.1.1.1 A promoção de vendas para aumentar o consumo

A promoção de vendas, principalmente a partir do início da década de 80, passou a ser um dos pilares e razão para o sucesso e o fracasso das estratégias dos planos das empresas na perseguição das ações de marketing e objetivos financeiros[2]. Dessa forma, não ficamos surpreendidos ao ver que um dos motivos mais comuns para uma empresa decidir por realizar uma promoção de vendas seja o fato de a empresa requerer aumentar o seu volume de vendas e, como consequência, atingir os objetivos financeiros destacados anteriormente.

Diversas podem ser as razões para elevar as vendas por meio das promoções, entre elas podemos destacar: diminuir a quantidade de produtos em estoque, ganhar *market share*, aproveitar datas comemorativas para estimular a venda e acelerar a comercialização de produtos sazonais.

11.1.1.2 A promoção de vendas no lançamento de novos produtos

Um consumidor uma vez disse: "*Se entre produtos similares, um estiver lançando uma premiação, eu opto pelo que estiver sendo lançando em uma promoção. Isso se ela atender qualidade e preço também. O diferencial, nesses casos, é a premiação. A possibilidade de premiação*"[3]. Essa afirmação foi obtida de um entrevistado numa pesquisa realizada para verificar, entre outras coisas, a influência da promoção no comportamento de compra dos consumidores. Algumas variáveis servem como explicação para isso. Por exemplo, a promoção de vendas serve para chamar a atenção dos consumidores quando produtos apresentam características similares[4]. Ações de promoção de vendas, muitas vezes, diminuem a percepção de risco que, continuamente, está vinculada a novos produtos[5]. A promoção de vendas atenua o valor psicológico em relação a uma compra[6].

11.1.1.3 A promoção de vendas ganhando espaço no ponto de venda

Não é incomum indústrias realizarem, em parceria com varejistas, campanhas cujo objetivo principal é destacar seu produto no seu ponto de venda. Por vezes, essas ações são resultados de permutas nas quais de um lado está a indústria sorteando um prêmio exclusivo a um ponto de venda; no outro, o varejista oferecendo um espaço privilegiado no ambiente de compra ou num encarte de oferta. Mais frequente ainda é observarmos cartazes ou adesivos destacando produtos em desconto.

Essa parceria está pautada, essencialmente, dentro da lógica ganho *versus* ganho, uma vez que, trazendo um produto com um benefício para o ponto de venda, ele estará vendendo mais e, consequentemente, trará mais lucro para meu negócio.

11.1.2 Para quem fazer uma promoção de vendas?

Muitos dos fracassos de promoções devem-se à falta de reflexão profunda sobre uma pergunta básica que todo empreendedor ou gestor deve fazer antes de pensar na realização de uma promoção, que é *"Para quem vou fazer a promoção?"*. A resposta levará ao entendimento acerca do segmento em que atuo e o posicionamento de marca que sigo.

11.1.2.1 Segmentação de mercado

A segmentação de mercado consiste em identificar mercados potenciais em diferentes subconjuntos de consumidores com necessidades ou características comuns, enfocando um ou mais segmentos para atender com um *mix* de marketing específico[7].

A partir da identificação do segmento, terei respostas claras para gerar engajamento dos clientes a uma ação promocional, uma vez que poderia alinhar mecânicas de participações e benefícios alinhadas com a necessidade dos públicos.

A operacionalização da segmentação de mercado se dará pela observação e coleta de dados que mapeará o perfil demográfico (sexo, renda, grau de instrução, ocupação, entre outros), psicográfico (percepções, motivações, atitudes, características emocionais, entre outros), comportamental (taxa de uso, benefício de uso, taxa de fidelidade, entre outros) e geográfico (endereço residencial, entre outros)[8].

Conforme discutimos anteriormente, a inserção de mecanismos eletrônicos na participação de promoções monetárias e não monetárias são efetivas para capturar esses comportamentos.

11.1.2.2 Posicionamento de mercado

O posicionamento é a ação de projetar um produto e a imagem da empresa para ocupar um lugar diferenciado na mente do consumidor[9], ou seja, é uma forma de diferenciar o seu negócio de seus concorrentes por meio de dimensões reais e atributos que sejam para os clientes[10].

Com base nesses conceitos, percebe-se o quão próximo devem estar os benefícios ofertados numa promoção de vendas com o posicionamento de uma marca. O fato de estarem alinhados permitirão maior probabilidade de engajamento, uma vez que a percepção da ação será facilitada, pois, nesse caso, a promoção servirá como um aliado para reforçar um atributo que faça o bem se diferenciar dos concorrentes. Observamos, também no capítulo 10, que as promoções caracterizadas como assemelhado a concurso poderão, ainda, auxiliar na consolidação de posicionamento das empresas.

11.1.3 Com que objetivo irei implementar uma promoção de vendas?

Para se obter a resposta para a questão acima, é primordial saber que tipos de resultados irei esperar com a realização de minha promoção. Dessa forma, é importante pensar se a resposta pretendida, em termos, por exemplo, de volume de vendas, é de curto ou longo prazo, pois esses elementos são essenciais para definir qual tipo de promoção utilizar.

11.1.3.1 Efeitos de curto prazo

O efeito de curto prazo esperado sobre uma promoção de vendas está diretamente associado a uma resposta imediata do consumidor, ou seja, irá ter efeito sobre o volume de compra e na resposta sobre uma intenção de compra[11]. Essas ações podem ser muito utilizadas em produtos que demandam urgência para diminuição de estoque, sendo comum em contextos sazonais, como, por exemplo, moda, visto que esses produtos se vinculam a períodos do ano. Observamos também empresas que buscam aumentar o volume de vendas em datas festivas, como Dia das Mães e Natal.

Contudo, é importante relembrar que a concepção da realização de promoção de vendas, única e exclusivamente com fins para atingir resultados de curto prazo, como é o aumento do volume de vendas e diminuição de estocagem, podem acarretar prejuízos na percepção da marca[12].

11.1.3.2 Efeitos de longo prazo

Os efeitos de longo prazo se associam a respostas não imediatas e, sim, com efeitos cumulativos da percepção do consumidor. Nesse caso, os comportamentos são mais estáveis e têm influência sobre atitudes futuras. Exemplos que podem ser citados são: intenção de recompra, percepção de qualidade, lealdade, avaliação de marca e custo de mudança[13].

Assim, para os casos nos quais a promoção de vendas é utilizada para a consolidação de efeitos de longo prazo, nem sempre o objetivo será o mais óbvio, ou seja, o aumento do volume de vendas[14].

11.1.4 Como fazer uma promoção de vendas?

Após a reflexão dos motivos para se realizar uma promoção, para quem direcionar as ações e com quais objetivos, chegamos à etapa em que nos deparamos em como fazer uma promoção. As respostas para essa questão estarão diretamente associadas com o tipo de promoção a ser utilizada: promoção de vendas monetária e promoção de vendas não monetária.

11.1.4.1 Promoção de vendas monetária

Como já vimos no capítulo 9, a promoção de vendas monetárias é aquela cujas ações têm impacto direto no preço do produto ofertado e acarretam, principalmente, comportamentos associados a encorajamento de intenção de compra[15] e indução à experiência de uso[16].

As ações mais comuns associadas à promoção monetária são descontos diretos, cupons de desconto e *"Compre 1, Leve Mais!"*. Neste caso, alguns elementos são essenciais para se pensar antes de implementar a ação. Exemplos disso foram debatidos no capítulo 9 e estão associados, principalmente, à formação de apresentação do desconto ou abatimento (percentual *versus* números) e reflexão dos efeitos sob o ponto de vista informacional, econômico e psicológico.

11.1.4.2 Promoção de vendas não monetária

A promoção de vendas não monetária se vincula, mais fortemente, com ações para promoção de imagem e aumento de participação de mercado[17]. Neste caso, são exemplos campanhas de distribuição de prêmios (concursos, vale-brindes, sorteios), amostras grátis e ações do tipo compre e ganhe.

Como já discutimos, a implementação das campanhas de promoção de vendas não monetária, em alguns casos, demanda autorizações de órgãos fiscalizadores e, portanto, um cuidado maior antes de se pensar na operacionalização. O capítulo 10 apresentará exemplos de tipos de promoções não monetárias que demandam esses cuidados extras e as que não demandam.

11.1.5 Como avaliar a efetividade de uma promoção de vendas?

Os gestores de marketing não devem se preocupar só com as etapas anteriores que foram apresentadas e anteriormente discutidas com profundidade em cada um dos capítulos que trataram sobre promoção de vendas. Além disso, é importante refletir sobre metodologias para monitorar a efetividade dessas ações. Na Tabela 11.1, destacamos formas de mensurar a efetividade de cada uma das ações de promoções (monetária e não monetária).

Tabela 11.1 – Avaliação de efetividade de uma promoção

Tipo de promoção	Avaliação da efetividade
Cupons de desconto	Normalmente, neste tipo de ação a empresa sabe quantos cupons foram emitidos para ação. A monitora da efetividade desta ação estará diretamente ligada ao número de cupons trocados como benefício.
Descontos direto	Essa ferramenta talvez seja a mais difícil de mensurar no que diz respeito às ações monetárias. A investigação poderá se dar por meio do volume de vendas obtido durante o período de vigência da promoção de desconto.
Compre 1, Leve Mais!	Esta ação, conforme foi apresentado no capítulo 9, normalmente está atrelada a um novo processo produtivo (mais quantidade em embalagens promocionais; junção de embalagens) ou a um controle efetivado no momento da compra. Portanto, a efetividade da ação poderá ser monitorada a partir do número de trocas ou compras das embalagens promocionais.

Tipo de promoção	Avaliação da efetividade
Brindes	O dimensionamento das campanhas de brindes está diretamente associado ao número de benefícios (brindes) retirados pelos participantes. Normalmente, o esgotamento dos benefícios em um curto espaço de tempo representa o sucesso da ação.
Concursos e Sorteios de Prêmios	A inserção eletrônica neste tipo de ação facilitou, de forma significativa, o poder de mensuração da efetividade da promoção. Com sistemas vinculados a essas campanhas, será possível verificar o volume total de transações relacionadas às campanhas promocionais e ainda fazer uma investigação segmentada do comportamento dos consumidores.
Experimentação	No âmbito das promoções não monetárias, as ações de experimentação são, sem sombra de dúvidas, as mais difíceis de mensurar. Neste caso, possivelmente será necessário estabelecer mensurações de vendas nos pontos de vendas onde há *stands* de experimentação. De qualquer forma, não haverá a clara certeza de que as compras efetivadas foram em decorrência da ação de experimentação.

11.2 AMPLITUDE DE ATUAÇÃO DE UMA TÉCNICA DE PROMOÇÃO DE VENDAS

As técnicas de promoções de vendas são vistas dentro da área de marketing como uma ferramenta de incentivos temporários que incentivam o consumo ou julgamento de produtos. Porém, seus efeitos podem alcançar proporções de longo prazo para o mercado. Engana-se quem pensa que os efeitos de uma técnica de promoção de vendas estão apenas no momento em que ela está sendo executada. Existem várias evidências que demonstram as consequências das promoções atuando mesmo quando ela já encerrou[18]. Desse modo, nós podemos imaginar aqui a técnica de promoção atuando dentro de uma amplitude, que vai desde os elementos básicos e necessários para sua criação, perfazendo logo após os seus atributos básicos e gerando efeitos em um futuro distante. Assim, podemos dizer que a amplitude da atuação de uma técnica de promoção de vendas pode ser dividida em três partes: elementos, atributos e efeitos (Figura 11.2).

Os *elementos* de uma promoção de vendas são considerados os objetos essenciais a serem analisados antes de propor estrategicamente uma promoção. Esses são os responsáveis diretos pelo sucesso de uma promoção e devem ser calculados e mensurados com o maior cuidado para não gerar problemas na sua execução. Os principais elementos básicos que compõem uma promoção são: pessoas, conhecimento, processo, dinheiro, instalações e equipamentos, espaço e tempo.

As pessoas são elementos essenciais para a organização de uma técnica de promoção. É delas que surgem as ideias, a organização e as tomadas de decisões.

Selecionar e recrutar pessoas com o perfil para trabalharem em uma promoção é algo bem importante e nada fácil de fazer. Essas pessoas devem entender que, pelo fato de a promoção ser algo temporário, exige delas uma capacidade de mudança muito grande em um pequeno espaço de tempo. Essas pessoas devem ter conhecimento de uma promoção. Aliás, ter conhecimento significa ter realizado várias promoções anteriormente. Esse conhecimento é aquele que vem da prática. E claramente esse conhecimento advém não só dos acertos, mas também dos erros.

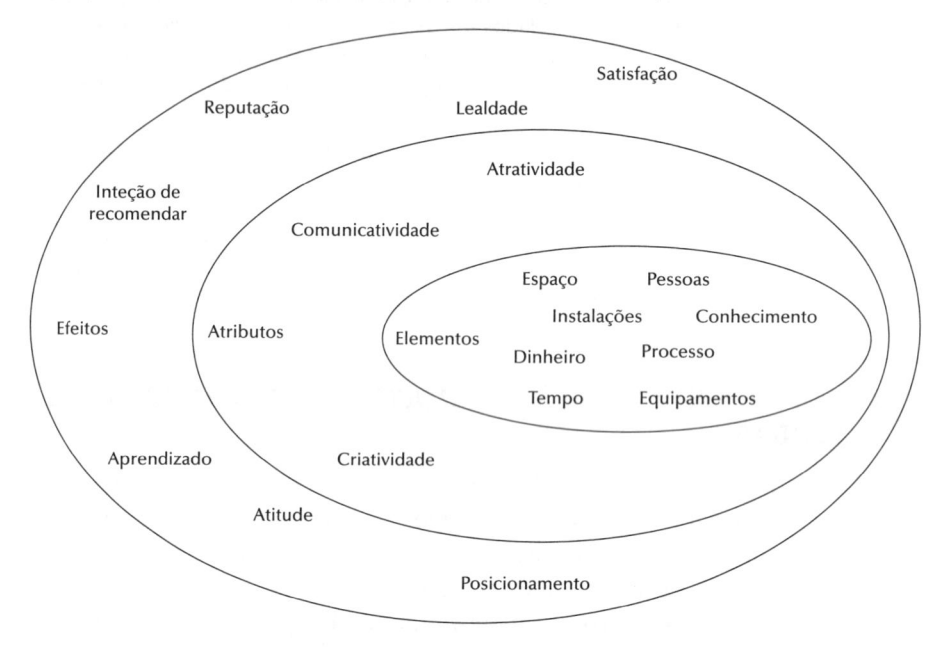

Figura 11.2 - As três partes que compõem a amplitude de atuação.

Nós podemos dizer que ter conhecimento a respeito de como fazer uma promoção é estar ciente do que foi feito e rever os erros, para melhorar os processos e não repetir os problemas anteriores. Nesse sentido, os processos são elementos fundamentais para o sucesso de uma promoção. Os processos se resumem ao conjunto de etapas que executam uma promoção de vendas. Essas etapas devem estar bem planejadas e alinhadas para que a promoção surta o efeito estratégico dela.

O dinheiro é outro elemento importante de uma técnica de promoção. Quando falamos em relevância do dinheiro, não estamos dizendo que para uma técnica de promoção ser bem-sucedida tem que ter muito dinheiro empregado. Pelo contrário, existem técnicas de promoções que foram muito bem-sucedidas com gastos mínimos de dinheiro. Ao nos referirmos aqui a dinheiro, estamos dizendo que as pessoas devem ter o controle monetário do que está sendo aplicado. Fazer a gestão financeira da técnica de promoção é essencial, pois aí nós conseguiríamos demonstrar a relação custo/benefício que uma promoção gera para uma empresa.

Além da gestão do dinheiro, outro fator preponderante para o sucesso de uma promoção são as instalações e equipamentos. Não adianta organizar uma técnica de promoção em todos os seus elementos e se esquecer de pensar nas instalações e equipamentos. As promoções devem focar em levar ao consumidor uma boa impressão. Desse modo, ter equipamentos e instalações confortáveis é essencial. Sabemos que muitas promoções são realizadas hoje pela *internet*, mas as que são feitas em ambientes reais devem prezar por detalhes como: *displays*, televisores, assentos, balcões, entre outros, de ótima qualidade e que dê preferência para o consumidor ter sensações agradáveis.

Essas instalações e equipamentos devem estar dentro de um espaço confortável para os consumidores, pois, em alguns casos, as promoções estão ligadas a aspectos burocráticos e, portanto, demandará tempo de espera. Desse modo, outro elemento importante para uma boa técnica de promoção de vendas é o espaço. Fazer o consumidor entrar no clima da promoção e se contagiar pelo que está sendo ofertado é essencial. Isso pode ser feito pela organização do local. O espaço é composto de vários artefatos que podem gerar no consumidor boas sensações. Criar a impressão de algo espaçoso, limpo e aconchegante é fundamental.

Por fim, um dos elementos mais importantes de uma promoção é o tempo. Já foi dito em outros momentos deste livro que a técnica de promoção é caracterizada pelo condicionante do tempo, sendo este limitado, curto e temporário. A organização do tempo diz respeito a fazer o cliente perceber que a vantagem oferecida é boa, porém limitada pelo tempo. Desse modo, temos que mostrar para o cliente que a promoção é por tempo determinado e, se ele não comprar, vai perder o benefício. No entanto, cuidado, pois sabemos que a pressão do tempo pode gerar sensações nada agradáveis no consumidor[19].

> **COMO CONSTRUIR UMA ESTRATÉGIA EFICIENTE**
>
> É preciso ter cuidado com a dimensão de tempo utilizada em uma promoção. É sabido que as pessoas não gostam de tomar decisão com a pressão do tempo ao seu redor. Pesquisas demonstram que, quando as pessoas estão sob a pressão de tempo, tendem a perceber mais as informações negativas do produto, omitindo as informações positivas. Desse modo, nota-se que a pressão do tempo em uma promoção pode prejudicar sensivelmente o desempenho, principalmente com consumidores inexperientes que precisam processar uma grande quantidade de informação.

Os atributos são considerados os elos que ligam os elementos básicos aos efeitos de uma técnica de promoção de vendas. É nos atributos que se define a qualidade associada a um elemento que futuramente poderá gerar um efeito de longo prazo. Os atributos são mecanismos de transição que levam a estratégia de curto prazo se estabelecer a longo prazo. Os principais atributos de uma técnica de promoção de vendas são: comunicatividade, criatividade e atratividade.

Em um primeiro momento, devemos conceber uma técnica de promoção como algo informativo que visa se comunicar com o consumidor. Isso implica dizer que ela deve transmitir informação e gerar um sentido ao consumidor. A comunicatividade funciona como um estímulo que sensibiliza diretamente o consumidor.

A criatividade diz respeito à inovação que a técnica de promoção pode promover. Isso implica dizer que o gestor de promoções de vendas deve desenvolver métodos que façam os consumidores ficarem surpresos e acabem se interessando. Nesse caso, deve-se pensar diferente de tudo que está sendo aplicado no mercado para gerar um efeito marcante no cliente.

A atratividade sem dúvida é um elemento importantíssimo das promoções de vendas. Os gestores vão procurar desenvolver promoções para encantar os clientes e chamar ao máximo a atenção. Para isso, as promoções precisam causar impacto, para que possam ter a capacidade de ser atraentes para o usuário final.

Os efeitos de longo prazo de uma promoção são algo importante de se estudar. Porém, somente nas últimas décadas começaram a surgir trabalhos que se preocupavam com esses efeitos. Isso pode ser explicado porque, durante muitos anos, a técnica de promoção de vendas foi mensurada somente por meio de resultados de curto prazo. Mensurar o que acontece em um espaço pequeno de tempo é muito mais fácil do que em um horizonte temporal maior. Esse pode ser um dos motivos de existirem poucos estudos. Os principais efeitos encontrados hoje que dizem respeito ao longo prazo de uma promoção são: satisfação, lealdade, atitude, intenção de recomendar, aprendizado, reputação e posicionamento.

A satisfação é um dos principais consequentes da promoção de vendas. Quando os clientes sentem atratividade por um conjunto de promoções, isso pode levar a uma satisfação ao longo prazo. Dentro desse pensamento, podemos dizer que a promoção de vendas pode superar as expectativas de um cliente, acarretando uma satisfação maior na compra daquele produto. Se o cliente estiver satisfeito e a promoção surpreendê-lo, ele pode ficar ainda mais leal à empresa. É isso que chamamos de lealdade, que é expressa quando as pessoas ficam um patamar acima do nível da satisfação. Muitas empresas, nesse caso, utilizam cartões de fidelidade que promovem diretamente promoções aos seus clientes.

COMO CONSTRUIR UMA ESTRATÉGIA EFICIENTE

Os cartões de fidelidade utilizados para atrair clientes para compras periódicas utilizam com frequência técnicas de promoções de vendas. Companhias aéreas, supermercados, lojas do varejo têm investido muito nessas estratégias. É comum ver associados aos cartões de fidelidades: descontos, bônus, prêmios, entre outras técnicas de promoção de vendas.

As técnicas de promoções podem também aumentar a preferência por certos tipos de produtos e fazer o consumidor ter atitudes positivas com relação a estes. Isso acontece muito com as marcas. Sabemos que, dependendo de como é organizada uma promoção, esta pode ter efeitos na atitude do consumidor, sejam negativos ou positivos. Por isso, os gestores devem se esforçar para gerar percepções boas nos clientes, pois isso pode acarretar atitude positivas e, ao mesmo tempo, fazer com que o cliente seja o promotor de sua marca ou produto. Neste caso, estamos falando especificamente da intenção de recomendar para uma outra pessoa. Esse *é caso do famoso boca* a boca. Se a promoção gerar atitudes positivas, provavelmente teremos boca a boca positivo, ou seja, os consumidores vão incentivar outros consumidores a comprar. Porém, se a promoção gerar atitudes negativas, provavelmente teremos boca a boca negativo, ou seja, os consumidores não vão incentivar outros consumidores a comprar.

Outro efeito que uma técnica de promoção pode gerar é o aprendizado para o consumidor. Por ser uma técnica de marketing que visa comunicar, ela pode informar e fazer que o consumidor tenha conhecimentos a respeito do produto. Nesse contexto, a promoção pode divulgar algo novo para o consumidor ou demonstrar uma característica do produto que não tinha sido percebida anteriormente.

A reputação é algo que uma promoção de vendas pode auxiliar diretamente. Sabemos que as empresas tentam focar sempre em mostrar uma melhor imagem para os clientes e, para isso, tentam compartilhar boas *ações. Dependendo de como for organizada uma promoção*, ela pode fortalecer a marca da empresa no mercado, fazendo que os clientes a vejam com uma reputação melhor que a dos concorrentes. Isso pode implicar melhor posicionamento de mercado, ou seja, em comparação com outros produtos, a empresa terá preferência por parte do consumidor.

11.3 CHAVES PARA O SUCESSO DE UMA PROMOÇÃO NO BRASIL

O cenário brasileiro tem características muito específicas, a ponto de ter uma dinâmica de técnica de promoções mais usadas pelos comerciantes. Por exemplo, todos já ouviram falar daquela frase: "*Brasileiro gosta de pechinchar*". Isso quer dizer que brasileiro gosta de desconto. Desse modo, os varejistas no Brasil têm como prática sempre dar desconto nas suas vendas. Acreditamos que esse fenômeno aconteça, pois durante muitos anos (praticamente toda década de 1980 do século passado) o brasileiro passou por uma profunda recessão e altos índices de inflação, o que diminui consideravelmente o poder aquisitivo do brasileiro. Esse fato fez que o brasileiro tentasse economizar ao máximo na compra de produtos, solicitando costumeiramente o desconto.

Pelo contrário, outra promoção que não é bem comum para os brasileiros são os cupons. Encontramos alguns jornais, revistas e lojas de varejos que distribuem cupons aos seus clientes. No entanto, se formos comparar aos Estados Unidos, esse número é bem menor. Os norte-americanos têm o hábito corriqueiro de comprar cupons para usarem em trocas futuras. Isso aconteceu devido a uma grande difusão desse tipo de promoção nos meios de comunicação. De qualquer forma, como veremos nos próximos capítulos, essa técnica vem crescendo, nos últimos anos, em função da proliferação dos aplicativos móveis e internet.

Esses dois exemplos demonstram que aspectos culturais, econômicos e sociais de cada país tendem a ajudar a difusão. Desse modo, precisamos estudar características específicas que podem auxiliar no entendimento da organização das técnicas de promoções. No caso do Brasil, após uma longa análise de pontos--chave para o sucesso de uma promoção, elencamos cinco itens que devem ser considerados ao elaborar uma promoção de vendas: integrar áreas afins, planejar a terceirização, conectar a área de vendas e marketing, pensar em estratégias de curto prazo e mensurar o impacto das promoções.

A promoção de vendas não é responsabilidade somente da área de marketing e vendas. Tradicionalmente, em empresas brasileiras vemos um esforço concentrado e quase isolado dessas áreas. A promoção deve ser compartilhada em outras áreas funcionais da empresa. O sucesso de uma promoção depende diretamente de quanto as outras áreas funcionais "compram a ideia da promoção". Para uma promoção dar certo, precisa do auxílio de outros setores. O financeiro deve apontar quanto de benefícios será ofertado na promoção. O pessoal do estoque precisa estar atento para repor os produtos. A publicidade deve estar alinhada aos propósitos da promoção de vendas e vice-versa. Estes três últimos exemplos demonstram a importância de alinhar bem os departamentos da empresa antes de iniciar uma promoção.

Sabemos que é comum no Brasil as empresas terceirizarem parte do seu negócio, pois não têm a expertise para realizar. Em uma promoção, as empresas costumam terceirizar: o desenvolvimento da publicidade, a equipe de troca de cupons, a supervisão da promoção, a construção de *sites* ou aplicativos promocionais, entre outros. Terceirizar essas instâncias requer muito cuidado, pois a empresa pode, em alguns momentos, perder o controle total das ações que envolvem as promoções. Desse modo, os gestores das promoções devem estar atentos aos mecanismos de gestão dessas terceirizações, desenvolvendo contratos que permitam maior controle das ações dos terceiros.

Para que promoção de vendas obtenha sucesso, deve haver uma conexão direta entre as áreas de marketing e vendas. É sabido que a área de vendas gera resultados mais concretos quando está integrada às atividades de marketing da empresa. Quando se desenvolve uma técnica de promoção, esta deve motivar os vendedores, pois age convencendo os clientes impondo prazos curtos, gerando um efeito direto na venda de produtos. As promoções auxiliam as vendas, pois criam consciência no consumidor acarretando novos julgamentos a respeito do produto. Por exemplo, o vendedor pode utilizar uma promoção depois de persuadir o cliente por meio de um argumento de venda, oferecendo um brinde ou um desconto para que o cliente feche a compra.

Outro ponto que faz o sucesso de uma promoção no Brasil é que o gestor deve pensar em estratégias de curto prazo. O foco da promoção deve ser de curto prazo. Isso implica dizer que elas devem focar em um volume de vendas rápido com uma crescente participação de mercado. Assim, os prazos devem ser limitados com a construção de metas e avaliação de desempenho em curto período de tempo.

> **COMO CONSTRUIR UMA ESTRATÉGIA EFICIENTE**
>
> A técnica de promoção de vendas tem uma grande vantagem, pois nela conseguimos ver muito facilmente a relação de causa e efeito da estratégia, ou seja, conseguimos avaliar claramente a eficiência e eficácia das suas ações. Em outras estratégias de marketing, é complicado avaliar as causas e efeitos, como, por exemplo, uma propaganda ou uma campanha de endomarketing.

Além da construção dessas metas e avaliação, o gestor deve produzir resultados mensuráveis. Isso quer dizer que devemos nos preocupar em mensurar o impacto das promoções. Para vermos se uma estratégia obteve sucesso, precisamos mensurar os seus efeitos, seja no volume de vendas, seja na quantidade de clientes, no número de atendimentos, entre outros. O que estamos dizendo é que, para termos o ciclo estratégico da promoção bem-sucedido, é preciso avaliar a eficácia e eficiência das promoções, para isso é preciso mensurar as promoções por meio de indicadores claros.

11.4 O PERFIL DO PROFISSIONAL DA PROMOÇÃO DE VENDAS

Vários fatores contribuem para o desenvolvimento rápido da promoção de vendas e esses fatores também influenciam claramente o perfil desse profissional. Acreditamos que o perfil dos profissionais pode ser definido com base nesses fatores e em habilidades específicas a serem desenvolvidas. No caso dos fatores, acreditamos serem cinco os principais influenciadores do perfil do profissional de promoção de vendas: (1) ser fruto das características ambientais da empresa, (2) entender como o consumidor enxerga os produtos e marcas, (3) conectar a estrutura de vendas da empresa ao calendário de eventos, (4) planejamento da estrutura administrativa e de controle e (5) comunicar para a sociedade. No que tange às habilidades necessárias para um profissional de promoção de vendas, dividimos aqui em três: (1) operacionais, (2) táticas e (3) estratégicas.

Os profissionais de promoção de vendas enfrentam grandes pressões para aumentar a venda de curto prazo dos seus produtos, fazendo que a empresa os diferenciem dos seus principais concorrentes. Podemos dizer que o perfil do profissional de promoção de vendas é *fruto das características ambientais* que uma empresa está vivenciando. Quanto mais aguerrido for o mercado, mais agressivo e compenetrado deve ser o perfil desse profissional, pois este deve elaborar técnicas de vendas que atendam a demanda desse mercado.

O perfil desse profissional deve ser movido pela curiosidade. Ele deve *entender como o consumidor enxerga os produtos e as marcas*, para projetar técnicas que atendam essa demanda. As empresas estão estudando os consumidores e projetando promoção de vendas para ajudar a diferenciar os produtos ofertados. Na nossa realidade atual, os clientes estão exigindo produtos melhores e com baixos preços. Por isso, as empresas precisam saber ofertar melhor os seus produtos e marcas.

O profissional de promoção de vendas não é aquele que só trabalha em grandes eventos periódicos do nosso calendário, como Natal, Dia dos Namorados, férias, volta às aulas, entre outros. Nem aquele que só trabalha em eventos esporádicos, como lançamento de filmes, *shows*, eventos esportivos, entre outros. Ele trabalha em todos esses eventos. Porém, trabalha também no restante do ano, *conectando a estrutura de vendas da empresa ao calendário de eventos*.

A empresa é a grande responsável pelo alinhamento dos eventos promocionais e o engajamento dos profissionais de vendas. Ele deve assegurar a realização do projeto em sua data estabelecida, fazendo cumprir os prazos e os objetivos traçados inicialmente. Ela é a figura que assegura a eficácia e a eficiência nas técnicas de promoções de vendas.

Esse profissional deve ser o *comunicador para a sociedade* de que a promoção está ocorrendo. Deve promover a própria promoção, vender a ideia, fazer as pessoas acreditarem no potencial da promoção. Em alguns casos, deve vender também para a empresa a ideia. Deve ser um conciliador de áreas, para que a empresa consiga auxiliar sistemicamente a promoção. Sua responsabilidade é fazer que o(a) técnico(a) de promoção entregue ao consumidor aquilo que foi combinado.

A habilidade para nós, aqui, significa saber fazer algo na área de promoção de vendas, ou seja, são os conjuntos de capacidades específicas que alguém precisa ter para ser um bom profissional de promoção de vendas. Elencamos aqui um conjunto de capacidades que um gestor de promoção de vendas que precisam ter para cumprir os três níveis gerenciais. Primeiramente, no *nível operacional* um funcionário de promoção de vendas deve saber executar uma promoção de vendas, tendo conhecimentos específicos de como funcionam todas as engrenagens de um projeto de promoção de vendas. No *nível tático*, o profissional deve ter habilidades interpessoais, sabendo comunicar, liderar, ouvir e, ao mesmo tempo, conciliar os níveis operacionais e estratégicos. Por fim, deve ter *foco estratégico*, sendo criativo, ousado e planejando, no longo prazo, as ações da promoção de vendas.

EXERCÍCIOS PARA FIXAÇÃO

1. Com base nos assuntos apresentados ao longo do capítulo, identifique uma campanha monetária bem planejada justificando o alinhamento correto da ação para cada uma das etapas de planejamento.

2. Com base nos assuntos apresentados ao longo do capítulo, identifique uma campanha não monetária bem planejada justificando o alinhamento correto da ação para cada uma das etapas de planejamento.

3. Identifique uma campanha monetária que, no seu ponto de vista, foi mal planejada. Justifique sua resposta.

4. Identifique uma campanha não monetária que, no seu ponto de vista, foi mal planejada. Justifique sua resposta.

5. Imagine você como gestor de marketing de uma grande rede de *shopping center*. A partir disso, estipule um plano de promoções para o calendário de Varejo (Liquidações; Dia das Mães, Dia dos Namorados, Dia dos Pais, Dia das Crianças e Natal), contendo no máximo o investimento de R$ 1 milhão por campanha. Nesse sentido, descreva de forma detalhada para cada uma das ações:

    a) qual técnica de promoção de vendas será utilizada?

    b) qual o período da promoção?

    c) qual o objetivo com esta ação?

    d) justifique cada uma das suas escolhas.

6. Quais são os elementos de uma promoção de vendas? Como eles podem ser importantes para gerar os atributos de uma promoção?

7. Quais os principais efeitos de uma promoção de vendas?

8. Qual o perfil do profissional de promoção de vendas exigido atualmente no mercado?

PROMOÇÕES DE VENDAS NA INTERNET

O QUE VEREMOS NESTE CAPÍTULO
- Demonstrar detalhadamente as promoções no ambiente da internet.
- Discutir maneiras de se fazer e por que é importante executar de forma planejada e organizada essas ações.
- Discutir o efeito da pressão do tempo das promoções imediatas realizadas por *sites* ou plataformas na internet.
- Explicar por que muitas empresas estão utilizando promoções na internet para coletar dados e informações que dizem respeito aos hábitos de consumo dos clientes.
- Conceituar ferramentas importantes para a realização de promoções na internet, como: *hotsites*, aplicativos móveis, totens ou *tablets*, urnas eletrônicas e *displays*.

A internet revolucionou o modo como as pessoas passaram a consumir produtos e serviços. Uma das razões disso ocorrer é o fato de dinamizar o processo de busca de informações a respeito de uma oferta. Basta um simples *"click"* e diversos dados a respeito de produtos ou serviços são disponibilizados em questões de segundos. Nesse sentido, não demorou muito para as campanhas de promoções de vendas serem também exploradas nesse contexto.

Como discutimos nos capítulos anteriores, algumas ações de promoção de vendas (monetária e não monetária) já vêm sendo realizadas nesse ambiente. É o caso, por exemplo, dos cupons de descontos obtidos por meio de *sites* de compras coletivas ou de aplicativos móveis. Assim como a operacionalização de campanhas de sorteios de prêmios, nos quais os sistemas eletrônicos são utilizados como mecanismo de geração de números da sorte ou forma de contemplação dos ganhadores. Dentro dessa perspectiva, iremos, ao longo deste capítulo, abordar alguns *sites* que têm como objetivo a divulgação de ações de promoção de vendas. Além disso, veremos algumas plataformas digitais que promovem ações de promoção de vendas. Por fim, falaremos a respeito de ferramentas digitais que podem ser utilizadas para a implementação de promoção de vendas.

12.1 O COMÉRCIO ELETRÔNICO E AS PROMOÇÕES DE VENDAS

O rápido desenvolvimento das tecnologias associadas à Internet juntamente com o crescimento dos sistemas de pagamentos eletrônicos em tempo real têm modificado a relação comercial entre consumidores e empresa no B2C. Essas modificações têm promovido a inserção de diferentes tamanhos de empresas no mercado eletrônico, fazendo que os consumidores tenham disponíveis diferentes ferramentas, muitas dessas associadas à promoção de vendas.

O cliente sem dúvida é o que queremos atingir com as promoções na internet. Se o mundo de boa parte das pessoas gira em torno da internet. Nós temos que direcionar nossos esforços para usar o ambiente da internet como fonte de vantagem competitiva nas promoções de vendas[1]. A Internet está mudando fundamentalmente as expectativas dos clientes. Os compradores de hoje esperam que as informações estejam disponíveis para eles 24 horas por dia, 7 dias por semana. A revolução do comércio eletrônico está varrendo a indústria de produtos promocionais, como é verdade também em muitos outros setores de negócios. Os distribuidores e fornecedores que desejam sobreviver devem explorar as possibilidades de comércio eletrônico no mercado de produtos promocionais por quatro razões convincentes: oportunidade de reduzir custo, oportunidade de marketing, processo conduzido pelo consumidor e padronização de promoções *on-line*[2].

Integrar internet e promoções de vendas é uma vantagem, pois o comércio eletrônico elimina os custos adicionais que existem em lojas físicas, como mão de obra, estocagem, aluguel, entre outros. Além disso, o comércio eletrônico expande as oportunidades de marketing. Um *site* de promoção *on-line* amplia o alcance geográfico da empresa de nível local para nacional, até mesmo internacional. Outro ponto é que o processo é conduzido pelo comprador, embora possamos ser relutantes em mudar nossos métodos tradicionais de fazer negócios. Os consumidores exigirão cada vez mais compras *on-line* de produtos promocionais. Por fim, está crescendo a adoção de um conjunto comum de padrões para mover efetivamente as promoções na era eletrônica. Um exemplo disso é a entidade *Promo Standards Alliance* (e-PSA)[3], que é uma organização sem fins lucrativos gerada pela *Promotional Products Association International* e administrada por algumas empresas da área de promoção. O e-PSA representa várias organizações e tenta alinhar o processo de desenvolvimento de padrões em promoções *on-line*[4].

12.2 OS "CAÇADORES DE OFERTAS" E AS AÇÕES PROMOCIONAIS

Nos últimos anos, diversas plataformas digitais foram criadas para divulgar ou proporcionar benefícios de promoções de vendas aos usuários. No que diz respeito às ferramentas de divulgação, existe um grupo de *sites* especializados a atingir principalmente aqueles consumidores que são fascinados por fazer bons negócios (também denominados "*caçadores de ofertas*").

No geral, a ideia básica dessas plataformas digitais é disponibilizar um agrupamento de campanhas promocionais que estão sendo realizadas no momento. Alguns exemplos mais comuns encontrados são: Companhias dos descontos, Achei promoção, Só promoções e Baú da promoção.

A *Companhia dos descontos*[5] agrupa os mais variados descontos ofertados por lojas do Brasil. Nele, é possível utilizar os descontos disponibilizados nas compras realizadas essencialmente pela internet. Diversas empresas estão vinculadas ao *site*, proporcionando ao consumidor boas ofertas. A forma de entrega dos benefícios se dá por cupons de desconto, ou seja, técnica de promoção monetária que observamos e discutimos no capítulo 9. Para que seja possível utilizar os benefícios, o consumidor deve se cadastrar no portal.

O *site Achei Promoção*[6] apresenta diversas campanhas promocionais que estão sendo realizadas por empresas no Brasil. No geral, as campanhas divulgadas estão enquadradas nas ações de concursos e sorteios de prêmios (promoção não monetária). A partir das campanhas divulgadas, é possível ler, de forma resumida, informações vinculadas à mecânica da promoção (por exemplo: pré-condições para participação), período de participação, premiações e, ainda, *link* do regulamento da campanha. Interessante observar também que o portal disponibiliza um relógio, que faz contagem regressiva em relação ao término da campanha. Existe ainda a possibilidade de efetivar cadastro para estar atualizado com as principais promoções do Brasil.

O *site Só Promoções*[7] é bastante próximo do citado anteriormente. Nessa plataforma, também é possível identificar diversas campanhas promocionais das grandes empresas do Brasil. A concentração das ofertas também se vincula às campanhas não monetárias de concursos e sorteios de prêmios. Há também uma síntese das mecânicas de cada uma das promoções e as respectivas premiações. Além disso, é possível fazer consultas por período da promoção e setores.

O *blog* Baú da Promoção[8] apresenta ofertas atreladas a campanhas monetárias e não monetárias. No âmbito das promoções monetárias, destacam-se *links* de empresas que oferecem cupons de descontos nas compras realizadas por meio das plataformas de *e-commerce*. Em relação às campanhas não monetárias, os concursos e sorteios de prêmios são os mais comuns. No referido *site*, é possível verificar uma vasta gama de ofertas de diversas empresas do Brasil. Além disso, são apresentadas entrevistas com consumidores especialistas em promoções e ainda dicas para aumentar as chances de ganhar em concurso de prêmios.

12.3 SERÁ QUE VAI DAR? A PRESSÃO DO TEMPO NAS PROMOÇÕES ON-LINE

Os portais, *sites* e *blogs* sobre promoção de vendas são interessantes sob o ponto de vista do consumidor e também das empresas. O consumidor poderá encontrar nessas plataformas informações interessantes que irão trazer benefícios nas compras. Gestores de empresas da área de marketing e promoção poderão visualizar as ações que estão no mercado.

> **COMO CONSTRUIR UMA ESTRATÉGIA EFICIENTE**
>
> Um belo dia desses, estava navegando pela internet quando vi uma promoção relâmpago. Passagens para o Nordeste com 40% de desconto e, no canto da tela, havia um relógio com contagem regressiva que dizia "Esta promoção termina em 40 minutos". Não pensei duas vezes. Peguei meu cartão de crédito e comprei. Duas horas depois estava arrependido, pois percebi que tomei uma decisão impulsiva e sem pensar. Isso acontece muito com consumidores que compram com pressão de tempo. Se isso aconteceu com você, fique tranquilo! Segundo o artigo 49 do nosso Código de Defesa do Consumidor, "O consumidor pode desistir do contrato, no prazo de 7 dias, a contar de sua assinatura ou do ato de recebimento do produto ou serviço, sempre que a contratação de fornecimento de produtos e serviços ocorrer fora do estabelecimento comercial, especialmente por telefone ou a domicílio". Em seu parágrafo único é mencionado que, "Se o consumidor exercitar o direito de arrependimento previsto neste artigo, os valores eventualmente pagos, qualquer título, durante o prazo de reflexão, serão devolvidos de imediato, monetariamente atualizados".

No entanto, os gestores devem tomar cuidado com o efeito da pressão de tempo na tomada de decisão de participar de uma promoção. Na internet, é bastante comum encontrarmos *sites* ou *blogs* que estimulam a pressão de tempo nas promoções de vendas. No momento em que vemos um relógio fazendo contagem regressiva ou uma chamada *"é só amanhã!"*, a pressão de tempo estará exercida. Esse elemento vai ao encontro do objetivo principal das promoções: gerar venda em um curto espaço de tempo. Porém, deve ser feita com moderação.

A pressão do tempo é algo que vivenciamos em momentos cotidianos da vida, ou seja, ela vivida por grande parte da sociedade, sendo uma questão importante para a tomada de decisão. A pressão do tempo é conceituada como uma experiência vivida em que acontece um limite do tempo disponível para a realização de alguma atividade[9]. A pressão do tempo atuando no processo de tomada de decisão de consumo pode gerar um desconforto psicológico que pode, em alguns casos específicos, acarretar picos de estresse. Esse estresse pode ocorrer em situações na internet nas quais o consumidor precisa fazer escolhas muito rápidas entre diversas marcas e produtos[10].

12.4 PLATAFORMAS PROMOCIONAIS E A COLETA DE DADOS ESTRATÉGICA

Vem crescendo nos últimos anos o uso de dispositivos digitais como meio de realização de promoções de vendas. Nesse caso, as empresas oferecem, em troca de cadastro, a possibilidade de os consumidores participarem, gratuitamente, de sorteios de prêmios. Interessante, antes de explorar os exemplos, observar que essas plataformas não são loterias, até porque, pela legislação brasileira, essa modalidade só pode ser realizada por órgãos de governo.

Essas plataformas têm explorado as promoções não monetárias de concurso e sorteios de prêmios como forma de obter informações de consumidores para a futura utilização em estratégias de segmentação ou em programas de fidelização de clientes. Neste caso, apresentamos dois exemplos.

A ação Big Prêmio[11] (observe a Figura 12.1) está vinculada ao preenchimento de cadastro. Dessa forma, para participar da campanha promocional, o interessado deverá preencher seus dados pessoais (nome completo, *e-mail* e CPF) para ganhar um número da sorte e concorrer a prêmios por meio da modalidade assemelhado a sorteio. O participante poderá ganhar mais chances (números da sorte) caso indique outros amigos interessados a se cadastrarem no *site*. Diversos prêmios já foram sorteados nessa plataforma, como, por exemplo, automóveis *Mini Cooper*, *Ecosport*, *Onix*, aparelhos *iPhones* e valores em dinheiro disponibilizados por meio de cartão.

O objetivo principal dessa ação está na alimentação da base de dados da empresa promotora, pois, na posse desses dados, será possível estabelecer estratégias eficientes para a realização de ofertas que venham, de forma muito precisa, atingir as necessidades de seus consumidores. Essas estratégias poderão ser definidas pela própria empresa ou fornecidas para outras. No caso específico da ação que estamos discutindo, é realizada por uma empresa de Marketing Digital denominada *Ad Click*, com atuação no Brasil e Exterior. Neste caso, claramente a ação visa a identificação de perfis de consumidores que serão, posteriormente, compartilhados com outras empresas para estabelecer estratégias de marketing digital.

Outra ação realizada recentemente disponibilizada no mercado foi promovida pela empresa *Scanntech*[12]. Neste caso, os interessados deveriam apenas encaminhar uma mensagem no aplicativo *WhatsApp* para o número divulgado escrevendo a palavra "Participo". Assim, após a realização dessa pré-condição, o participante recebia um número da sorte, cujo resultado estaria atrelado à Loteria Federal do Brasil, ou seja, novamente observamos aqui uma promoção não monetária de prêmios da modalidade assemelhado a sorteio.

A empresa promotora é do ramo de tecnologia e promoveu a ação com o objetivo de obter o maior número possível de telefones celulares para, posteriormente, serem utilizados como ferramenta para ativação de compras a partir da divulgação de ofertas nos estabelecimentos comerciais que o consumidor costuma frequentar. Essa identificação foi possível uma vez que a divulgação da promoção da *Scanntech* foi realizada em apenas alguns pontos de vendas.

Figura 12.1 – Ação Big Prêmio.

Fonte: <http://www.big-premio.com>.

Essas estratégias de plataformas digitais desenvolvem ações que são "iscas" para capturar dados dos clientes. Assim, viabiliza-se mais conhecimento das características dos consumidores e, como consequência, encontra-se mecanismos mais eficientes para despertar necessidades de compra.

12.5 PLATAFORMAS PARA VIABILIZAÇÃO DE PROMOÇÕES DE VENDA

Conforme vimos no decorrer deste capítulo e também discutimos nos capítulos anteriores, as plataformas digitais estão cada vez mais presentes na operacionalização de ações vinculadas à promoção de vendas tanto de cunho monetário como de natureza não monetária. Esse crescimento está pautado basicamente em três pilares: (a) desburocratização do processo de participação e automação de processos, (b) economia operacional e (c) formação de banco de dados.

COMO CONSTRUIR UMA ESTRATÉGIA EFICIENTE

E os *sites* de compras coletivas? Um furacão que se espalhou pelo Brasil, mas que foi perdendo força e hoje não passa de uma ventania, calma e tranquila, em meio a tantas outras atividades de promoções na internet. Por que isso aconteceu? Poderíamos enumerar várias justificativas. Mas, em vez de colocarmos defeitos, vamos dar uma sugestão importante para quem quer investir em compras coletivas. Alinhe a estratégia claramente com o comércio que irá fazer a promoção. Não esqueça que não é apenas entregar os cupons. Devemos cuidar e zelar pela boa execução da entrega do serviço, pois, sem isso, o cupom não terá valor para nosso cliente.

A desburocratização do processo de participação e automação dos processos é um dos fatores que impulsionaram as plataformas digitais. Um dos pontos negativos das ações de promoção de vendas que estão atrelados à *percepção psicológica* que vimos nos capítulos anteriores é a irritação com aspectos burocráticos atrelados a uma ação promocional. Normalmente, isso decorre do alto número de informações que são necessárias disponibilizar em cada uma das participações ou das filas intermináveis para se chegar em guichês e apresentar notas fiscais de compras.

Na busca da minimização desses sentimentos negativos, cresce o número de aplicações digitais (aplicativos e portais eletrônicos) nas quais os consumidores conseguem aderir a campanhas promocionais sem a necessidade de entrar em filas e realizando cadastro apenas uma única vez, pois esses sistemas permitem a disponibilização de ferramentas seguras para captação desses dados.

Outro fator motivador do uso de plataformas eletrônicas em promoções pela internet é a economia operacional. Uma campanha promocional tradicional, normalmente, tem gastos operacionais que não necessariamente estão atrelados aos benefícios principais das ações (prêmios, brindes e descontos), como, por exemplo, gasto com pessoas (promotores), logística e impressão. Contraponto a isso, surgem alternativas digitais que vêm reduzir significativamente esses custos, uma vez que o consumidor terá condições de obter os seus benefícios de modo autônomo a partir de cadastro via *site* ou aplicativo, não será necessário haver, em caso de concursos e sorteios de prêmios, urnas físicas para depósito de cupons, tampouco a impressão de materiais físicos, como cupons de desconto ou cupons de sorteios.

Por fim, um facilitador do uso de plataformas eletrônicas é a formação de banco de dados. As campanhas que ainda predominam as ações promocionais são realizadas de maneira não digital. Com isso, fica mais difícil a junção das informações a respeito da efetividade, assim como das características dos consumidores que participaram da promoção. Nesse sentido, vêm ganhando cada vez mais espaço as campanhas promocionais que são operacionalizadas de modo virtual.

A partir dessas plataformas, é possível obter, em tempo real, a eficiência da promoção, além de uma grande diversidade de indicadores que são essenciais a uma ação. Por exemplo, imagine uma campanha realizada por uma Câmara de Dirigentes Lojistas (CDL) de uma grande cidade, na qual é comum ter a participação, ao mesmo tempo, de mais de mil lojistas.

Agora, imagine essa campanha sem ferramentais digitais e com ferramentais digitais. Possivelmente, não havendo ferramentais digitais, pouco ou até mesmo nada poderá ser realizado de interação com os consumidores durante a ação de promoção de maneira assertiva ou precisa. Diferentemente, com a utilização de ferramentas digitais, será possível, por exemplo, verificar quais lojas estão com menos participantes e, com isso, prever ações pontuais, quais regiões estão mais e menos engajadas etc. Ações pontuais e assertivas serão possíveis, pois facilmente os gestores terão acesso a dados da ação que está sendo realizada (ver a Figura 12.2, indicativo da letra "a").

Na Figura 12.2, destacamos algumas ferramentas disponibilizadas no ambiente virtual que estão sendo desenvolvidas por algumas empresas do mercado da área de tecnologia e utilizadas por empresas nas ações de promoção de vendas. Especialmente, neste caso, nas campanhas não monetárias de concursos e sorteios de prêmios.

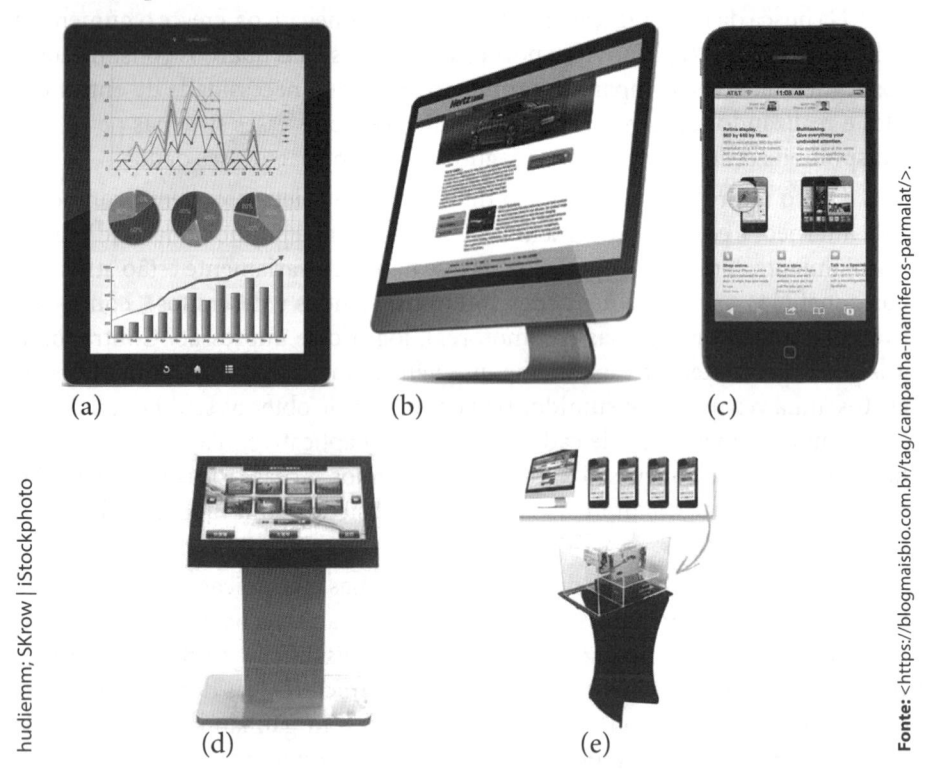

Figura 12.2 – Plataformas para viabilizações de promoção.

Fonte: <https://blogmaisbio.com.br/tag/campanha-mamiferos-parmalat/>.

hudiemm; SKrow | iStockphoto

As ações realizadas por *hotsites* (ver a Figura 12.2, indicativo da letra "b") proporcionam que o participante realize cadastro a partir de um computador, *tablet* ou *smartphone*. Nelas, a empresa pode disponibilizar, sem a necessidade de custo de impressão, materiais de divulgação da promoção, como, por exemplo: exposição de prêmios, regulamento e consulta dos cupons participantes a cada interessado.

O aplicativo móvel poderá ser disponibilizado tanto para lojista como para o consumidor final. Sob o ponto de vista do lojista, ele poderá ser utilizado no momento da compra para ativar a participação do consumidor, uma vez atendidos os pré-requisitos necessários (ver a Figura 12.2, indicativo da letra "c"). Nesse caso, a ativação se dá de maneira muito menos burocrática do que os mecanismos tradicionais. Nesse caso, há a vantagem também de realizar o registro da performance de cada um dos componentes da equipe de vendas, gerando, assim, mais engajamento entre os vendedores. Sob o ponto de vista do consumidor, o aplicativo móvel poderá ser utilizado para o registro das compras e consequente participação, assim como o controle do número de participações, acesso ao regulamento e resultados da promoção.

> **COMO CONSTRUIR UMA ESTRATÉGIA EFICIENTE**
>
> Imagine comprar um cachorro quente, pagar 100% do valor e receber no outro dia na sua conta-corrente o valor de 150% como desconto. Parece mentira, mas não é! Aplicativos de celulares estão promovendo essas ações. É só você pagar pelo próprio aplicativo no local de compra do cachorro quente que ganhará essa vantagem. Aparentemente, essa promoção monetária gera prejuízo para o aplicativo. No entanto, isso acontece somente em alguns produtos. Ele perde em alguns produtos e ganha em outros. Porém, o que o aplicativo ganha com isso? A fidelidade do cliente ao aplicativo, fazendo que ele não use outros aplicativos de pagamento de conta. Não é uma estratégia corajosa?

Os totens ou *tablets* (ver a Figura 12.2, indicativo da letra "d") normalmente são disponibilizados para os consumidores confirmarem sua participação em uma promoção ou até mesmo como mecanismo de premiação. Nesse caso, a interação se dá pelo método *touchscreen*, sendo proporcionada uma interação mais "amigável" em comparação às demais. Essa prática já vem sendo realizada com bastante sucesso em outros setores, como, por exemplo, para a realização de *check in* em companhias aéreas.

As urnas eletrônicas são utilizadas, especialmente, para as ações de promoções não monetárias do tipo assemelhado a concurso, nas quais a legislação brasileira obriga a impressão de cupons físicos para a realização da apuração dos resultados. Nesse caso, as urnas eletrônicas (ver a Figura 12.2, indicativo da letra "e") nada mais são do que impressoras que reúnem as informações disponibilizadas pelos meios digitais e realizam, em tempo real, a impressão dos cupons físicos para posterior sorteio.

Normalmente, os *displays* são utilizados nas ações de concursos e sorteios de prêmios. Neste caso, essa ferramenta serve para dar mais credibilidade à ação, visto que será divulgada em tempo real a participação de cada consumidor na ação. Essa ferramenta também é integrada às outras plataformas digitais e são disponibilizadas em locais estratégicos da promoção, como, por exemplo, em uma praça de alimentação no caso de uma campanha em *shopping center*.

EXERCÍCIOS PARA FIXAÇÃO

1. Elenque pelos menos cinco vantagens e cinco desvantagens na utilização de plataformas digitais em campanhas promocionais.

2. Identifique na internet três campanhas tradicionais que não estão inseridas no ambiente digital. A partir delas, descreva:
   a) em qual técnica de promoção de vendas ela se enquadra?
   b) quais os pontos positivos (ao menos três) dessa ação?
   c) quais os pontos negativos (ao menos três) dessa ação?
   d) que estratégia digital poderia ser aplicada nessa ação promocional? Por quê?

3. Faça uma busca na internet para verificar prestadores de serviços que oferecem soluções digitais para campanhas promocionais. A seguir, descreva: quem são essas empresas? O que elas oferecem? De que forma as empresas podem utilizar essas ações para gerar mais engajamento e resultados nas campanhas promocionais?

4. Realize uma busca na internet para verificar *sites* especializados em promoções de vendas. A seguir descreva:
   a) quais os *sites* você selecionou?
   b) quais informações essas empresas divulgam?
   c) o que lhe chamou a atenção?

5. Por que algumas empresas disponibilizam, gratuitamente, a possibilidade de consumidores concorrerem a prêmios? Você já participou de algum? Quais as características de consumidores que buscam esse tipo de ação?

6. Você recomendaria para uma empresa fazer promoções que têm contagem de tempo? Quais seriam as vantagens e desvantagens dessa estratégia? Você conhece alguma? Se sim, demonstre quais.

7. Explique com suas palavras o que vem a ser o termo "caçadores de ofertas"?

PROMOÇÕES DE VENDAS NAS REDES SOCIAIS

O QUE VEREMOS NESTE CAPÍTULO
- Demonstrar o uso das promoções monetárias e não monetárias dentro do ambiente das redes sociais.
- Discutir os efeitos que as redes sociais podem promover nas promoções de venda.
- Descrever como devem ser feitas as divulgações das promoções nas redes sociais. Discutir os regramentos do Facebook, Twitter e Instagram na realização de promoções de venda.
- Demonstrar os cuidados de se fazer promoção nas redes sociais.
- Avaliar a aplicabilidade das redes sociais nas promoções de vendas.

A comunicação deixou o ambiente físico e invadiu o ambiente virtual. Desse modo, as pessoas estão se comunicando não apenas olhando umas para as outras, mas também nas famosas redes sociais. Nos últimos anos, paralelo ao crescimento de usuários nas redes sociais, houve a inserção de ações de promoção de vendas nessas plataformas. Mecânicas atreladas a respostas criativas postadas no Twitter, fotos inovadoras divulgadas no Instagram e concurso de engajamento de *likes* no Facebook são apenas alguns exemplos de ações realizadas nesses ambientes.

Grandes empresas utilizam dessas mesmas plataformas como meio de divulgação de ações de promoção de vendas, pois sabem que boa parte dos seus consumidores são seguidores de redes sociais. Isso acontece, pois existem alguns benefícios da utilização das promoções de venda por meio das redes sociais.

O primeiro benefício é que uma promoção de vendas realizada em uma rede social pode gerar um viral, fazendo que os consumidores realizem boca a boca, espalhando-a para pessoas em diversos locais. O marketing boca a boca ou viral se diferencia de outras estratégias de marketing, porque se baseia na confiança entre o círculo social das famílias, amigos, colegas de trabalho e outros grupos. A crescente popularidade de muitos *sites* de redes sociais, como Facebook e Twitter, apresenta novas oportunidades para permitir o marketing viral em larga escala e prevalente[1].

Um exemplo interessante no Facebook que gerou um viral foi um desafio da Tigre tubos e conexões. A empresa desafia as pessoas a responder a seguinte pergunta: *"Quantas caixas d'água Tigre de mil litros empilhadas seriam necessárias para chegar na mesma altura do monte Everest, a mais alta montanha do mundo?"* Com essa pergunta, a empresa provocava a inteligência das pessoas e, ao mesmo tempo, promovia sua marca[2].

A marca Gillette, da Procter and Gamble, também utilizou um concurso para despertar o interesse de seus clientes. Os participantes *on-line* foram convidados a criar um pequeno vídeo mostrando suas habilidades em um esporte com bola (basquete, beisebol, futebol, golfe, tênis, entre outros). Os vídeos deveriam ser publicados no YouTube e, logo após, avaliados por um painel de juízes. No total, foram premiados 25 vídeos[3].

Outro benefício do uso de promoções nas redes sociais é que elas aproximam os consumidores da empresa. Como tínhamos dito há pouco, a comunicação mudou. As comunidades *on-line* evoluíram consideravelmente desde os primeiros dias dos grupos de notícias e salas de bate-papo. Elas oferecem um meio simples de comunicação. Essas redes sociais promovem o contato humano *on-line* e, portanto, podem atender às necessidades de atividade social dos consumidores. Por isso, as empresas, mediante suas promoções, podem se aproximar de seus clientes, reduzindo custos significativos de suporte ao cliente, permitindo que os clientes conheçam a empresa e se ajudem a fornecer informações de suporte técnico por meio de comunidades da *web*[4].

A possibilidade de competição de empresa de diferentes tamanhos é outro benefício importante das promoções nas redes sociais. Não importa se a empresa é grande ou pequena, no mundo das redes sociais uma promoção de vendas bem elaborada pode chegar a milhares de pessoas. Nesse ambiente, nem sempre o maior é o que mais manda!

Figura 13.1 – O efeito das redes sociais nas promoções.

As redes sociais também afetam a inovação empresarial expandindo o alcance e minimizando o tempo de atraso no mercado. Não muito tempo atrás, o objetivo de uma campanha de marketing *on-line* poderia ter sido apenas de atrair o consumidor a clicar no *site* da empresa, mas agora o objetivo é criar "engajamento contínuo" com o consumidor. A crescente popularidade de *sites* como YouTube e Facebook demonstra como a internet está mudando. Os usuários já não são simplesmente "*baixadores de dados*". Os usuários estão compartilhando conteúdo entre si, levando a uma proliferação de redes sociais e outros *sites* de conteúdo gerados por usuários[5].

Esse fato demonstra algo interessante para as empresas, mas que se não for bem administrado pode gerar um problema. Existe um risco na transferência de poder das instituições para os indivíduos e para as comunidades[6]. As empresas não podem descartar o volume de tráfego gerado pelas redes sociais, que costumavam atrair público com diversas opiniões e tendências. Desse modo, as empresas devem ficar atentas e coletar *feedback* dos consumidores, estabelecendo uma presença de marca ou, talvez, apenas observar a forma como suas marcas são discutidas e percebidas[7].

Recentemente, uma rede de varejo grande no Brasil teve uma experiência negativa que demonstra o poder das comunidades *on-line*. Um cliente foi nas redes sociais e postou uma mensagem de que foi maltratado por um funcionário nessa rede. A postagem continha o local onde o cliente havia sido desrespeitado. Em poucos instantes, a rede estava cheia de reclamações de diversos outros clientes. Nesse caso, a rede utilizou bem de sua marca para resolver o problema. Por meio de um *avatar on-line*, que representa a marca, entrou em contanto com os clientes pediu desculpa e disse que iria conversar pessoalmente com o cliente para apurar o acontecido.

Em outro caso, a gigante de *Fast Food* Mcdonalds, querendo minimizar o pensamento de seus clientes com relação aos lanches calóricos, realizou uma campanha no Twitter por meio de algumas *hashtags* para promover e destacar seu uso de produtos frescos. Também inseriu *tweets* pagos para os fluxos de usuários do Twitter com a *hashtag #MeetTheFarmers*, a fim de encorajar a imagem de uma empresa que compra produtos frescos reais de agricultores locais reais.

Essa campanha, destinada a ser executada por 24 horas, parecia estar funcionando bem até que a *hashtag #MeetTheFarmers* foi alterada para o *#McDstories*. Foi então que os efeitos posteriores de ter uma imagem tão negativa nas mentes das pessoas começaram a aparecer no Twitter. A *hashtag* foi assumida por clientes irritados e insatisfeitos que comentaram suas más experiências com o McDonalds. Esse caso demonstra que devemos ter cuidado ao fazer uma campanha nas redes sociais. Por mais que uma campanha na internet seja promovida para gerar pontos positivos, o controle está nas mãos das comunidades e o efeito pode ser o inverso[8].

TEORIA E PRÁTICA

Os receios dos consumidores nas promoções em redes sociais

Quando o milagre é grande, o santo desconfia! Esse é um ditado popular que poderia se encaixar bem nas promoções de vendas em redes sociais. Há de convir que muitos brasileiros desconfiam da segurança das redes sociais. Por isso, fazer promoção nas redes sociais tem se tornado um desafio para gestores de marketing. Não devemos esquecer que o consumidor fica com receio de entregar dados pessoais e bancários no ambiente da internet e das redes sociais.

13.1 DIVULGAÇÃO DE PROMOÇÃO DE VENDAS NAS REDES SOCIAIS

A ações de promoções divulgadas na internet têm gerado a possibilidade de interações sociais mais fortes do que as feitas no ambiente físico de varejo. Quando uma pessoa publica para seus amigos a mensagem, torna-se mais relevante do que uma mensagem institucional de uma empresa ou marca. Esse método de compartilhar e marcar os amigos faz o conteúdo aparecer para milhares de pessoas. Nesse caso, o canal de comunicação são os próprios amigos.

Quando estimulamos a venda de um produto por meio de uma promoção em uma rede social, estamos construindo uma marca nas redes sociais, pois isso aumenta o acesso ao *website* da empresa, ou seja, as ações de promoção de venda nas redes sociais fazem uma ponte de ligação direta com o *site* da empresa (onde existem mais informações a respeito da empresa). Além disso, as empresas tendem a ganhar mais depoimentos espontâneos, sendo que aumenta a conscientização das pessoas em relação à marca da empresa.

Por isso, as redes sociais estão mudando a forma de fazer promoções de venda na internet. Os tradicionais *sites* de descontos, como, por exemplo, Peixe Urbano e Groupon, já não fazem suas ações apenas na internet. Esses *sites* se fazem presente também nas plataformas de Redes Sociais. Nessas plataformas, a lógica de interação segue a prática adotada no tradicional *e-mail* marketing. Essas empresas procuram enviar mensagens nas redes sociais que contêm informações a respeito das promoções que elas estão realizando.

Essas plataformas não têm a especificidade do *site* tradicional, visto que, nesse ambiente, as ofertas são realizadas de forma ampla, não sendo possível, por exemplo, divulgar ofertas alinhadas com a localização de cada um dos seus consumidores. Quando divulgamos promoções por meio de *e-mail* marketing, selecionamos um conjunto de *e-mails*, que, neste caso, pode ser o público-alvo. No caso das redes sociais, não conseguimos selecionar. Enviamos as informações para todo o tipo de pessoas. Isso dificulta uma estratégia mais segmentada, pois não conseguimos fazer filtros de consumidores.

COMO CONSTRUIR UMA ESTRATÉGIA EFICIENTE

As redes sociais mais utilizadas para divulgação de promoções são as seguintes: Twitter, Facebook e Youtube. O interessante é integrar essas redes para se ter uma promoção de venda bem abrangente. Uma estratégia interessante muito comum no Twitter é pedir para que enviem uma foto ou uma frase ou um vídeo. Além disso, outra maneira simples é pedir aos seguidores para darem um retweet com a tag (#) da campanha e, de preferência, com um *link* que leve à página do *site* da empresa.

As empresas que trabalham com a divulgação de promoções de segmentos específicos, como turismo e hospitalidade, estão investindo nesse tipo de divulgação, mesmo sabendo dessa limitação, pois tentam diversificar mais o seu público-alvo. Apesar de o público dessas empresas ser restrito, elas disparam uma mensagem nas redes sociais que pode atingir diversos públicos. Ou seja, elas não se preocupam apenas em ofertar para o seu público. Se alguém de outro grupo se interessa pela promoção, é vantagem. No perfil dessas empresas, é possível encontrar entre a divulgação de diversas dicas de pontos turísticos boas alternativas de promoções monetárias de descontos.

Devido ao grau de informalidade que as redes sociais proporcionam, algumas pessoas tornaram-se bastante conhecidas nessas plataformas por divulgarem ofertas (também de cunho monetário) aos seus interessados. É o caso, por exemplo, da Zaply Promoções e Dicasdojunior. O primeiro, também denominado de "caçador de promoções", promove a divulgação de ofertas em supermercados, enquanto o segundo tem como foco específico a divulgação de produtos em descontos nos Estados Unidos.

Outra maneira de fazer a divulgação dos produtos é incentivar os consumidores a tirarem fotos dos produtos e encaminharem para os contatos. A BMW utiliza seu próprio *site* e o YouTube para fornecer fotos e vídeos tirados pelos consumidores ao usar seus produtos[9].

13.2 REALIZAÇÃO DE PROMOÇÃO DE VENDAS NAS REDES SOCIAIS

As promoções de vendas vêm ganhando cada vez mais inserção nas redes sociais como ferramenta de interação entre a empresa e seus clientes. Em um primeiro momento, muitas foram realizadas nos moldes de concursos culturais, nas quais os participantes eram estimulados a enviarem frases ou fotos criativas e a contemplação se dava por votação popular ou compartilhamentos.

As ações realizadas atualmente pelas empresas se enquadram na modalidade estabelecida como concurso. Como vimos anteriormente, isso demanda certificação dos órgãos fiscalizadores. Uma ação que exemplifica essa questão foi feita pela Rede de Combustíveis Ipiranga e as Lojas de Conveniência AM/PM, estimulando os interessados a participarem da promoção "Rock in Rio Lisboa". Os interessados deveriam responder de forma criativa a pergunta "*O que você faria para ir ao Rock In Rio Lisboa?*". Os contemplados eram aqueles que tiveram o maior número de engajamentos (*retweets*) durante o período da promoção[10].

A mesma empresa promoveu antes ação específica na plataforma do Instagram. Neste caso, os interessados deveriam postar fotos em seu perfil particular com o tema "Paraíso Gelado", marcando as empresas promotoras e incluindo nas legendas das fotos as hashtags #missãoampm, #beercave e #paraisogelado.

Tabela 13.1 – Aplicabilidade das promoções nas redes sociais

Tipo de promoção	Rede social	Aplicabilidade	Descrição
Cupons de desconto	Facebook	★★★★★	Claramente, as ações de cupons de desconto têm mais efetividade na Plataforma Facebook e Instagram, pois essas plataformas proporcionam funções visuais interessantes e fáceis de manusear – tanto na perspectiva do consumidor quanto da empresa. Por outro lado, a limitação visual é detectada na plataforma Twitter e o YouTube demanda de um esforço maior na produção de materiais de divulgação.
	Twitter	★★☆☆☆	
	Instagram	★★★★☆	
	YouTube	☆☆☆☆☆	

Cap. 13 • PROMOÇÕES DE VENDAS NAS REDES SOCIAIS

Tipo de promoção	Rede social	Aplicabilidade	Descrição
Descontos diretos	Facebook	★★★★★	A maior efetividade das ações de descontos diretos ocorre na plataforma do Facebook, seguida pelo Instagram. Isso porque essas duas plataformas proporcionam mecanismos fáceis de serem percebidos pelo consumidor, mas também pelo fato de não estabelecer um processo muito burocrático na participação. O Twitter apresenta a limitação visual e de número de caracteres e o YouTube demanda maiores habilidades e custos na produção de materiais (vídeo).
	Twitter	★★★★☆	
	Instagram	★★★☆☆	
	YouTube	☆☆☆☆☆	
Pague 1, leve mais	Facebook	☆☆☆☆☆	As campanhas do tipo "Pague 1, Leve Mais" estão diretamente ligadas à aquisição. Assim, ela tem baixa efetividade nas redes sociais, pois, normalmente, essas plataformas servem como mecanismo de divulgação e não finalização de uma compra.
	Twitter	☆☆☆☆☆	
	Instagram	☆☆☆☆☆	
	YouTube	☆☆☆☆☆	
Brindes	Facebook	★★★★★	Essa campanha é mais efetiva nas plataformas Facebook e Instagram. No Facebook, é comum haver a condição de fazer check-in em algum ambiente como contrapartida do brinde. No Instagram, utiliza-se a postagem de fotos pelas empresas e ainda a utilização de hashtag. O Twitter apresenta relativa efetividade a partir de solicitações de respostas de perguntas promocionais ou retweets. Dificilmente serão encontradas campanhas no YouTube.
	Twitter	★★★☆☆	
	Instagram	★★★★★	
	YouTube	☆☆☆☆☆	
Experimentação	Facebook	☆☆☆☆☆	As ações de experimentação requerem um ambiente físico, visto que será ofertada uma "prova" do produto. Assim, as plataformas de redes sociais não apresentaram efetividade.
	Twitter	☆☆☆☆☆	
	Instagram	☆☆☆☆☆	
	YouTube	☆☆☆☆☆	

Tipo de promoção	Rede social	Aplicabilidade	Descrição
Sorteio ou concurso de prêmios	Facebook	★★★★★	As modalidades de Sorteios ou Concursos são as mais usadas nas mídias sociais. Nesse caso, destaca-se a modalidade concurso que tem uma aplicabilidade eficiente em todas as plataformas. Campanhas nas quais os ganhadores são definidos a partir do maior número de compartilhamentos ou curtidas são comuns no Facebook, ações de repost ou fotos mais curtidas no Instagram, perguntas mais retweetadas no Twitter e vídeo mais votado no YouTube.
	Twitter	★★★★★	
	Instagram	★★★★★	
	YouTube	★★★★★	

Esse tipo de ação busca, basicamente, uma interação maior com o cliente, proporcionando mecânicas mais atraentes visto que estimula a partição dentro de uma metodologia mais lúdica. No geral, contudo, essas ações não visam um retorno de curto prazo, como, por exemplo, o aumento do volume de vendas. Isso fica claro visto que a maior parte das promoções promovidas pelas empresas nas redes sociais não estão atreladas a vendas. Desse modo, busca-se, neste caso, o fortalecimento da imagem da marca e o estreitamento do relacionamento com os seus consumidores.

As redes sociais têm sido alvo também de programas de televisão que fazem concursos. Nesses casos, as redes sociais servem para coleta de opiniões a respeito do programa ou dos candidato. A votação acontece em tempo real pela internet, promovendo maior engajamento. Programas nos Estados Unidos e no Brasil como "*American Idol*", "*Dancing with the Stars*" e "*The Voice*" têm usado as redes sociais para que os internautas possam votar em seu artista favorito. Nessa mesma linha, a Dove lançou há alguns anos uma promoção denominada de "*Campaign for Real Beauty*", permitindo que os consumidores criassem anúncios que foram votados por um painel de juízes especializados. Antes, os internautas, por meio das redes sociais, foram autorizados a votar nos cinco semifinalistas.

Outra estratégia interessante de envolvimento de pessoas que navegam pela internet é oferecer prêmios em troca de respostas de pesquisas que na verdade são informações que serão utilizadas por empresas de pesquisa de mercado. O *site* Heapup realiza essa atividade com parceria com diversas empresas brasileiras[11].

13.3 CUIDADOS AO FAZER PROMOÇÕES DE VENDAS NAS REDES SOCIAIS

A implementação das ações de promoção de vendas nas redes sociais demanda alguns cuidados por parte dos promotores, pois podem afetar a imagem da empresa provocando a ira dos consumidores. Esses cuidados podem ser resumidos em três pontos centrais: (a) regularização da promoção, (b) precaução quanto a fraudes e (c) adequação às regras impostas por cada plataforma social.

Como falamos há pouco, grande parte das ações promocionais que são realizadas nas redes sociais é caracterizada como concurso de prêmios. Neste caso, conforme vimos no capítulo 10 deste livro, essas ações demandam uma regulamentação. Contudo, muitas empresas acabam realizando ações promocionais sem a definida certificação dos órgãos competentes. Isso acaba ocorrendo, pois alguns profissionais e empresas interpretam que, pelo fato de a mecânica não estar atrelada à sorte ou à compra, não demandaria autorização, o que na prática não é verdade.

A realização de uma promoção em redes sociais sem a devida autorização poderá acarretar graves problemas para a empresa e para a marca, como, por exemplo: interrupção da campanha promocional, multa que pode chegar em até 100% dos valores dos prêmios e ainda a proibição de realizar próximas ações pelo prazo de até 2 anos. Além disso, a marca poderá perder a credibilidade do seu perfil, elemento este essencial para a sobrevivência nas plataformas de redes sociais. Assim, fica o alerta para as empresas se informarem com profundidade a respeito das legislações que regem as promoções para evitar problemas com essa estratégia.

Outro ponto que devemos ter cuidado diz respeito à precaução quanto a fraudes. Muitas das campanhas que estão inseridas nas plataformas de redes sociais estão atreladas à votação popular ou nível de engajamento. Além disso, em grande parte das mecânicas promocionais há o estímulo de o participante apresentar algo criativo, como, por exemplo, uma frase ou foto.

Nesse sentido, ao menos duas precauções devem ser levadas em conta: (a) monitoramento do processo de votação ou engajamento, pois é comum participantes tentarem burlar o processo de apuração a partir da criação de usuários falsos, inflacionando sua performance na promoção; (b) controle dos materiais postados no ato da participação, uma vez que alguns usuários podem utilizar na possibilidade de interação para realizar reclamações ou ofensas à empresa promotora, assim como podem utilizar de materiais cuja titularidade não é sua. Dessa forma, alerta-se que as empresas estejam munidas de regulamentos com regras bastante claras a respeito desses pontos, evitando qualquer constrangimento ou problemas com a promoção.

Adequação às regras impostas por cada plataforma social é algo que deve ser analisado por cada empresa que pretende fazer promoções de vendas em redes sociais. As principais plataformas de redes sociais da atualidade possuem, previamente definidas, regras claras a respeito da realização de ações de promoção de vendas. Empresas que não corresponderem a essas regras terão suas páginas (perfis) penalizadas. A seguir, apresentamos os regramentos do Facebook, Twitter e Instagram.

Tabela 13.2 – Regramentos do Facebook, Twitter e Instagram

Facebook[12]	As promoções realizadas no Facebook devem conter algumas informações básicas que devem estar explícitas aos usuários, como, por exemplo: *reconhecimento de que a promoção não é patrocinada ou endossada pelo Facebook* e *divulgação que o participante está provendo informação para o realizador da promoção e não o Facebook*.
	A empresa não pode usar as funcionalidades do Facebook como mecanismo de registro ou entrada na promoção, como, por exemplo, curtir uma página não pode gerar, automaticamente, entrada na promoção.
	A empresa não pode utilizar as funcionalidades da promoção, como, por exemplo, "curtir", como mecanismo de votação da promoção.
	A empresa não pode utilizar o Facebook como mecanismo de notificação dos vencedores, seja por mensagens, seja por *chats* ou *posts* em mural/página.
	As publicidades não podem implicar endosso do Facebook de qualquer tipo.
Twitter[13]	As empresas não devem realizar promoções para incentivar a criação de várias contas para um mesmo usuário. Dessa forma, o Twitter recomenda que as empresas estabeleçam, no regulamento, critérios de desclassificação para usuários que utilizarem várias contas.
	As empresas não devem incentivar a mesma publicação do tweet repetidamente. Assim, é recomendável também regras estabelecidas a partir de um regulamento para minimizar a inserção exagerada de tweets.
	O Twitter recomenda que as empresas incentivem os participantes a fazerem menção das promotoras em suas respostas, pois somente dessa forma será possível localizar todas as frases/respostas participantes da promoção. Essa informação também deverá estar formalizada em um regulamento.
	O Twitter incentiva também que as empresas formalizem regras nas quais os participantes de uma promoção incluam, em sua participação, tópicos de hashtag relevantes nas atualizações (por exemplo: #concurso ou #nomedesuaempresa).
	O Twitter formaliza a preocupação em relação às certificações das promoções, ao mesmo tempo que se isenta de responsabilidades em caso de problemas legais com a ação.
Instagram[14]	O Instagram concede às empresas promotoras de ações promocionais a responsabilidade a respeito das regras oficiais da ação, bem como dos termos da oferta e requisitos de elegibilidade (por exemplo, restrições de idade e residência).
	Não se recomenda o incentivo para usuários marcarem conteúdos de maneira inadequada, como, por exemplo, o incentivo para pessoas marcarem a si mesmas em fotos em que não estão presentes.
	Todas as promoções no Instagram devem divulgar formalmente as seguintes informações: *a) uma isenção de responsabilidade total do Instagram por cada participante; b) reconhecimento de que a promoção não é, de forma alguma, patrocinada ou administrada pelo Instagram ou associada a ele.*
	O Instagram não auxiliará as empresas em relação à administração ou a outros aspectos burocráticos, operacionais e legais de uma promoção.

EXERCÍCIOS PARA FIXAÇÃO

1. Quais as principais técnicas de promoção de vendas divulgadas a partir das redes sociais? Justifique sua resposta.

2. Identifique ao menos uma campanha de promoção de vendas realizada em alguma plataforma de redes sociais. A partir disso, descreva:
   a) em qual tipo de promoção de vendas se enquadra essa ação?
   b) ela demanda algum tipo de autorização?
   c) ela está adequada com as regras estabelecidas pela plataforma de rede social?

3. Identifique ao menos uma campanha enquadrada na modalidade concurso (diferente da escolhida na questão 2) e descreva:
   a) essa campanha está certificada pelos órgãos responsáveis?
   b) se sim, qual o número do registro?
   c) qual a mecânica de participação?
   d) qual a premiação?
   e) ela está enquadrada nas regras estabelecidas nas plataformas de rede social?

4. Identifique ao menos uma campanha de promoção de vendas realizada na plataforma Facebook (diferente da escolhida nas questões 2 e 3). A partir disso, descreva:
   a) em qual tipo de promoção de vendas se enquadra essa ação?
   b) ela demanda algum tipo de autorização?
   c) ela está adequada com as regras estabelecidas pelo Facebook?

5. Identifique ao menos uma campanha de promoção de vendas realizada na plataforma Twitter (diferente da escolhida nas questões 2 e 3). A partir disso, descreva:
   a) em qual tipo de promoção de vendas se enquadra essa ação?
   b) ela demanda algum tipo de autorização?
   c) ela está adequada com as regras estabelecidas pelo Twitter?

6. Identifique ao menos uma campanha de promoção de vendas realizada na plataforma Instagram (diferente da escolhida nas questões 2 e 3). A partir disso, descreva:

a) em qual tipo de promoção de vendas se enquadra essa ação?

b) ela demanda de algum tipo de autorização?

c) ela está adequada com as regras estabelecidas pelo Instagram?

GLOSSÁRIO

Abordagem afetiva: expressa as reações emotivas dos consumidores originadas das informações contidas na circulação de ambientes do varejo.

Abordagem Cognitiva: fundamenta-se na construção de mapas mentais do ambiente e procura descrever os caminhos geográficos que os consumidores armazenam na memória.

Aceleração de vendas: visa aumentar o número de vendas de produtos em um determinado período de tempo.

Afastamento: está diretamente ligado à pré-disposição de sair de um ambiente de compra.

Aplicativos: são ferramentas, normalmente, instaladas em aplicativos móveis (por exemplo, *smartphone*) que desempenham tarefas.

Apurações: processos utilizados nas campanhas de sorteios e concursos de prêmios para identificação de contemplados numa promoção.

Ambiente *off-line* de compra: ambiente de consumo que se dá pelo modo físico e pessoal.

Ambiente *on-line* de compra: ambiente de consumo que se dá pelo modo virtual, ou seja, não físico.

Aprendizagem associativa dos sentidos: aprendizado das preferências para produtos específicos com base em associações que formularam por meio de sua experiência.

Aproximação: está ligada à pré-disposição de ficar e explorar o ambiente de compra, assim como a propensão de gastar.

Áreas de pausas do consumidor: áreas, como, por exemplo, cruzamento de corredores (onde o consumidor para e pensa para qual caminho vai), escadas rolantes e elevadores.

Aromaterapia aplicada ao varejo: consiste no uso de aromas para influenciar os indivíduos no ambiente de compra.

Atmosfera de loja: aspectos físicos e ambientais atrelados a um ambiente de consumo.

Atenção visual: movimentos motores dos olhos e da cabeça que garantem o foco por meio da iluminação da região desejada no espaço observado.

Atitudes das experiências de consumo: opiniões consistentemente favoráveis ou desfavoráveis a respeito de um consumo.

Atributos de um ambiente de consumo: referem-se a aspectos tangíveis e intangíveis que podem mudar a experiência de compra do consumidor.

Atributos tangíveis de uma loja: os atributos da loja estão relacionados claramente à variedade de produtos e à facilidade de encontrá-los.

Atributos intangíveis de uma loja: estão basicamente associados a percepções de interação pessoal entre provedores de serviços e consumidores.

Autosserviço: atividade de compra na qual o consumidor não precisa de apoio de vendedor para efetivar o consumo.

Banco de dados: conjunto de dados que reúne informações de pessoas, lugares e informações.

Big data: grande volume de dados que podem estar estruturados ou não e que auxiliam na tomada de decisão.

Blogs: é uma estrutura eletrônica em formato de *site*, no qual há um dinamismo em relação à incorporação de informações. Normalmente, há um foco bem definido.

Boca a boca: divulgação espontânea e interpessoal a respeito de experiência vivenciada em um consumo.

Brindes: campanhas do tipo "comprou, ganhou!", nas quais o participante se habilita em receber um brinde a partir de uma condição estabelecida.

Business Intelligence **(BI):** compreensão das informações que auxiliam na tomada de decisão a partir do processo de coleta, organização e análise de dados.

Burocracia atrelada a uma promoção: aspectos operacionais necessários para aderir a uma campanha promocional, como, por exemplo, registro de informações, filas, envio de produtos etc.

Capacidade de resposta À atmosfera: relaciona-se à sensibilidade do consumidor perante os elementos contidos no ambiente (tipos de informações – alta e baixa relevância).

Caminho do trajeto obrigatório: *layout* de compra planejado pelo varejista para que o consumidor siga um caminho predefinido no ponto de venda.

Campo visual horizontal: varredura visual a partir de um caminho horizontal.

Campo visual vertical: varredura visual a partir de um caminho vertical.

Características situacionais do ambiente: elementos ligados ao tipo da loja, canal de venda, localização, cultura, temporada e clima econômico.

Conjunto de características do consumidor: elementos que compõem a atividade de consumo, como, por exemplo, objetivo de compra, sensibilidade a preço, atitude de consumo, envolvimento etc.

Cocriação: estratégia na qual há uma interação entre empresas e clientes na construção de produtos ou serviços.

Compartilhamento de fotos e vídeos: ferramentas que possibilitam o compartilhamento pessoal de fotos e vídeos com outros usuários.

Compras não planejadas: compras realizadas sem o prévio planejamento do consumidor e que não estão necessariamente vinculadas à falta de reflexão.

Concurso ou assemelhados: modalidade promocional que se caracteriza por concurso de previsões (exemplo: "adivinhe quantas latas de refrigerante têm neste carro!"), cálculos, testes de inteligência, seleção de predicados (exemplo: "escreva uma história a respeito do tema XXX") ou competição de qualquer natureza (exemplo: concurso culinário).

Cupom de desconto: técnica de promoção de vendas caracterizada por uma troca de benefício (normalmente atrelado a um abatimento de preço) a partir de um cupom (físico ou virtual).

Curtida: mecanismo utilizado na plataforma Facebook como forma de aceitação positiva de alguma ação realizada por indivíduo ou empresa.

Custo de Pesquisa mental: esforço mental a respeito de lembranças sobre determinado produto, serviço ou ponto de venda.

Customer Relationship Management **(CRM):** ferramenta utilizada para gerenciar o relacionamento com os clientes.

Decisões afetivas de compra: atividade de compra norteada por aspectos subjetivos, como, por exemplo, emoções e fantasias.

Decisões de compras conscientes: decisões de compra que são refletidas racionalmente pelos consumidores.

Decisões de compras inconscientes: decisões de compra que não são refletidas racionalmente pelos consumidores.

Depreciação da marca: desgaste da marca ocasionado, normalmente, por uma baixa percepção de qualidade.

Descontos diretos: abatimento de preço de um produto que pode ser apresentado em números absolutos ou percentual.

Design **de loja:** estratégia utilizada por lojistas em relação ao ambiente onde ocorre o consumo.

Design **externo do varejo**: é o primeiro contato que o cliente tem com a loja.

Design **interno do varejo:** elementos tangíveis e intangíveis do ambiente interno que compreende o ponto de venda.

Design musical: estratégias alinhadas ao estilo de música a ser utilizada para influenciar o comportamento dentro de um ponto de venda.

Desordem de informação: dificuldade em identificar as informações de uma oferta, produto ou serviço.

Desova de estoque: estratégia utilizada para redução ou eliminação de estoque de produto.

Dimensão física da música: é composta pelos elementos que podem ser quantificados objetivamente, como volume e tempo de duração.

Dimensão preferencial da música: a dimensão ligada ao gosto ou familiaridade com a música (ou seja, conhecimento do consumidor a respeito da música), ajuste musical à configuração do serviço (a música é apropriada ao serviço prestado, como, por exemplo, música clássica na venda de vinhos) e popularidade da música (ou seja, será que a música é conhecida por muitas pessoas).

Display: estrutura física utilizada para dar destaque a um produto dentro de um ponto de venda.

E-commerce: modalidade de comércio por meio de plataformas eletrônicas.

Efeitos econômicos: incluem uma análise do consumidor com relação aos benefícios e custos que são apresentados na promoção.

Efeitos informacionais: referem-se ao conhecimento acerca do produto ou da marca ou da empresa.

Efeitos perceptuais: forma de interpretação da informação do ambiente.

Efeitos psicológicos: efeitos subjetivos ocasionados por alguma estratégia da empresa.

Elementos sensoriais: estratégias utilizadas no ponto de venda para estimular os cinco sentidos do consumidor.

Embalagens: mecanismo utilizado para proteção e divulgação de um produto.

Encorajamento à aquisição de novos produtos: estímulo que visa que as pessoas testem e experimentem os produtos novos.

Engajamento: é caracterizado pelo envolvimento e interação de um consumidor para com uma marca.

Estilos de fonte: estratégia ligada à utilização da grafia da escrita e que impacta em percepções do cliente.

Estímulo: elementos vinculados às atividades sensoriais do ambiente de compra.

Etapas da tomada de decisão: etapas que antecedem (reconhecimento da necessidade, busca de informação, avaliação das alternativas) e acarretam (compra) e avaliam (pós-compra) um consumo.

Experiência de consumo: resposta interna e subjetiva que os consumidores têm em contato direto e indireto com uma empresa.

Experiências memoráveis aos consumidores: sensação de estar vivendo algo prazeroso e excitante.

Experimentação: modalidade promocional que se caracteriza por entregar, de forma gratuita, uma "prova" do produto ou serviço que é objeto da promoção.

Facebook: é uma rede social que possibilita o compartilhamento de diferentes dados (texto, figuras e vídeos) entre os usuários.

Feiras comerciais: é considerada uma promoção orientada para o comércio que tem como estratégia criar um espaço durante um período reduzido de tempo para se ter a divulgação do produto.

Fidelização: estratégia de marketing que busca comprometimento profundo dos clientes que acarreta na fidelidade.

Fixações: correspondem aos pontos onde o olho humano está relativamente em inércia, ou seja, os pontos nos quais o olho está parado concentrado diretamente em um objeto.

Fluxo no sentido anti-horário: fluxo de pessoas dentro de um ponto de venda no sentido contrário ao horário de um relógio (direita para esquerda).

Fluxo no sentido horário: fluxo de pessoas dentro de um ponto de venda no sentido horário de um relógio (esquerda para direita).

Força de vendas especializada: grupo de vendedores especialistas em determinadas áreas.

Fóruns e Grupos de Discussão: são ferramentas nas quais grupos de pessoas discutem ou compartilham determinados assuntos.

Hashtag: consiste em uma expressão das redes sociais na qual é utilizado antes da palavra o símbolo "jogo da velha".

Hotsite: normalmente se destina a uma página disponibilizada por tempo determinado na internet para divulgação de um produto, marca ou promoção.

Incentivos adicionais: diz respeito à tentativa de acrescentar valor no produto que está sendo comercializado.

Informação de alta relevância: informações de consumo que são mais importantes sobre o ponto de vista do consumidor.

Informação de alta baixa: informações de consumo que são menos importantes sobre o ponto de vista do consumidor.

Iluminação geral: é aquela feita na loja como um todo sem realçar nenhum produto específico.

Iluminação direcional: tem como função direta destacar os produtos em detrimento do ambiente de varejo.

Iluminação defletida: é aquela focada nos produtos, mas com iluminação indireta.

Iluminação linear: é aquela que auxilia os consumidores a se locomoverem dentro do ambiente de varejo.

Iluminação pontual: é aquela em que se disponibiliza um feixe luz especialmente para o produto.

Iluminação de especialidade: é aquela em que o próprio mobiliário ilumina o produto, dando um aspecto de valioso ao item.

Impulsividade de consumo: compra realizada sem reflexão racional e que muitas vezes está atribuída a partir de elementos afetivos.

Incentivos financeiros: é considerada uma promoção orientada para o comércio em que o fabricante fornece descontos ou vantagens materiais para aumentar a compra do varejista ou intermediário.

Intenção de recomendar: propensão que o consumidor tem de indicar um produto ou serviço a outra(s) pessoa(s).

Instagram: é uma rede social de compartilhamento de fotos e vídeos a partir de dispositivos móveis.

***Layout* de arena:** apresenta extremidades (perto da porta da entrada e das paredes) em um nível de piso mais elevado.

***Layout* de boutique:** é conhecido como uma loja dentro de uma outra loja. No Brasil, os *layouts* de boutique são conhecidos como ilhas ou setores. Nessas ilhas ou setores, os produtos são exposto de forma individual e destacada, como nos setores de frios, alimentos orgânicos, hortifrúti, comidas pets, entre outros. Esse tipo de *layout* estimula a curiosidade proporcionando curiosidade do consumidor.

***Layout* de grade ou corredores:** disposição de padrão retangular de prateleiras e gôndolas, sendo muito utilizada em supermercados e farmácias.

Lealdade: predisposição em continuar um relacionamento com a empresa, acarretando em repetições de compra.

Mapas mentais: rotas de consumo dentro de um ponto de venda estabelecidas a partir da experiência passada do consumidor.

MECÂNICA promocional: formatos utilizados pelas empresas nas campanhas de sorteios e concursos de prêmios para estabelecer as pré-condições mínimas para participar a uma ação promocional.

Merchandising: estratégia utilizada para dar destaque e chamar a atenção do consumidor sobre produtos ou serviços.

Metas de consumo: objetivos de consumo previamente estipulados pelo consumidor.

***Microblog*:** é um *blog* curto no qual os usuários postam mensagens muito curtas para visualização de um grupo de pessoas.

***Mix* de marketing:** conjunção das estratégias de marketing (produto, preço, ponto de venda e promoção) que são utilizadas para satisfazer as necessidades dos consumidores.

Nível de envolvimento: relaciona-se diretamente com os tipos de informações que os consumidores buscam. Nesse sentido, os consumidores mais envolvidos com um produto tendem a perseguir processos cognitivos e, por consequência, buscarem as informações de alta relevância (preço, descrição do produto, políticas de entrega e devolução etc.). Em contraste, os consumidores com baixo nível de envolvimento estão mais interessados em elementos afetivos que, dentro do ambiente digital, se relacionam com as informações de baixa relevância (cores, sons, animações, fontes etc.).

Nível operacional: responsáveis para colocar em prática as estratégias traçadas pelo nível tático.

Nível tático: pessoas responsáveis para traçar estratégias para atingir os objetivos da empresa.

Pontos de referência: mapas mentais bem claros na mente dos consumidores que refletem na percepção de conveniência na experiência de compra.

Percepção de *crowding*: está associado à percepção de densidade social (outras pessoas) ou espacial (espaço físico) em certos ambientes.

Pague 1, leve mais!: ação de promoção de vendas monetária caracterizada pelo ganho adicional de produtos a partir de uma aquisição.

Perfil comportamental: base de segmentação de mercado que identifica elementos como: benefício de uso, taxa de uso, taxa de fidelidade etc.

Perfil demográfico: base de segmentação de mercado que identifica elementos como: gênero, grau de instrução, idade, profissão, entre outras informações.

Perfil geográfico: base de segmentação de mercado que identifica elementos como: região, país, cidade, bairro.

Perfil psicográfico: base de segmentação de mercado que identifica elementos como: motivações, percepções, estilo de vida, entre outros.

Pinterest: rede social de compartilhamento de fotos.

Psicologia de preço: estudo que avalia como o consumidor associa um preço a um produto.

Pontos de acréscimo de venda: os pontos de acréscimo de venda são utilizados para aumentar a impulsividade dos consumidores.

Posição de agachamento: produtos disponibilizados na altura de baixo da altura dos olhos e mãos.

Posição de alcance de mãos: altura em que o consumidor consegue tocar os produtos.

Pontos de decréscimo de venda: são aqueles locais onde os clientes tendem a comprarem menos, ou seja, são os locais em que há menor consumo.

Posição do campo de visão do olho: posição que tem a maior percepção visual do consumidor, visto que fica à altura de seus olhos.

Posição mais elevada: posição que fica disponibilizados produtos acima dos olhos e mãos do consumidor.

Posicionamento: estratégia utilizada pelas empresas para realizar a diferenciação do seu produto frente a outros concorrentes.

Processos: rotinas estabelecidas dentro de uma organização para desempenho das tarefas.

Programas de fidelidade: programa no qual o cliente é beneficiado com recompensas, brindes e benefícios a partir do uso contínuo de determinado produto ou serviço.

Programas de treinamento: é considerada uma promoção orientada para o comércio em que a empresa fabricante se compromete a dar conhecimento aos distribuidores para promover melhor os produtos.

Promoções monetárias: ação de promoção de vendas cujos benefícios estão atrelados ao preço final de um produto.

Promoções não monetárias: ação de promoção de vendas cujos benefícios não estão atrelados ao preço final de um produto.

Propaganda: meio utilizado para divulgar um produto ou serviço.

Psicologia ambiental: é uma área de pesquisa que auxilia os varejistas a entenderem o comportamento de orientação do cliente dentro de um ambiente espacial. Essa área analisa como diversos ambientes (salas, paisagens e edifícios) podem gerar informações e influenciar o comportamento dos consumidores.

Organismo: é compreendido pela personalidade do consumidor que, alinhada aos estímulos, irá acarretar ou não em sensações de prazer, excitação e/ou dominância.

Objetivos estratégicos: são objetivos empresariais que almejam ações de impacto em período distantes.

Objetivos operacionais: são objetivos empresariais que almejam ações de impacto em período curto de tempo.

Redes sociais: compreende uma estrutura social de pessoas ou organizações que compartilham um objetivo comum.

Reputação: conceito de uma empresa a respeito de sua imagem.

Respostas: compreende aproximação ou afastamento de um ambiente de compra.

Representação das vantagens de um produto. Estímulo para exibição dos seus atributos ou redução de preço de um produto.

Retweet: ferramenta utilizada pela rede social Twitter que serve como forma de compartilhamento de uma informação para outras pessoas.

Rotas padronizadas: circulação, em um ambiente de compra, repetidas igualmente por diferentes clientes.

Rotulagem: material que traz a divulgação de aspectos ligados ao produto.

Sacadas: descrevem os movimentos rápidos que olho humano faz entre as fixações.

Satisfação: compreende a avalição afetiva e cognitiva a respeito de um consumo.

Scanpah: caminho de digitalização sobre o estímulo, consistindo em fixações e sacadas dos olhos.

Share **de mercado:** compreende a participação da empresa dentro de um setor de mercado.

Segmentação de mercado: estratégia utilizada pelas empresas para identificar mercados potenciais em diferentes subconjuntos de consumidores com necessidades ou características comuns.

Sentimento de afeto: respostas subjetivas de um estímulo dentro do ambiente de compra. Está ligado ao sentimento de prazer, de dominância ou excitação.

Sentimento cognitivo: respostas racionais de um estímulo dentro do ambiente de compra. Está ligado ao processamento das informações contidas no ponto de venda.

Sistema de Inteligência de Marketing: sistema de inteligência de marketing que tem como objetivo integrar informações de interesse da empresa, auxiliando na tomada de decisão.

Sorteio ou assemelhados: modalidade promocional que se caracteriza pela emissão, em série, de no máximo 100 mil números, elementos sorteáveis numerados, que são distribuídos aos participantes de forma aleatória e concomitante, cujo resultado é diretamente vinculado à Loteria Federal do Brasil.

Sorteio ou concursos de prêmios: campanha de promoção não monetária que se caracteriza por entregar prêmios aos clientes participantes a partir de uma concorrência ou sorte.

Sound branding: conjunto de ações que objetiva reforçar a marca por meio de músicas e avisos sonoros na atmosfera.

Subsídios de comércio: é considerada uma promoção orientada para o comércio em que os produtores têm como objetivo dar incentivos financeiros ou comerciais para os atacadistas ou varejistas que promovem os produtos.

Social Bookmarking: consiste em um serviço e ferramenta que organiza recursos da web de modo colaborativo.

Técnicas de Promoções de Vendas: estratégias utilizadas pelas empresas dentro de um tempo predeterminado para estimular a venda de produtos ou serviços.

Terceirização: transferência de atividades da empresa para outra organização.

Toten ou *Tablets*: consiste em dispositivos móveis que permitem interação com o usuário e, no caso das promoções, o registro na ação.

Turbulência de mercado: ambiente de competição extremamente competitivo e mutável.

Twitter: é uma rede social e um servidor para *microblog*, no qual é permitido que os usuários enviem e recebam informações.

Varejo: venda realizada para o consumidor final (pessoa física ou jurídica).

Visão periférica: também conhecida como visão tangencial, está associada ao fato de o indivíduo enxergar pontos na sua frente e ao redor de seu campo de visão.

Valor da atratividade da entrada: estratégias atrativas para atrair os clientes a partir da entrada do ponto de venda.

Valores utilitários: aspectos cognitivos e racionais ligados a um consumo (*performance* do produto, preço, durabilidade, garantias etc.).

Valores hedônicos: aspectos emocionais e multissensoriais de uma compra podem causar diferentes sentimentos nas pessoas, como escapismo, emoção, fantasia e diversão.

Visual merchandising: estratégia utilizada pelo varejo em relação ao ambiente de compra.

Vitrine: ambiente normalmente envidraçado para expor produtos de uma loja.

Urnas: recipiente comumente utilizado na armazenagem de cupons para realização de sorteios.

Vale-brinde e assemelhados: modalidade promocional que se caracteriza por contemplação instantânea, ou seja, o cliente sabe na hora da participação se vai ganhar ou não algum brinde.

YouTube: é uma plataforma de distribuição digital de vídeos.

Zonas de alto nível de vendas: normalmente estão localizadas em pontos de acréscimo de vendas e ficam dispostas em pontos nos quais os consumidores devem aguardar (por exemplo: fila de supermercado). Nesses locais, há produtos de preço baixo que despertam a compra por impulso.

Zona de transição: lugar em que inconscientemente ou conscientemente o consumidor reflete sobre o que veio comprar e qual o melhor caminho a ser percorrido.

REFERÊNCIAS

CAPÍTULO 1

[1] ARNOLD, M. J., & REYNOLDS, K. E. Hedonic shopping motivations. *Journal of retailing*, v. 79, n. 2, p. 77-95, 2003.

[2] GREWAL, D., LEVY, M., & KUMAR, V. Customer experience management in retailing: an organizing framework. *Journal of retailing*, v. 85, n. 1, p. 1-14, 2009.

[3] BORGES, A., CHEBAT, J. C., & BABIN, B. J. Does a companion always enhance the shopping experience?. *Journal of Retailing and Consumer Services*, v. 17, n. 4, p. 294-299, 2010.

[4] BELLIZZI, J. A., & HITE, R. E. Environmental color, consumer feelings, and purchase likelihood. *Psychology & marketing*, v. 9, n. 5, p. 347-363, 1992.

[5] FORSYTHE, S. M., & BAILEY, A. W. Shopping enjoyment, perceived time poverty, and time spent shopping. *Clothing and Textiles Research Journal*, vol. 14, n. 3, 185-191, 1996.

[6] GORN, G. J., GOLDBERG, M. E., & BASU, K. Mood, awareness, and product evaluation. *Journal of Consumer Psychology*, v. 2, n. 3, p. 237-256, 1993.

[7] GRANBOIS, D. H. Improving the study of customer in-store behavior. *The Journal of Marketing*, p. 28-33, 1968.

[8] WESTBROOK, R. A., & OLIVER, R. L. Developing better measures of consumer satisfaction: some preliminary results. *ACR North American Advances*, 1981.

[9] YEUNG, C. W., & WYER Jr, R. S. Affect, appraisal, and consumer judgment. *Journal of Consumer research*, v. 31, n. 2, p. 412-424, 2004.

[10] FONSECA, M. (2017). Disponível em: <http://exame.abril.com.br/pme/7-formas-que-a-musica-de-uma-loja-faz-o-cliente-comprar-mais/>. Acesso em: 9 ago. 2017.

CAPÍTULO 2

[1] CANTER, D. The Purposive Evaluation of Places. *Environment and Behavior*, v. 15, n. 6, p. 659–98, 1983.

[2] BELL, S. J. Image and consumer attraction to intraurban retail areas: an environmental psychology approach. *Journal of Retailing and Consumer services*, v. 6, n. 2, p. 67-78, 1999.

[3] TURLEY, L. W. & Milliman, R. E. Atmospheric effects on shopping behavior: a review of the experimental evidence. *Journal of business research*, v. 49, n. 2, p. 193-211, 2000.

[4] DROLLINGER, T. Store within a store: Matched versus mismatched image perceptions. *Journal of Retailing and Consumer Services*, n. 36, p. 53-61, 2017.

[5] RHEE, H., & BELL, D. R. The inter-store mobility of supermarket shoppers. *Journal of Retailing*, v. 78, n. 4, p. 225-237, 2002.

[6] BELL, S. J. Image and consumer attraction to intraurban retail areas: an environmental psychology approach. *Journal of Retailing and Consumer services*, v. 6, n. 2, p. 67-78, 1999.

[7] BAKER, J., PARASURAMAN, A., GREWAL, D., & VOSS, G. B. The influence of multiple store environment cues on perceived merchandise value and patronage intentions. *Journal of marketing*, v. 66, n. 2, p. 120-141, 2002.

[8] TURLEY, L. W. & MILLIMAN, R. E. Atmospheric effects on shopping behavior: a review of the experimental evidence. *Journal of business research*, v. 49, n. 2, p. 193-211, 2000.

[9] TURLEY, L. W. & MILLIMAN, R. E. Atmospheric effects on shopping behavior: a review of the experimental evidence. *Journal of business research*, v. 49, n. 2, p. 193-211, 2000.

[10] WAKEFIELD, K. L., & BLODGETT, J. G. Customer response to intangible and tangible service factors. *Psychology & Marketing*, v. 16, n. 1, p. 51-68, 1999.

[11] DROLLINGER, T. Store within a store: Matched versus mismatched image perceptions. *Journal of Retailing and Consumer Services*, v. 36, p. 53-61, 2017.

[12] LEA-GREENWOOD, G. Visual merchandising: a neglected area in UK fashion marketing?. *International Journal of Retail & Distribution Management*, v. 26, n. 8, p. 324-329, 1998.

[13] ALLENBY, G. M., & LENK, P. J. Reassessing brand loyalty, price sensitivity, and merchandising effects on consumer brand choice. *Journal of Business & Economic Statistics*, v. 13, n. 3, p. 281-289, 1995.

[14] HA, Y., KWON, W. S., & LENNON, S. J. Online visual merchandising (VMD) of apparel web sites. *Journal of Fashion Marketing and Management*: An International Journal, v. 11, n. 4, p. 477-493, 2007.

[15] DAS, S., & HUNTER, L. Fabric quality issues related to apparel merchandising. *Research Journal of Textile and Apparel*, v. 19, n. 1, p. 25-35, 2015.

[16] KERFOOT, S., DAVIES, B., & WARD, P. Visual merchandising and the creation of discernible retail brands. *International Journal of Retail & Distribution Management*, v. 31, n. 3, p. 143-152, 2003.

[17] LAW, D., WONG, C., & YIP, J. How does visual merchandising affect consumer affective response? An intimate apparel experience. *European Journal of Marketing*, v. 46, n. 1/2, p. 112-133, 2012.

[18] LEA-GREENWOOD, G. Visual merchandising: a neglected area in UK fashion marketing?. *International Journal of Retail & Distribution Management*, v. 26, n. 8, p. 324-329, 1998.

[19] MIRANDA, M. J., & KONYA, L. Are supermarket shoppers attracted to specialty merchandise rewards?. *Marketing Intelligence & Planning*, v. 26, n. 1, p. 43-59, 2008.

[20] HUDDLESTON, P., BEHE, B. K., MINAHAN, S., & FERNANDEZ, R. T. Seeking attention: an eye tracking study of in-store merchandise displays. *International Journal of Retail & Distribution Management*, v. 43, n. 6, p. 561-574, 2015.

CAPÍTULO 3

[1] CHANDON, P., HUTCHINSON, J.W., BRADLOW, E. T., & YOUNG, S. H. Does in-store marketing work? Effects of the number and position of shelf facings on brand attention and evaluation at the point of purchase. *Journal of Marketing*, v. 73, n. 6, p. 1-17, 2009.

[2] NIQUE. W., LADEIRA, W. J. *Como fazer pesquisa de marketing*. São Paulo: Atlas, 2017.

[3] CHANDON, P., HUTCHINSON, J. W., and YOUNG, S. H. *Unseen is unsold: Assessing visual equity with commercial eye-tracking data*. Insead, 2018.

[4] GROEPPEL-KLEIN, A., BARTMANN, B. Turning bias and walking patterns: Consumers' orientation in a discount store. *Marketing ZFP*, v. 31, n. 1, p. 43-56, 2009.

[5] DONVOVAN, R.J., ROSSITER, J. R. Store Atmosphere: An Environmental Psychology. *Journal of Retailing*, v. 58, p. 34-57, 1982.

[6] REIMERS, V., & CLULOW, V. Retail concentration: a comparison of spatial convenience in shopping strips and shopping centres. *Journal of Retailing and Consumer services*, v. 11, n. 4, p. 207-221, 2004.

[7] CHEBAT, J.C., GÉLINAS-CHEBAT, C., & THERRIEN, K. Lost in a mall, the effects of gender, familiarity with the shopping mall and the shopping values on shoppers' wayfinding processes. *Journal of Business Research*, v. 58, n. 11, p. 1590-1598, 2005.

[8] BELL, D.R., HO, T.H., & TANG, C.S. Determining where to shop: Fixed and variable costs of shopping. *Journal of Marketing Research*, v. 35, n. 3, p. 352-369, 1998.

[9] CHARTRAND, T. L., HUBER, J., SHIV, B., and TANNER, R. J. Nonconscious goals and consumer choice. *Journal of Consumer Research*, v. 35, n. 2, p. 189-201, 2008.

[10] SOMMER, R., & AITKENS, S. Mental mapping of two supermarkets. *Journal of Consumer Research*, v. 9, n. 2, p. 211-215, 1982.

[11] HENDERSON, J. M., & HOLLINGWORTH, A. High-level scene perception. *Annual review of psychology*, v. 50, n. 1, p. 243-271, 1999.

[12] EBSTER, C., WAGNER, U., & NEUMUELLER, D. Children's influences on in-store purchases. *Journal of Retailing and Consumer Services*, v. 16, n. 2, p. 145-154, 2009.

[13] CHANDON, P., HUTCHINSON, J. W., BRADLOW, E. T., & YOUNG, S. H. Does in-store marketing work? Effects of the number and position of shelf facings on brand attention and evaluation at the point of purchase. *Journal of marketing*, v. 73, n. 6, p. 1-17, 2009.

¹⁴ EBSTER, C., WAGNER, U., & VALIS, S. The effectiveness of verbal prompts on sales. *Journal of Retailing and Consumer Services*, v. 13, n. 3, p. 169-176, 2006.

¹⁵ PONS, F., MOURALI, M. & GIROUX, M. The density–satisfaction relationship revisited: the role of scarcity and consumers affective reactions in a crowded retail situation. *Journal of Retailing and Consumer Services*, v. 21, n. 1, p. 54-60, 2014.

CAPÍTULO 4

¹ PRILUCK GROSSMAN, R., & WISENBLIT, J. Z. What we know about consumers' color choices. *Journal of marketing practice: Applied marketing science*, v. 5, n. 3, p. 78-88, 1999.

² LABRECQUE, L. I., & MILNE, G. R. Exciting red and competent blue: the importance of color in marketing. *Journal of the Academy of Marketing Science*, v. 40, n. 5, p. 711-727, 2012.

³ SINGH, S. Impact of color on marketing. *Management decision*, v. 44, n. 6, p. 783-789, 2006.

⁴ GORN, G. J. The effects of music in advertising on choice behavior: A classical conditioning approach. *The Journal of Marketing*, v. 46, p. 94-101, 1982.

⁵ STUART, E. W., SHIMP, T. A., & ENGLE, R. W. Classical conditioning of consumer attitudes: Four experiments in an advertising context. *Journal of consumer research*, v. 14, n. 3, p. 334-349, 1987.

⁶ PANIGYRAKIS, G.G., & KYROUSI, A.G. Color effects in print advertising: a research update (1985-2012). *Corporate Communications: An International Journal*, v. 20, n. 3, p. 233-255, 2015.

⁷ PRILUCK GROSSMAN, R., & WISENBLIT, J.Z. What we know about consumers' color choices. *Journal of marketing practice: Applied marketing science*, v. 5, n. 3, p. 78-88, 1999.

⁸ LABRECQUE, L.I., & MILNE, G.R. Exciting red and competent blue: the importance of color in marketing. *Journal of the Academy of Marketing Science*, v. 40, n. 5, p. 711-727, 2012.

⁹ JACOBS, L., KEOWN, C., WORTHLEY, R., & GHYMN, K. I. Cross-cultural colour comparisons: global marketers beware!. *International marketing review*, v. 8, n. 3, 1991.

¹⁰ PRILUCK GROSSMAN, R., & WISENBLIT, J. Z. What we know about consumers' color choices. *Journal of marketing practice: Applied marketing science*, v. 5, n. 3, p. 78-88, 1999.

¹¹ SINGH, S. Impact of color on marketing. *Management decision*, v. 44, n. 6, p. 783-789, 2006.

¹² MICHEL, A., BAUMANN, C., & GAYER, L. Thank you for the music–or not? The effects of in-store music in service settings. *Journal of Retailing and Consumer Services*, v. 36, p. 21-32, 2017.

¹³ GARLIN, F. V., & OWEN, K. Setting the tone with the tune: A meta-analytic review of the effects of background music in retail settings. *Journal of Business Research*, v. 59, n. 6, p. 755-764, 2006.

[14] MICHEL, A., BAUMANN, C., & GAYER, L. Thank you for the music–or not? The effects of in-store music in service settings. *Journal of Retailing and Consumer Services*, v. 36, p. 21-32, 2017.

[15] MICHEL, A., BAUMANN, C., & GAYER, L. Thank you for the music–or not? The effects of in-store music in service settings. *Journal of Retailing and Consumer Services*, v. 36, p. 21-32, 2017.

[16] NORTH, A. C., & HARGREAVES, D. J. The effects of music on responses to a dining area. *Journal of Environmental Psychology*, v. 16, n. 1, p. 55-64, 1996.

[17] SULLIVAN, M. The impact of pitch, volume and tempo on the atmospheric effects of music. *International Journal of Retail & Distribution Management*, v. 30, n. 6, p. 323-330, 2002.

[18] ANDERSSON, P. K., KRISTENSSON, P., WÄSTLUND, E., & GUSTAFSSON, A. Let the music play or not: The influence of background music on consumer behavior. *Journal of retailing and consumer services*, v. 19, n. 6, p. 553-560, 2012.

[19] CHEBAT, J. C., CHEBAT, C. G., & VAILLANT, D. Environmental background music and in-store selling. *Journal of Business Research*, v. 54, n. 2, p. 115-123, 2001.

[20] CHEBAT, J. C., & MICHON, R. Impact of ambient odors on mall shoppers' emotions, cognition, and spending: A test of competitive causal theories. *Journal of Business Research*, v. 56, n. 7, p. 529-539, 2003.

[21] MICHON, R., CHEBAT, J. C., & TURLEY, L. W. Mall atmospherics: the interaction effects of the mall environment on shopping behavior. *Journal of Business Research*, v. 58, n. 5, p. 576-583, 2005.

[22] CHEBAT, J. C., & MICHON, R. Impact of ambient odors on mall shoppers' emotions, cognition, and spending: A test of competitive causal theories. *Journal of Business Research*, v. 56, n. 7, p. 529-539, 2003.

[23] LOVELOCK, C., WIRTZ, J., HEMZO, M.A. *Marketing de serviços*: pessoas, tecnologia e estratégia. 7. ed. São Paulo: Pearson Prentice Hall, 2011.

[24] SUMMERS, T. A., & HEBERT, P. R. Shedding some light on store atmospherics: influence of illumination on consumer behavior. *Journal of business research*, v. 54, n. 2, p. 145-150, 2001.

[25] ARENI, C. S., & KIM, D. The influence of in-store lighting on consumers' examination of merchandise in a wine store. *International Journal of Research in Marketing*, v. 11, n. 2, p. 117-125, 1994.

[26] MALHOTRA, N. *Design de loja e merchandising visual*: criando um ambiente que convida a comprar. São Paulo: Saraiva, 2013.

CAPÍTULO 5

[1] GREWAL, D., LEVY, M., & KUMAR, V. Customer experience management in retailing: an organizing framework. *Journal of retailing*, v. 85, n. 1, p. 1-14, 2009.

[2] HOLBROOK, M. B., & HIRSCHMAN, E. C. The experiential aspects of consumption: Consumer fantasies, feelings, and fun. *Journal of Consumer Research*, v. 9, n. 2, p. 132-140, 1982.

[3] VERHOEF, P. C., LEMON, K. N., PARASURAMAN, A., ROGGEVEEN, A., TSIROS, M., & SCHLESINGER, L. A. Customer experience creation: Determinants, dynamics and management strategies. *Journal of retailing*, v. 85, n. 1, p. 31-41, 2009.

[4] MEYER, C., & SCHWAGER, A. Customer Experience. *Harvard business review*, p. 1-11, 2007.

[5] VERHOEF, P. C., LEMON, K. N., PARASURAMAN, A., ROGGEVEEN, A., TSIROS, M., & SCHLESINGER, L. A. Customer experience creation: Determinants, dynamics and management strategies. *Journal of retailing*, v. 85, n. 1, p. 31-41, 2009.

[6] VERHOEF, P. C., LEMON, K. N., PARASURAMAN, A., ROGGEVEEN, A., TSIROS, M., & SCHLESINGER, L. A. Customer experience creation: Determinants, dynamics and management strategies. *Journal of retailing*, v. 85, n. 1, p. 31-41, 2009.

[7] VERHOEF, P. C., LEMON, K. N., PARASURAMAN, A., ROGGEVEEN, A., TSIROS, M., & SCHLESINGER, L. A. Customer experience creation: Determinants, dynamics and management strategies. *Journal of retailing*, v. 85, n. 1, p. 31-41, 2009.

[8] VAN BIRGELEN, Marcel, AD, Jong & KO, de Ruyter. Multi-channel Service Retailing: The Effects of Channel Performance Satisfaction on Behavioral Intentions. *Journal of Retailing*, v. 82, n. 4, p. 367–7, 2006.

[9] VERHOEF, P. C., LEMON, K. N., PARASURAMAN, A., ROGGEVEEN, A., TSIROS, M., & SCHLESINGER, L. A. Customer experience creation: Determinants, dynamics and management strategies. *Journal of retailing*, v. 85, n. 1, p. 31-41, 2009.

[10] PUCCINELLI, N. M., GOODSTEIN, R. C., GREWAL, D., PRICE, R., RAGHUBIR, P., & STEWART, D. Customer experience management in retailing: understanding the buying process. *Journal of retailing*, v. 85, n. 1, 15-30, 2009.

[11] PUCCINELLI, N. M., GOODSTEIN, R. C., GREWAL, D., PRICE, R., Raghubir, P., & STEWART, D. Customer experience management in retailing: understanding the buying process. *Journal of retailing*, v. 85, n. 1, 15-30, 2009.

[12] BABIN, B. J., Darden, W. R., & Griffin, M. Work and/or fun: measuring hedonic and utilitarian shopping value. *Journal of consumer research*, v. 20, n. 4, p. 644-656, 1994.

[13] LADEIRA, W. J., NIQUE, W. M., PINTO, D. C., & BORGES, A. Running for pleasure or performance? How store attributes and hedonic product value influence consumer satisfaction. *The International Review of Retail, Distribution and Consumer Research*, v. 26, n. 5, p. 502-520, 2016.

[14] LADEIRA, W. J., NIQUE, W. M., PINTO, D. C., & BORGES, A. Running for pleasure or performance? How store attributes and hedonic product value influence consumer satisfaction. *The International Review of Retail, Distribution and Consumer Research*, v. 26, n. 5, p. 502-520, 2016.

[15] MARQUES, S. H., CARDOSO, M. M., & PALMA, A. P. (2013). Environmental factors and satisfaction in a specialty store. *The International Review of Retail, Distribution and Consumer Research*, 23(4), 456-474.

[16] CHANDON, P., WANSINK, B., & LAURENT, G. A benefit congruency framework of sales promotion effectiveness. *Journal of marketing*, v. 64, n. 4, p. 65-81, 2000.

[17] RINTAMÄKI, T., KANTO, A., KUUSELA, H., & SPENCE, M. T. Decomposing the value of department store shopping into utilitarian, hedonic and social dimensions: Evidence from Finland. *International Journal of Retail & Distribution Management*, v. 34, n. 1, p. 6-24, 2006.

[18] TELLER, C., REUTTERER, T., & SCHNEDLITZ, P. Hedonic and utilitarian shopper types in evolved and created retail agglomerations. *The International Review of Retail, Distribution and Consumer Research*, v. 18, n. 3, p. 283-309, 2008.

[19] BABIN, B. J., DARDEN, W. R., & GRIFFIN, M. Work and/or fun: measuring hedonic and utilitarian shopping value. *Journal of consumer research*, v. 20, n. 4, p. 644-656, 1994.

[20] HUI, M. K., & BATESON, J. E. Perceived control and the effects of crowding and consumer choice on the service experience. *Journal of consumer research*, v. 18, n. 2, p. 174-184, 1991.

[21] LINDSTRÖM, A., BERG, H., NORDFÄLT, J., ROGGEVEEN, A. L., & GREWAL, D. Does the presence of a mannequin head change shopping behavior?. *Journal of Business Research*, v. 69, n. 2, p. 517-524, 2016.

[22] CHANDON, P., HUTCHINSON, J. W., BRADLOW, E. T., & YOUNG, S. H. Does in-store marketing work? Effects of the number and position of shelf facings on brand attention and evaluation at the point of purchase. *Journal of marketing*, v. 73, n. 6, p. 1-17, 2009.

[23] BAKER, J., & WAKEFIELD, K. L. How consumer shopping orientation influences perceived crowding, excitement, and stress at the mall. *Journal of the Academy of Marketing Science*, v. 40, n. 6, p. 791-806, 2012.

[24] PONS, F., MOURALI, M., & GIROUX, M. The density–satisfaction relationship revisited: The role of scarcity and consumers affective reactions in a crowded retail situation. *Journal of Retailing and Consumer Services*, v. 21, n. 1, p. 54-60, 2014.

[25] QUEZADO, I., COSTA, J. S., PEÑALOZA, V., MATOS, F. R. N., & FERRAZ, S. B. Sempre cabe mais um? Uma investigação cross-cultural do comportamento do consumidor em ambiente aglomerado. *Revista de Administração FACES Journal*, v. 14, n. 3, 2015.

CAPÍTULO 6

[1] EROGLU, S. A., MACHLEIT, K. A., & DAVIS, L. M. Empirical testing of a model of online store atmospherics and shopper responses. *Psychology & Marketing*, v. 20, n. 2, p. 139-150, 2003.

[2] EROGLU, S. A., MACHLEIT, K. A., & DAVIS, L. M. Empirical testing of a model of online store atmospherics and shopper responses. *Psychology & Marketing*, v. 20, n. 2, p. 139-150, 2003.

[3] EROGLU, S. A., MACHLEIT, K. A., & DAVIS, L. M. Atmospheric qualities of online retailing: A conceptual model and implications. *Journal of Business research*, v. 54, n. 2, p. 177-184, 2001.

[4] VRECHOPOULOS, A. P., O'KEEFE, R. M., DOUKIDIS, G. I., & SIOMKOS, G. J. Virtual store *layout*: an experimental comparison in the context of grocery retail. *Journal of Retailing*, v. 80, n. 1, p. 13-22, 2004.

[5] BASEKIT. Disponível em: <http://basekit.com/choosing-a-typeface-for-your-website-the-basics>. Acesso em: 8 ago. 2017.

[6] EROGLU, S. A., MACHLEIT, K. A., & DAVIS, L. M. Atmospheric qualities of online retailing: A conceptual model and implications. *Journal of Business research*, v. 54, n. 2, p. 177-184, 2001.

[7] MEHRABIAN, A., & RUSSELL, J. A. *An approach to environmental psychology*. The MIT Press, 1974.

[8] EROGLU, S. A., MACHLEIT, K. A., & DAVIS, L. M. Atmospheric qualities of online retailing: A conceptual model and implications. *Journal of Business research*, v. 54, n. 2, p. 177-184, 2001.

[9] PETTY, R. E., CACIOPPO, J. T., SCHUMANN, D. Central and peripheral routes to advertising effectiveness: the moderating effect of involvement. *Journal of Consumer Research*, v. 10, n. 2, p. 135–46, February, 1983.

[10] ROBERT, D., & JOHN, R. Store atmosphere: an environmental psychology approach. *Journal of retailing*, v. 58, n. 1, p. 34-57, 1982.

[11] KERFOOT, S., DAVIES, B., & WARD, P. Visual merchandising and the creation of discernible retail brands. *International Journal of Retail & Distribution Management*, v. 31, n. 3, p. 143-152, 2003.

[12] HA, Y., KWON, W. S., & LENNON, S. J. Online visual merchandising (VMD) of apparel web sites. *Journal of Fashion Marketing and Management: An International Journal*, v. 11, n. 4, p. 477-493, 2007.

[13] WU, J., KIM, A., & KOO, J. Co-*design* visual merchandising in 3D virtual stores: a facet theory approach. *International Journal of Retail & Distribution Management*, v. 43, n. 6, p. 538-560, 2015.

[14] HA, Y., & LENNON, S. J. Online visual merchandising (VMD) cues and consumer pleasure and arousal: purchasing versus browsing situation. *Psychology & Marketing*, v. 27, n. 2, p. 141-165, 2010.

[15] HA, Y., KWON, W. S., & Lennon, S. J. Online visual merchandising (VMD) of apparel web sites. *Journal of Fashion Marketing and Management: An International Journal*, v. 11, n. 4, p. 477-493, 2007.

CAPÍTULO 7

[1] HENNIG-THURAU, T., HOFACKER, C. F., & BLOCHING, B. Marketing the pinball way: understanding how social media change the generation of value for consumers and companies. *Journal of Interactive Marketing*, v. 27, n. 4, p. 237-241, 2013.

[2] G1 – Disponível em: <http://g1.globo.com/tecnologia/noticia/facebook-atinge-os-2-bilhoes-de-usuarios.ghtml>. Acesso em: 7 ago. 2017.

[3] LABRECQUE, Lauren Isabelle, ESCHE, Jonas Vor Dem, MATHWICK, Charla, NOVAK, Thomas P., and HOFACKER, Charles F. Consumer Power: Evolution in the Digital Age. *Journal of Interactive Marketing*, v. 27, n. 4, p. 257–69, 2013.

[4] LABRECQUE, Lauren Isabelle, ESCHE, Jonas Vor Dem, MATHWICK, Charla, NOVAK, Thomas P., and HOFACKER, Charles F. Consumer Power: Evolution in the Digital Age. *Journal of Interactive Marketing*, v. 27, n. 4, p. 257–69, 2013.

[5] GENSLER, Sonja, LCKNER, Franziska Vö, LIU-THOMPKINS, Yuping, and WIERTZ, Caroline. Managing Brands in the Social Media Environment. *Journal of Interactive Marketing*, v. 27, n. 4, p. 242–56, 2013.

[6] PETERS, Kay, CHEN, Yubo, KAPLAN, Andreas M., OGNIBENI, Bjorn, and PAUWELS, Koen. Social Media Metrics — A Framework and Guidelines for Managing Social Media. *Journal of Interactive Marketing*, v. 27, n. 4, p. 281–98, 2013.

[7] GODES, David, MAYZLIN, Dina, CHEN, Yubo, DAS, Sanjiv, DELLAROCAS, Chrysanthos, *et al.* The Firm's Management of Social Interactions. *Marketing Letters*, v. 16, n. 3–4, p. 415–28, 2005.

[8] HOFFMAN, D. L., & FODOR, M. Can you measure the ROI of your social media marketing?. *MIT Sloan Management Review*, v. 52, n. 1, p. 41, 2010.

[9] *REVISTA VEJA ON-LINE*. Disponível em: <http://vejasp.abril.com.br/cidades/trident--erra-feio-nas-redes-sociais/>. Acesso em: 7 ago. 2017.

[10] YOUTUBE. Disponível em: <https://www.youtube.com/watch?v=GFVcR760kY8>. Acesso em: 7 ago. 2017.

[11] HOFFMAN, D. L., & FODOR, M. Can you measure the ROI of your social media marketing?. *MIT Sloan Management Review*, v. 52, n. 1, p. 41, 2010.

[12] BR CONSULTING. Disponível em: <https://brpconsulting.com/resources/2014--merchandise-planning-allocation-benchmark-survey/>. Acesso em: 8 ago. 2017.

[13] WARC. Disponível em: <https://www.warc.com/NewsAndOpinion/News/33837?>. Acesso em: 8 ago. 2017.

[14] CLICKZ. Disponível em: <https://www.clickz.com/6-tips-for-effective-social-merchandising/42570/>. Acesso em: 8 ago. 2017.

[15] OHANIAN, R. Construction and validation of a scale to measure celebrity endorsers' perceived expertise, trustworthiness, and attractiveness. *Journal of advertising*, v. 19, n. 3, p. 39-52, 1990.

CAPÍTULO 8

[1] BORDEN, N.H. The concept of the marketing mix. *Journal of advertising research*, v. 4, n. 2, p. 2-7, 1964.

[2] GRÖNROOS, C. From marketing mix to relationship marketing-towards a paradigm shift in marketing. *Management decision*, v. 35, n. 4, p. 322-339, 1997.

[3] SRINIVASAN, S., PAUWELS, K., HANSSENS, D. M., & DEKIMPE, M. G. Do promotions benefit manufacturers, retailers, or both? *Management Science*, v. 50, n. 5, p. 617-629, 2004.

[4] ORTMEYER, G., LATTIN, J. M., & MONTGOMERY, D. B. Individual differences in response to consumer promotions. *International Journal of Research in Marketing*, v. 8, n. 3, p. 169-186, 1991.

[5] DELVECCHIO, D., HENARD, D. H., & FRELING, T. H. The effect of sales promotion on post-promotion brand preference: A meta-analysis. *Journal of retailing*, v. 82, n. 3, p. 203-213, 2006.

[6] KARANDE, K. W., & KUMAR, V. The effect of brand characteristics and retailer policies on response to retail price promotions: implications for retailers. *Journal of Retailing*, v. 71, n. 3, p. 249-278, 1995.

[7] CHANDON, P., WANSINK, B., & LAURENT, G. A benefit congruency framework of sales promotion effectiveness. *Journal of marketing*, v. 64, n. 4, p. 65-81, 2000.

[8] RAGHUBIR, P., INMAN, J. J., & GRANDE, H. The three faces of consumer promotions. *California Management Review*, v. 46, n. 4, p. 23-42, 2004.

[9] ROBERT C.B., & BRIESCH, R.A. *Handbook of princing management*. Forthcoming in Oxford, 2010.

[10] PUTSIS, W. P., & DHAR, R. Category Expenditure, Promotion, and Competitive Market Interactions: Can Promotions Really Expand the Pie? *Unpublished manuscript*. London Business School and Yale University, 1999.

[11] PAUWELS, K., HANSSENS, D. M., & SIDDARTH, S. The long-term effects of price promotions on category incidence, brand choice, and purchase quantity. *Journal of marketing research*, v. 39, n. 4, p. 421-439, 2002.

CAPÍTULO 9

[1] GUPTA, S. Impact of sales promotions on when, what, and how much to buy. *Journal of Marketing research*, p. 342-355, 1988.

[2] LIQUIDA SALVADOR. Disponível em: <http://www.liquidasalvador.com.br>. Acesso em: 4 ago. 2017.

[3] LIQUIDA PORTO ALEGRE. Disponível em: <http://www.liquidaportoalegre.com.br>. Acesso em: 4 ago. 2017.

[4] DA ROCHA, A., FERREIRA, J. B., & SILVA, J. F. *Administração de marketing*: conceitos, estratégias, aplicações. São Paulo: Atlas, 2000.

[5] COX, D. F., & RICH, S. U. Perceived risk and consumer decision-making: The case of telephone shopping. *Journal of marketing research*, p. 32-39, 1964.

[6] SANTINI, F. D. O. *Promoção de Distribuição de Prêmios e sua influência na compra por impulso e nas intenções de recompra*. Dissertação de mestrado. Rio Grande do Sul: PUCRS, 2008.

[7] POINT-OF-PURCHASE INSTITUTE OF THE UNITED STATES OF AMERICA (POPIUSA) (). POPAI/DuPont consumer buying habits study – supermarkets. New York, 1977.

[8] KELLER, K. L. *Strategic brand management*: Building, measuring, and managing brand equity. New Jersey, 1998.

[9] HEILMAN, C. M., NAKAMOTO, K., & RAO, A. G. Pleasant surprises: Consumer response to unexpected in-store coupons. *Journal of Marketing Research*, v. 39, n. 2, p. 242-252, 2002.

[10] FORBES. Disponível em: <https://www.forbes.com/sites/barbarathau/2013/09/09/americans-are-big-couponers-while-the-chinese-are-more-inclined-to-shop-online-for-deals/#557b8ad84227>. Acesso em: 4 ago. 2017.

[11] EROGLU, S. A., & MACHLEIT, K. A. An empirical study of retail crowding: antecedents and consequences. *Journal of retailing*, v. 66, n. 2, p. 201, 1990.

[12] DINO. Disponível em: <http://exame.abril.com.br/negocios/dino/descubra-como-funcionam-os-cupons-online-no-brasil-shtml/>. Acesso em: 4 ago. 2017.

[13] HARDESTY, D. M., & BEARDEN, W. O. Consumer evaluations of different promotion types and price presentations: the moderating role of promotional benefit level. *Journal of retailing*, v. 79, n. 1, p. 17-25, 2003.

[14] SCHINDLER, R. M., & KIBARIAN, T. M. Increased consumer sales response though use of 99-ending prices. *Journal of Retailing*, v. 72, n. 2, p. 187-199, 1996.

[15] G1. Disponível em: <http://g1.globo.com/rn/rio-grande-do-norte/noticia/2015/07/termina-sem-comprador-promocao-de-camaro-com-onix-r-1-em-natal.html>. Acesso em: 4 ago. 2017.

[16] BABIN, B. J., Darden, W. R., & Griffin, M. Work and/or fun: measuring hedonic and utilitarian shopping value. *Journal of consumer research*, v. 20, n. 4, p. 644-656, 1994.

[17] SANTINI, F. D. O., SAMPAIO, C. H., PERIN, M. G., & VIEIRA, V. A. An analysis of the influence of discount sales promotion in consumer buying intent and the moderating effects of attractiveness. *Revista de Administração*. São Paulo, v. 50, n. 4, p. 416-431, 2015.

[18] SANTINI, F. D. O. *Uma análise da influência da promoção de vendas de desconto na intenção de compra do consumidor e os efeitos moderadores da atratividade*. Tese de doutorado. Rio Grande do Sul: PUCRS, 2013.

[19] ERDEM, T., SWAIT, J., & LOUVIERE, J. The impact of brand credibility on consumer price sensitivity. *International Journal of Research in Marketing*, v. 19, n. 1, p. 1-19, 2002.

CAPÍTULO 10

[1] GUPTA, S. Impact of sales promotions on when, what, and how much to buy. *Journal of Marketing research*, p. 342-355, 1988.

[2] SANTINI, F. D. O., VIEIRA, V. A., SAMPAIO, C. H., & PERIN, M. G. Meta-analysis of the long-and short-term effects of sales promotions on consumer behavior. *Journal of Promotion Management*, v. 22, n. 3, p. 425-442, 2016.

[3] CHANDON, P., WANSINK, B., & LAURENT, G. A benefit congruency framework of sales promotion effectiveness. *Journal of marketing*, v. 64, n. 4, p. 65-81, 2000.

[4] G1. Sortudos dão dicas de como ganhar promoções. Disponível em: <http://g1.globo.com/Noticias/Brasil/0,,MUL239763-5598,00-SORTUDOS+DAO+AS+DICAS+DE+COMO+GANHAR+PROMOCOES.html>. Acesso em: 15 mar. 2018.

5 NISHIHATA, M. (2017). Disponível em: <http://g1.globo.com/Noticias/Brasil/0,,MUL239763-5598,00-SORTUDOS+DAO+AS+DICAS+DE+COMO+GANHAR+PROMOCOES.html>. Acesso em: 4 ago. 2017.

6 ROCHA, A., FERREIRA, J. B., & da SILVA, J. F. *Administração de marketing*: conceitos, estratégias, aplicações. São Paulo: Atlas, 2000.

7 G1. Disponível em: <http://g1.globo.com/economia/midia-e-marketing/noticia/2015/05/parmalat-volta-ao-mercado-e-recria-campanha-mamiferos.html>. Acesso em: 5 ago. 2017.

8 SANTINI, F. D. O., SAMPAIO, C. H., PERIN, M. G., ESPARTEL, L. B., & LADEIRA, W. J. Moderating effects of sales promotion types. *BAR-Brazilian Administration Review*, v. 12, n. 2, p. 169-189, 2015.

9 TEIGEN, K.H., EVENSEN, P.C., SAMOILOW, D.K. and VATNE, K.B. Good luck and bad luck: How to tell the difference. *European Journal of Social Psychology*, v. 29, n. 8, p. 981-1010, 1999.

10 SANTINI, F. D. O. *Promoção de Distribuição de Prêmios e sua influência na compra por impulso e nas intenções de recompra*. Dissertação de mestrado. Rio Grande do Sul: PUCRS, 2008.

11 DECRETO-LEI N. 7.951 DE 1972. MINISTÉRIO DA FAZENDA. Disponível em: <http://seae.fazenda.gov.br>. Acesso em: 5 ago. 2017.

12 PORTARIA N. 41 DE 2008. MINISTÉRIO DA FAZENDA. Disponível em: <http://seae.fazenda.gov.br>. Acesso em: 5 ago. 2017.

13 KWOK, S., & UNCLES, M. Sales promotion effectiveness: the impact of consumer differences at an ethnic-group level. *Journal of Product & Brand Management*, v. 14, n. 3, p. 170-186, 2005.

14 D'ASTOUS, A., & LANDREVILLE, V. An experimental investigation of factors affecting consumers' perceptions of sales promotions. *European Journal of Marketing*, v. 37, n. 11/12, p. 1746-1761, 2003.

15 SANTINI, F. D. O., SAMPAIO, C. H., PERIN, M. G., ESPARTEL, L. B., & LADEIRA, W. J. Moderating effects of sales promotion types. *BAR-Brazilian Administration Review*, v. 12, n. 2, p. 169-189, 2015.

16 CHANDON, P., WANSINK, B., & LAURENT, G. A benefit congruency framework of sales promotion effectiveness. *Journal of marketing*, v. 64, n. 4, p. 65-81, 2000.

17 SHUKLA, P. Conspicuous consumption among middle age consumers: psychological and brand antecedents. *Journal of Product & Brand Management*, v. 17, n. 1, p. 25-36, 2008.

18 SANTINI, F.O; LADEIRA, W., SAMPAIO, C., & FALCÃO ARAUJO, C. Percepção de marca e consumo conspícuo: análise do efeito moderador campanha promocional. *Revista de Ciências da Administração*, v. 18, n. 45, 2016.

CAPÍTULO 11

1 D'ASTOUS, A., & LANDREVILLE, V. An experimental investigation of factors affecting consumers' perceptions of sales promotions. *European Journal of Marketing*, v. 37, n. 11/12, p. 1746-1761, 2003.

² KIMBALL, R. An exploratory report of sales promotion management. *Journal of Consumer Marketing*, v. 6, n. 3, p. 65-75, 1989.

³ SANTINI, F. O., & ESPARTEL, L. B. O impacto da promoção de distribuição de prêmios na incidência de compras por impulso e nas intenções de recompra do consumidor: Um estudo experimental. *Revista de Negócios*, v. 15, n. 2, p. 91-108, 2010.

⁴ BLACKWELL, R. D., MINIARD, P. W., & ENGEL, J. F. Comportamento do consumidor. São Paulo: Pioneira Thomson Learning, 2005.

⁵ BRONNENBERG, B. J., & WATHIEU, L. Asymmetric promotion effects and brand positioning. *Marketing science*, v. 15, n. 4, p. 379-394, 1996.

⁶ THALER, R. H. Anomalies: Saving, fungibility, and mental accounts. *The Journal of Economic Perspectives*, v. 4, n. 1, p. 193-205, 1990.

⁷ SOLOMON, M. R. *Comportamento do Consumidor*. São Paulo: Artmed, 2002.

⁸ SOLOMON, M. R. *Comportamento do Consumidor*. São Paulo: Artmed, 2002.

⁹ KOTLER, P., & KELLER, K. L. *Administração de marketing*, 2006.

¹⁰ SANTINI, F. D. O., vieira, V. A., Sampaio, C. H., & PERIN, M. G. Meta-analysis of the long-and short-term effects of sales promotions on consumer behavior. *Journal of Promotion Management*, v. 22, n. 3, p. 425-442, 2016.

¹¹ LATTIN, J. M., & BUCKLIN, R. E. Reference effects of price and promotion on brand choice behavior. *Journal of Marketing research*, p. 299-310, 1989.

¹² LATTIN, J. M., & BUCKLIN, R. E. Reference effects of price and promotion on brand choice behavior. *Journal of Marketing research*, p. 299-310, 1989.

¹³ AAKER, D A. *Managing Brand Equity*: Capitalizing on the Value of a Brand Name. New York: The Free Press, 1991.

¹⁴ SANTINI, F. O. *Uma análise da influência da promoção de desconto na intenção de compra do consumidor e os efeitos moderadores da atratividade*. Tese de Doutorado. Rio Grande do Sul: PUCRS, 2013.

¹⁵ LEE, S., Li, D., & MERRIER, P. The effects of utilitarian and hedonic attributes on voluntary media selection: The case of messaging tools. *Journal of International Technology and Information Management*, v. 19, n. 2, p. 57-78, 2010.

¹⁶ ALVAREZ ALVAREZ, B., & VÁZQUEZ CASIELLES, R. Consumer evaluations of sales promotion: the effect on brand choice. *European Journal of Marketing*, v. 39, n. 1/2, p. 54-70, 2005.

¹⁷ CONLON, T.J. *Sweepstakes Rank as Tops*. Advertising Age, p. 56-8, 6 oct. 1980.

¹⁸ LEONE, R. P., & SRINIVASAN, S. S. Coupon face value: its impact on coupon redemptions, brand sales, and brand profitability. *Journal of Retailing*, v. 72, n. 3, p. 273-289, 1996.

¹⁹ AHITUV, N., IGBARIA, M., & SELLA, A. V. The effects of time pressure and completeness of information on decision making. *Journal of management information systems*, v. 15, n. 2, p. 153-172, 1998.

CAPÍTULO 12

[1] HU, X., LIN, Z., & ZHANG, H. Trust promoting seals in electronic markets: an exploratory study of their effectiveness for online sales promotion. *Journal of Promotion Management*, v. 9, n. 1-2, p. 163-180, 2002.

[2] LINDERMAN, M., & WOODY, M. E-Commerce and Application Service Providers in the Promotional Products Industry: What They Are and What They Mean to Business. *Journal of Promotion Management*, v. 8, n. 1, p. 25-33, 2002.

[3] SÓ PROMOÇÕES. Disponível em: <http://promostandards.org>. Acesso em: 2 ago. 2017.

[4] LINDERMAN, M., & WOODY, M. E-Commerce and Application Service Providers in the Promotional Products Industry: What They Are and What They Mean to Business. *Journal of Promotion Management*, v. 8, n. 1, p. 25-33, 2002.

[5] COMPANHIA DOS DESCONTOS. Disponível em: <www.ciadosdescontos.com>. Acesso em: 2 ago. 2017.

[6] ACHEI PROMOÇÃO. Disponível em: <www.acheipromocao.com.br>. Acesso em: 2 ago. 2017.

[7] SÓ PROMOÇÕES. Disponível em: <www.sopromocoes.com.br>. Acesso em: 2 ago. 2017.

[8] BAÚ DA PROMOÇÃO. Disponível em: <www.baudapromocao.com.br>. Acesso em: 2 ago. 2017.

[9] SURI, R. & MONROE, K.B. The Effects of Time Constraints on Consumers' Judgments of Prices and Products. *Journal of Consumer Research*, v. 30, n. 1, p. 92–104, 2003.

[10] MILOSAVJEVIC, M. et al. Relative visual saliency differences induce sizable bias in consumer choice. *Journal of Consumer Psychology*, v. 22, n. 1, p. 67–74, 2012.

[11] BIG PRÊMIO. Disponível em: <http://www.big-premio.com>. Acesso em: 3 ago. 2017.

[12] SCANNTECH. Disponível em: <http://www.scanntech.com.uy/scanntechcorp/>. Acesso em: 3 ago. 2017.

CAPÍTULO 13

[1] CHEN, W., WANG, C., & WANG, Y. Scalable influence maximization for prevalent viral marketing in large-scale social networks. In: *Proceedings of the 16th ACM SIGKDD international conference on Knowledge discovery and data mining*, p. 1029-1038. ACM, 2010.

[2] TIGRE. Disponível em: <https://www.facebook.com/TigreBrasil/photos/a.17187102 9628302.1073741828.154087178073354/318974008251336/?type=3>. Acesso em: 4 ago. 2017.

[3] MANGOLD, W. G., & FAULDS, D. J. Social media: The new hybrid element of the promotion mix. *Business horizons*, v. 52, n. 4, p. 357-365, 2009.

[4] HARRIS, L., & RAE, A. Social networks: the future of marketing for small business. *Journal of business strategy*, v. 30, n. 5, p. 24-31, 2009.

[5] MANGOLD, W. G., & FAULDS, D. J. Social media: The new hybrid element of the promotion mix. *Business horizons*, v. 52, n. 4, 357-365, 2009.

[6] CHEN, W., WANG, C., & WANG, Y. Scalable influence maximization for prevalent viral marketing in large-scale social networks. In: *Proceedings of the 16th ACM SIGKDD international conference on Knowledge discovery and data mining*, p. 1029-1038. ACM, 2010.

[7] BOLOTAEVA, V., & CATA, T. Marketing opportunities with social networks. *Journal of Internet Social Networking and Virtual Communities*, p. 1-8, 2010.

[8] DEZENHALL, E. *Glass Jaw*: A Manifesto for Defending Fragile Reputations in an Age of Instant Scandal. New York: Twelve, 2014.

[9] MANGOLD, W. G., & FAULDS, D. J. Social media: The new hybrid element of the promotion mix. *Business horizons*, v. 52, n. 4, p. 357-365, 2009.

[10] IPIRANGA. Disponível em: <https://mobile.twitter.com/ipiranga/status/714483804354834432>. Acesso em: 4 ago. 2017.

[11] HEAPUP. Disponível em: <http://www.heapup.com.br>. Acesso em: 9 ago. 2017.

[12] FACEBOOK. Disponível em: <https://pt-br.facebook.com/notes/agência-linksearch/regras-para-promoções-no-facebook/308568439172535/>. Acesso em: 4 ago. 2017.

[13] TWITTER. Disponível em: <https://support.twitter.com/articles/317864?lang=pt>. Acesso em: 4 ago. 2017.

[14] INSTAGRAM. Disponível em: <https://help.instagram.com/179379842258600>. Acesso em: 4 ago. 2017.

atlas

www.grupogen.com.br

2018

Impressão e acabamento:
Geográfica editora

Cód.: 4217018